The Details
Of History

历史的细节

卷五

帆船、海盗与世界

杜君立 – 著

天地出版社

TIANDI PRESS

图书在版编目（CIP）数据

帆船、海盗与世界 / 杜君立著. — 成都:天地出版社,
2021. 4
　（历史的细节）
　ISBN 978-7-5455-6148-7

　Ⅰ. ①帆… Ⅱ. ①杜… Ⅲ. ①世界史—通俗读物 Ⅳ.
①K109

中国版本图书馆CIP数据核字（2020）第219165号

FANCHUAN，HAIDAO YU SHIJIE

帆船、海盗与世界

出品人	杨　政
作　者	杜君立
责任编辑	杨永龙　李建波
装帧设计	今亮后声
责任印制	王学锋

出版发行　天地出版社
　　　　　（成都市槐树街2号　邮政编码：610014）
　　　　　（北京市方庄芳群园3区3号　邮政编码：100078）
网　　址　http://www.tiandiph.com
电子邮箱　tianditg@163.com
经　　销　新华文轩出版传媒股份有限公司

印　　刷　山东临沂新华印刷物流集团有限责任公司
版　　次　2021年4月第1版
印　　次　2021年4月第1次印刷
开　　本　880mm×1230mm　1/32
印　　张　13.5
彩　　插　16页
字　　数　268千字
定　　价　68.00元
书　　号　ISBN 978-7-5455-6148-7

上帝说："让天底下的众水都归聚到一处，好叫干燥的地面显露出来。"结果正是如此。上帝把干燥的地面称作陆地，那些汇聚在一块的水，他称之为海洋。上帝认为这样很好。

——《圣经·创世纪》

道不行，乘桴浮于海。

——孔子

目　录

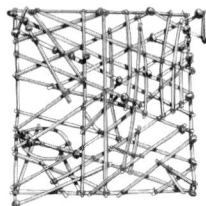

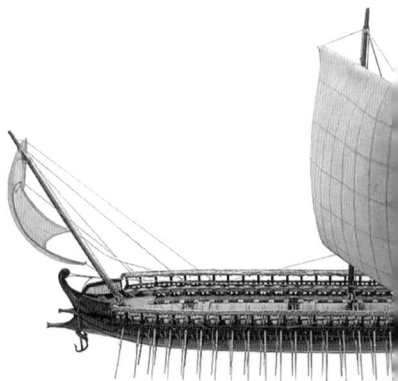

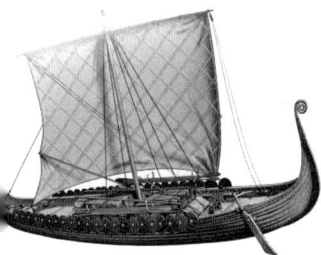

引　子

　　1603 年，一场盛大的拍卖会在荷兰首都阿姆斯特丹举行，整个欧洲为之轰动。这场拍卖会不仅吸引来了各国的贵族、富豪、显要，连法国国王亨利四世和英国国王詹姆斯一世也驱驾前来。

　　这场拍卖会取得了超乎想象的成功，总共拍卖了 350 万荷兰盾，约合 35000 公斤白银。

　　在当时，这个数字之大令人咋舌：荷兰普通劳动者一年所得，也不过约 250 荷兰盾，阿姆斯特丹一所上好的房屋售价约 5000 荷兰盾，一艘主流巨舰卡瑞克大帆船造价约 10 万荷兰盾——换句话说，这次拍卖所得，足以打造一支 35 艘巨舰的超级舰队。

　　那么，拍卖的到底是什么奢侈品，这么值钱呢？

　　答案是瓷器，来自遥远东方的中国瓷器。

　　现代人对瓷器都很熟悉，它光洁如玉，质地坚硬，不仅好看，而且实用。但瓷器作为商品有两个致命弱点，一是易碎，二是密度大。正因为这样，瓷器非常不适合长途运输。

瓷器与丝绸都是中国的特产。早在秦汉时期，中国丝绸就已经出现在罗马，但直到千年以后，欧洲人也没有见过中国瓷器。

商品虽然没有腿，但比人走得更远。在利润的驱动下，商人会将一件商品运出很远的距离，因此才有了横跨亚欧大陆的"丝绸之路"。从技术上来说，将丝绸从亚洲的最东边运到欧洲的最西边，并没有多大难度，只需要一段一段地接力运送便可以。丝绸既不容易摔破，也不是很重。

但要是瓷器，运送起来就要难得多。

跨越千山万水，无论是车辆还是驮畜，都免不了颠簸，还要反复装卸，任何瓷器都架不住这种"摧残"。还有，贩运商品必须达到一定的量，一件瓷器或许不算什么，成百上千的瓷器放在一起，就显得太过沉重，无论是车辆还是驮畜，都难以承受。

正因为如此，瓷器一直没有走出中国太远。对欧洲人来说，"圣洁"的瓷器是传说中的神品，只有上帝才能享用。即使后来有极少数瓷器流落到欧洲，那也是奢侈品中的奢侈品，非常珍稀贵重。

这次拍卖会之前，欧洲人还从来没有见过这么多花色品种和数量如此巨大的中国瓷器。

这些瓷器加起来总共有 10 万件，重量高达 60 吨。如果换算一下，就是现在一节列车车厢的标准载货量。

那么，如此巨量的瓷器能够完好无损地从中国运送到欧

瓷器作为压舱物，往往装载在底舱

洲，是如何做到的？答案是船。

因为所拍卖的这些瓷器全部来自荷兰东印度公司的卡瑞克帆船之上，因此人们把它们称为"卡瑞克瓷"。

虽然人类航海的历史非常悠久，例如 15 世纪初中国便出现了郑和七下西洋的传奇，但真正开创人类新纪元的是欧洲的大航海运动。从哥伦布、麦哲伦和达·伽马开始，整个人类世界被船连为一体，地球突然之间变平了，中国与欧洲之间不可跨越的距离瞬间消失了。

准确地说，大航海运动是一场商业活动，人类从此进入一个海运时代，运输成本被大大地降低了。瓷器原本是奢侈品，但在大航海时代很快就变成了最普通的商品，因为瓷器成为了适合在海上进行长途运输的商品。

首先，海上运输不怕距离遥远。装船之后，船体在行驶中大多时候是较为平稳的，不用担心瓷器会磕磕碰碰。现代打捞出来的一些古代沉船上，所载的瓷器大多也依然完好。

其次，海上运输不怕货物重。对海船来说，瓷器的高密度反而是一种优点，再加上不怕潮，很适合用来做压舱物，放置在底舱，让船在海上行驶中更加平稳，不怕风浪。

在风帆船时代，因为风帆和桅杆的缘故，船的重心偏高，为了防止倾覆，一般要在船舱底部放置一定重量的压舱石。用瓷器来代替压舱石，当然要划算得多。即使一艘普通的风帆商船，也可装载上万件瓷器，运输成本极其低廉。

回到开始的话题，这次拍卖会的最大获益者，无疑是作为船东的荷兰东印度公司。它在上一年（1602 年）刚成立的时候，所募集的资金还不到 650 万荷兰盾，但仅这一次拍卖，就赚了 350 万荷兰盾。

对荷兰东印度公司来说，瓷器就是他们发现的新大陆。在后来的 50 年中，荷兰这个"海上马车夫"，总共向欧洲运送了 300 多万件瓷器。当时，"卡瑞克瓷"风靡欧陆，甚至因此兴起了一股"中国风"。

历史的魅力在于，每过一段时期便需要重新认识。

今天的我们已经拥有汽车、飞机和高铁，但也不应当忘记那些已经逝去的帆船和骆驼。曾几何时，跨越大洋的瓷器之路与跨越沙漠的丝绸之路，相映成辉，共同构建起连接中国与世界的文明大道。

第一章　始于大海

人类的起源

人类是一种历史动物。

历史虽然沿着时间线展开，但这种展开却发生在地理的空间之中。也就是说，时间和空间构成历史的两个主要维度。人类历史基本没有脱离开地球这个大空间，尤其是陆地，而中国人的传统历史概念，基本上都没有越出中国的地理疆域。

但是，人类的历史并不能等同于地球的历史或宇宙的历史。应当说，人类的历史只是地球生命史上一个微不足道的细节。

黑格尔在《历史哲学》中说："地球虽然是圆的，但历史并不围绕着它转动。"人类所处的地球和太阳系，其实只是宇宙的一小部分。据推算，宇宙诞生至今已有 138 亿年之久，而地球的年龄只有 46 亿年。

在四十多亿年前，地球上只有一小块陆地，被称作盘古大陆或原始大陆。

科学家考证，由于位于今天格陵兰岛西南部伊苏亚地区的泥火山喷发，形成了最早的原始生物分子。因此，这里也成为地球最原始生命的摇篮。

按照大陆漂移说，大约 2.5 亿年前，地质作用力使盘古大陆发生断裂和漂移，永远地分割形成欧亚非大陆和美洲大陆，后来又经过新的分裂和漂移，形成如今的七大洲和四大洋。

人类史既是自然史的一部分，也是动物史的组成部分。

恐龙曾是地球的主宰者，大约在 6500 万年前，恐龙灭绝，哺乳动物趁机崛起。在此后 600 万年到 1300 万年的时间里，人类以不到 2% 的基因差异与猩猩家族"分家"，走上独立演化的道路。

人类全部的历史（包括史前史）仅有 200 万～500 万年。现代人类出现在北非[1] 大约是在六七万年前，出现在亚欧大陆大约是在 4 万年前。大约在 1.5 万年前，人类通过西伯利亚东部的白令陆桥迁徙到美洲。

1- 关于人类起源，除了本书提到的非洲起源说，还有一种是多地起源说。有科学家猜测，全球各地的直立人演化成了尼安德特人，尼安德特人最后又演化成了智人，所以人类起源于世界各地。

很长时间以来，人们认为现代人类在大约 6 万年前才离开非洲，但这些在阿拉
伯半岛发现的手指骨化石表明，现代人类早在 8.5 万年前就已经到达了这里

　　根据进化论，人类是从灵长类动物进化而来的，但神创
论并不同意这种观点。事实上，人类可记忆的历史仅仅只有
5000 年左右。根据《圣经》的说法，人类乃至世界万物都是
上帝在公元前 4004 年 10 月 26 日上午 9 点创造出来的。

　　人类从诞生的那一刻开始，就一直在追问和寻找自己的
出处。

　　人类学家斯宾塞·韦尔斯在《出非洲记》中宣告："我们
都是非洲夏娃和亚当的子孙。"根据线粒体 DNA 的证据，现
代人的基因可以追溯到 320 万年前的一位非洲女性，即著名

的"露西"。

虽然关于人类的起源莫衷一是,但世界人类学主流观点都认为,现代人类属于一个单一的种群。所谓"种族",只是一个文化概念,而不是生物学上重大差异的标志。因此,所有人都属于智人这一物种,都来自同一生物学上的祖先。

按照这种人类起源说,虽然世界各地都有不同的原始猿人种群,但它们都没有进化成为现代人类,而只有东非的猿人成功进化为现代人类。

许多人类学家坚信,在最近一次的冰川时期,直立人和早期智人由于恶劣的气候而近乎灭绝,而因为气温较高,非洲的智人躲过了这个劫难,所以欧亚等地才会出现从非洲不远万里迁徙而来的现代人种。在6万到4万年前,这些源于非洲的现代人类到达了现在中国的南部,并逐渐取代了亚欧大陆残余的古人,比如北京猿人的后代。[1]

所谓"取代",有可能是种族屠杀。这也是现代人类学家对欧洲尼安德特人灭绝的最大推测。

人们通常认为,克罗马农人是第一种称得起"万物之灵"的人类:他们拥有自相残杀与破坏环境这两大重要特性。大约

1- "从1998年开始,中国遗传学家分析了中国的现代人的基因变异,得出结论说,中国有现代人最早是在6万年前,也就是说,有些来自非洲的现代人6万年前来到中国,完全取代了当时生活在中国的古人类。"(李占扬《"许昌人"离现代人有多远?》,《寻根》杂志,2009年第6期)

4 万年前，克罗马农人带着现代人的体格、武器和文化进入欧洲，"取代"了古老的尼安德特人。

这次现代人类的扩张也波及澳大利亚及新几内亚。

正如康德所说，人类历史就是一部有关殖民、秩序、和平与法律的历史，它开始于迁移、不安、对新资源的探索、寻找更舒适的气候，以及永不满足地追求财富。这些动机使得第一批人类踏出非洲，走向全世界，也持续地驱使人类后代，直至今日。

世界上所有种族的所有文化，或许都可能是长期迁移之后的产物。

人类是一种最为好奇和野心勃勃的动物，他们总想找到世界的尽头。为了这个愿望，他们会砍下树木做成船只，越过海洋，到达最远的土地。每到达一块处女地，他们中的男女就聚在一起组成家庭，进而成为部落，说着不一样的语言，追求不一样的生活方式。这就是民族的起源。

一旦他们分开，强者就会去掠夺弱者。这就是帝国的起源。

冰河时代

在历史的时间线上，我们所处的地球的海洋和大陆一直处于变化之中。

因为地球绕太阳运行的轨道发生了一点微不足道的变化，地球就会出现冰河期。离现在最近的那次冰河时代开始于 200 万年以前，一直持续到 2 万年前，并达到最寒冷的极点。

因为地球上大量的水以冰的形式存在，冰雪完全覆盖了北半球，这导致当时的海平面比现在要低得多。

现在我们所看到的很多海洋、海峡，在 1 万年以前，都是无水的陆地，虽然有些覆盖着厚厚的冰雪。如英吉利海峡、日本海峡、台湾海峡、白令海峡、琼州海峡，在冰河期它们都是陆地。不列颠岛、日本群岛、台湾岛、海南岛和美洲等，也都与亚欧大陆连接在一起。

当时，整个海平面大约比现在低 120 米，许多海床变高、变干，狭窄的海域变得更狭窄，一些海峡变成旱地和峡谷。

100 多米对海洋的平均深度，以及所造成的地球表面海洋与陆地的面积比例来说，这种局部冰河的作用是微不足道的，但就人类文明的扩展而言，它的作用却非常巨大。在那个史前时期，人类缺乏必要的工具，能够迁移的唯一依靠就是他的双腿。

当时，造船和航海的技术还处在婴儿期，因此海平面的暂时下降，为人类移居带来了极其便利的条件。

按照世界人类学主流观点，大约 15 万年前，在东部非洲分化出很多人种与部落，其中就已经包含了现在的黑、棕、黄、白四个人种的祖先。这些来自非洲的现代人类，最先到达地中海沿岸，然后有一部分经东南亚进入中国。[1]

最早从非洲出来的是棕色人，他们在 5 万年前沿着印度洋海岸线一路扩散，逐步占领了南亚和东亚的陆地及岛屿，并可能穿过白令陆桥（海峡），到达北美和南美洲。

今天的白令海峡平均深度仅 50 米左右，只要海平面稍有下降，就可使亚欧大陆与美洲大陆相连。

至少在大约公元前 6000 年之际，人类就已经到达火地岛和澳大利亚。

黄种人走出非洲的时间要比棕色人晚得多，但他们的扩散速度更快。他们只用了不到 1 万年，就到达了东南亚。

1- 学术界一般认为，人类至少两次走出非洲，其中第一次发生在距今 185 万年前左右，这是根据非洲以外发现的最早人类化石证据而确定的。最近，中国科学家在陕西上陈新发现的一处最古老的旧石器遗址改写了这一时间，表明人类至少在 212 万年前就已经离开非洲并出现在亚洲东部。

大约 3 万年前，中国大陆几乎被积雪常年覆盖。在黄河和长江流域，有少数棕色人活动。

在距今约 1 万年前的冰川世纪即将结束时，陆地冰原开始融化，一支黄种人沿着云贵高原西侧向北跋涉，最终到达黄河中上游的盆地和河套地区。他们被称之为先羌，也就是汉族与藏族人的共同祖先。

接下来，黄种人的部落逐渐强盛，棕色人不断向南退缩。其中一支黄种人，一直向东行进，到达肥沃的渭河流域才停留下来。依靠黄土地带的农业文明[1]，这个群体开始以农耕为生，这就是华夏人或者汉人。

一部分华夏人出潼关东进，受到夷人龙山文化和苗瑶文化的影响，分别形成齐人和楚人。

在渭河流域的华夏人磨砺成骁勇善战的秦人，依靠关中沃土和法家精神，最终统一中国。在语言、文字、货币、计量单位等文化层面上，秦汉时期的大一统中国，使汉族的整体意识和文化认同开始形成。

1- 距今 2400 万年前左右，黄土开始从中亚的戈壁沙漠地带吹进中国，覆盖了北方高地。这些石英粉末堆积成深达 300 米的黄土层，成为整个地球上最厚的表土。黄土是异常肥沃的土壤，因为它可以利用毛细作用固定大气中的氮，并带出土中的矿质营养，从而为北中国提供了文明兴起的农业根基。"中国之所以少有欧洲那种封建巨头，以及中国能长时期处于帝国一统的状态，或多或少都可以归因于狂风自中亚吹送来的丰厚表土。"（［美］罗伯特·芬雷：《青花瓷的故事：中国瓷的时代》，郑明萱译，海南出版社 2015 年版）

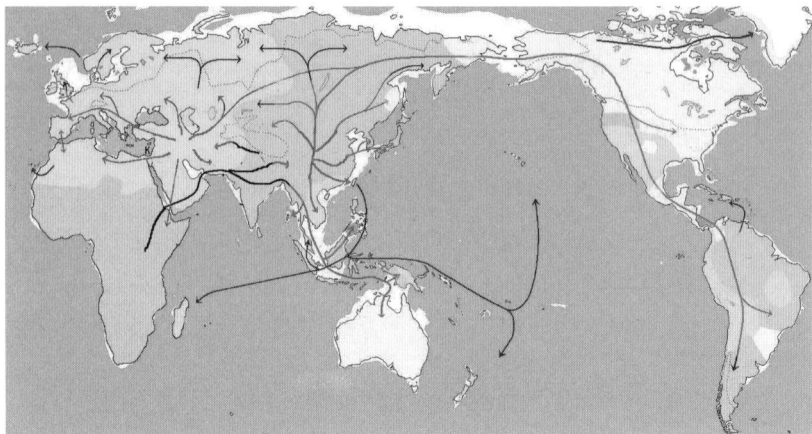

冰河期的人口扩散示意图。沿大陆架的白色部分在当时应该是尚未被海水淹没的陆地

　　与此同时，与华夏人同源的另一支被称为藏缅语族的族群，从黄河流域向西南迁徙，分化出了藏、羌、彝、景颇和土家等民族。

　　大约距今1万年前，南亚的一支黄种人沿着海岸线分化为澳泰族群和百越民族。澳泰族群扩散到从太平洋到印度洋的几乎所有岛屿，其中最著名的就是波利尼西亚人。从某种程度上来说，最早的马达加斯加人、夏威夷人、新西兰人、澳大利亚人、复活节岛人和台湾岛人都属于一个大的人类种族，即波利尼西亚人。

　　此外，还有一支黄种人北上，形成阿尔泰语系的先民。他们分三路扩散：向西分化成蒙古和突厥，向东进入朝鲜和日本，向北穿越过白令路桥（海峡）进入美洲大陆。

白令陆桥在冰河期可能宽达 1500 多公里，生活在北方高寒地带的原始人是很容易越过的。根据最新发现，11000 年前的美洲已是一个多种族混居的大陆，包括南亚人、东亚人甚至欧洲人，而最早到达美洲的，极有可能是太平洋上的波利尼西亚人。

在 1 万年前，亚洲大陆边缘比现在的位置还要往东往南延伸 1000 多公里，亚洲以及印度尼西亚的苏门答腊、婆罗洲、爪哇和巴厘，许多大陆以及岛屿之间的浅海，都还是干燥的陆地，因此很适合人类远距离迁移。

从自然史的角度来审视人类的历史，就会发现，这场巨大的分化和迁移活动与地球气候变化有着密切的关系。

当时，全球气候正在变暖，持续 200 多万年的 "冰河期" 正在结束，世界进入春暖花开的 "暖期"。温暖的气候使缺乏御寒之物的史前人类向北方迁移成为可能。

但与此同时，地表变暖使得覆盖北半球的冰原开始融化，这引起了海水上涨和海平面上升。很快，海拔较低的陆地被海水淹没了，一些原先属于大陆的地方，被新出现的海峡隔离成孤零零的岛屿。尤其是连接亚洲大陆与美洲大陆之间的白令路桥也被海水淹没，变成为白令海峡，从此，美洲大陆与亚欧大陆就彻底隔绝了。

这场前所未有的大暖季，不仅使海平面上升了很多，而且引发了一场世界性的大洪水。

诺亚方舟

按照悉尼·史密斯[1]的说法，世上的人分为两种：大洪水前的人与大洪水后的人。在人类各个不同的民族中，大洪水都是历史的开始。

几乎所有民族的上古传说，都是一个关于"大洪水"的故事，而且内容惊人地相似。无论波斯、印度、希腊和北欧，或者古代玛雅、美拉尼西亚，乃至北极附近的狩猎民族，都有一个"世界末日"的大洪水传说。

《梵蒂冈城国古抄本》中记载："地球上曾先后出现过四代人类。第一代人类是一代巨人，他们毁灭于饥饿。第二代人类毁灭于巨大的火灾。第三代人类就是猿人，他们毁灭于自相残杀。后来又出现了第四代人类，即处于太阳与水阶段的人类，处于这一阶段的人类文明毁灭于巨浪滔天的大洪灾。"

《圣经》以创世纪开篇："耶和华见人在地上罪恶极大，就后悔造人在地上。耶和华说，我要将所有的人和走兽，并昆虫

1- 悉尼·史密斯（1771—1845），作家，英国国教牧师。

和天空中的飞鸟，都从地上除灭。我要使洪水泛滥在地上，毁灭天下地上有血肉有气息的活物，无一不死。""此事发生在 2 月 17 日。洪水泛滥在地上。大渊的泉源都裂开了，天上的窗户也敞开了。水势在地上极其浩大，天下的高山都淹没了。"

除义人诺亚一家，亚当和夏娃的其他后代都被洪水吞没了，连世界上最高的山峰都低于水面七米。诺亚和他的妻子乘坐方舟，在大洪水中漂流，最后搁浅在高山上。

为了探知大洪水是否退去，诺亚连续放了三次鸽子，等第三次鸽子衔回橄榄枝，说明洪水已经退去。后世的人们就用鸽子和橄榄枝来象征和平。

诺亚方舟的故事在《旧约圣经》和《希伯来圣经》以及伊斯兰教的《古兰经》都有类似记载。

2010 年，一支科考队按《圣经》记载，在土耳其亚拉腊山海拔 4000 米处发现了诺亚方舟遗迹。通过碳元素鉴定，这个遗迹可远溯到 4800 年前，这与《圣经》和《古兰经》中所说的诺亚方舟年代完全吻合。不过对于这一发现，也有人持不同观点。

大洪水

　　方舟搁浅在海拔 4000 米处，可见洪水的可怕。

　　在世界现存史料中，古巴比伦的《季尔加米士史诗》对大洪水记载最完整，它由从大洪水中幸免于难的人口述而成。在它的记载中，洪水伴随着风暴，几乎在一夜之间淹没了大陆上所有的高山，只有居住在山上和逃到山上的人才得以生存。

　　苏美尔大洪水的传说是已知世界上最早关于大洪水的记载，也是《圣经》中诺亚方舟故事的原型。苏美尔泥版书中记载："那情形非常恐怖，风在空中可怕地呼啸，大家都在拼命地逃跑，向山上逃去，什么都不顾了。每个人都以为战争开始了……"

美洲与亚欧大陆相隔绝，但也有同样的历史。玛雅圣书记载："这是毁灭性的大破坏……一场大洪灾……人们都淹死在从天而降的黏糊糊的大雨中。"一份古代墨西哥文献中有这样的文字："天接近了地，一天之内，所有的人都灭绝了，山也隐没在了洪水之中……"印第安基奇埃族传说："大洪水来了，天地变得一片漆黑，还有黑色的雨，不停地下，人们拼命地跑……但还是被灭绝了。"

加拿大东部阿萨巴斯克人也有一个类似诺亚方舟的大洪水传说——

> 覆盖大地的雪毯融化了，变成滚滚洪水。洪水不断上涨，最后连最高的山地也被淹没了。一个印第安老人预见到了这场灾难，在雪刚开始融化时就对部落中的人说："我们造一个大独木舟来拯救自己吧。"人们都觉得好笑："假如真的洪水来了，我们可以跑到山上去，洪水是不会淹没山顶的。"但他们错了，水真的淹没了山顶，他们都被淹死了，一个人都没有活下来。洪水也毁灭了所有动物。这场洪水的到来就是世界的末日。只有那个预见了洪水的白发老人艾特西活了下来，他不仅造好了船，而且将每种动物各选一对带上船。他们在船上待了很长时间，到处漂泊，食物越来越少，但一直没有看到陆地，洪水毫无消退的迹象……

《汉书·地理志》

　　关于这场史前大洪水，中国古代典籍中的记载更加数不胜数，比如《淮南子·览冥训》说："往古之时，四极废，九州裂，天不兼覆，地不周载，火爁炎而不灭，水浩洋而不息。"洪兴注曰："凡洪水渊薮自三百仞以上。"《尚书·尧典》记载："汤汤洪水方割，荡荡怀山襄陵，浩浩滔天。"

　　《孟子》中有更详细的记述：

卷五　帆船、海盗与世界

当尧之时，天下犹未平，洪水横流，泛滥于天下。草木畅茂，禽兽繁殖，五谷不登，禽兽逼人。兽蹄鸟迹之道，交于中国。尧独忧之，举舜而敷治焉。舜使益掌火，益烈山泽而焚之，禽兽逃匿。禹疏九河，瀹济漯，而注诸海；决汝汉，排淮泗，而注之江，然后中国可得而食也。

⋯⋯⋯⋯⋯⋯

当尧之时，水逆行，泛滥于中国。蛇龙居之，民无所定。下者为巢，上者为营窟。书曰：洚水警余。洚水者，洪水也。使禹治之，禹掘地而注之海，驱蛇龙而放之菹。水由地中行，江、淮、河、汉是也。险阻既远，鸟兽之害人者消，然后人得平土而居之。

"天地玄黄，宇宙洪荒"，发生在人类文明史以前的那次毁灭性的大洪水，实际是一场亘古未有的大海啸，其洪峰的高度达到了恐怖的程度。当时世界最发达、人口最密集的地区基本上都被洪水淹没。

人类遭受了一场真正的灭顶之灾，绝大多数人丧生在洪水中。

现在中国最发达的，也就是海拔在 1100 米以下的地区，当时也全部被洪水淹没。《孟子》说的"水逆行"，就是说海水倒灌；后来洪水消退，就是《淮南子》所说的"地不满东南，故水潦尘埃归焉"。

藏匿着历史密码的甲骨文中，"昔"字（🥚）的下面用三条曲线代表水，上面的圈代表太阳，在太阳底下是大洪水。中国也称神州，《说文解字》说："水中可居者曰州。"作为象形字，"州"字由一个"川"字和三个小点组成，"川"字代表水，三个小点代表高出水面的土地。

中国的汉语是非常古老的，"沧海桑田"四个字就包含了中国人关于历史的无数想象，而大洪水就是它的出处。

在大洪水时代，地球上的远古文明，包括尼罗河流域、美索不达米亚、印度次大陆、中国长江流域、黄河下游、东南沿海、东北三江平原、成都平原，以及南美洲墨西哥湾等地的文明古国，全部遭到重创。

印度史诗《玛哈帕腊达》中，有逃脱洪水灭顶之灾的佩斯巴斯巴达；哥伦比亚神话中，有在地球上挖洞才免遭被淹死的波希加；古希腊传说中，亚特兰蒂斯国沉入海底。

古华夏人因为处于远离海洋的西北黄土高原，在大洪水中得以幸存，他们最后成为东方文明的火种。在《山海经》中，有一个"精卫填海"的传说，这或许是一个隐喻，它提醒人们海洋曾经带给人类的巨大灾难。

这场大洪水也留下许多遗迹。宋代沈括在太行山旅行时，发现了大量的螺蚌甲壳和卵石堆积层，认为"此乃昔时之海滨"。

《山海经》

人们一般将文字记录的往事叫作历史，文字诞生之前的传说时代被称为史前。

传统上，一般将中国的传说时代称为三皇五帝时代。

对素有历史传统的中国来说，《山海经》是一部伟大的史前史。

司马迁认为《山海经》不可信，"《山海经》所有怪物，余不敢言之也"。西汉刘秀则对《山海经》坚信不疑，"其事质明有信"；他在写给皇帝的《上山海经表》中说："《山海经》者，出于唐虞之际。昔洪水洋溢，漫衍中国，民人失据，崎岖于丘陵，巢于树木。"

唐虞即尧舜时代。《山海经》对一万年前的传说时代至三千年前的文字时代、古中华的人类起源都有明确的记载：早先天地混沌未开，人类尚未出现；盘古开天地，接着是钻木取火的燧人氏；之后是无怀氏，再之后是游牧时代的伏羲氏；接下来是母系氏族的女娲；女娲之后是创立农耕时代的神农氏。

神农氏一般指的是太阳神炎帝，传说炎帝与黄帝处于同一时期，有的甚至说他们是兄弟，被奉为中国人的共同始祖。

《山海经》的最后指出，"中国"兴起于这场大洪水之后——

> 黄帝生骆明，骆明生白马，白马是为鲧。帝俊生禺号，禺号生淫梁，淫梁生番禺，是始为舟。番禺生奚仲，奚仲生吉光，吉光是始以木为车，少暤生般，般是始为弓矢。帝俊赐羿彤弓素矰，以扶下国，羿是始去恤下地之百艰。帝俊生晏龙，晏龙是为琴瑟。帝俊有子八人，是始为歌舞。帝俊生三身，三身生义均，义均是始为朽倕，是始作下民百巧。后稷是播百谷。稷之孙曰叔均，是始作牛耕。大比赤阴是始为国。禹、鲧是始布土，均定九州。炎帝之妻，赤水之子听讹生炎居。炎居生节并，节并生戏器，戏器生祝融，祝融降处于江水，生共工。共工生术器，术器首方颠，是复土壤，以处江水。共工生后土，后土生噎鸣，噎鸣生岁十有二。洪水滔天，鲧窃帝息壤以堙洪水，不待帝命。帝令祝融杀鲧于羽郊。鲧复生禹，帝乃命禹卒布土，以定九州。

虽然鲁迅将《山海经》归为"上古之巫书"，但《山海经》无疑是上古中华先民认知世界的最早记录，其涉及的地理范围远远超越了现在中国本土。"海内"部分东达"会稽"，北达"凶奴""东胡"，西达"天毒"（即天竺，今印度），东为"朝鲜"与"倭"。有学者认为，其中的《海外东经》和《大荒东经》甚至已经囊括今日美洲，即《海外东经》记载的"黑齿国"。《后汉书·东夷列传》载："自女王国南四千余里，至朱儒国，……朱儒东南行船一年至裸国、黑齿国。"

《吕氏春秋·有始览》中说："凡四海之内，东西二万八千里，南北二万六千里"，而《海外东经》中已经记载了当时的环球测量："帝命竖亥步，自东极至于西极，五亿十选（万）九千八百步。"

有人推测，根据夸父逐日的记载，没有国家概念的史前人类，应当已经进行了陆地测量。

在距今数千年前的大洪水时代，中国所在的这块东亚大陆完全不同于今天。

当时古渭河与古黄河并不相通，中间隔着豫西山地。渭河从六盘山发源，流入关中盆地。因为潼关完全围合，当时的关中盆地实际是一个巨大的关中湖。当时的黄河是一条海沟，今天的华北平原和黄淮平原大都被浸没在海水之下。黄河水从桑干河流进大海。

在冰河期导致海水低落时，山东半岛与辽东半岛是连接起来的；而在冰河期结束后的海水高涨时，泰山是中国东部唯一一个海岛。

大洪水时期，古华夏人尚处于狩猎采集阶段，主要分布在桑干河和秦岭等几块山地中。秦岭被尊为华夏文明的龙脉，天

有人研究后发现，《山海经》里的描述与现代世界地理有着惊人的吻合

水地处秦岭北麓，毗邻两河（黄河和长江）流域，伏羲时代的历史就从这里开始，影响直至周秦。

作为中华文明的发源地，天水之名来自于古老的"天河注水"传说。

亚欧大陆经过大洪水的洗礼，形成了一个横贯东西的"冲积平原"。大洪水结束之后，山海经时代的人类从山地走向肥沃的冲积平原。伴随着农耕时代的到来，人类文明的黎明就这样开始了。

人们建起村落，用火烧熟食物、烧制陶器，并开始驯养动物。

这些劫后余生的新人类，被汪洋的海水分割在不同的陆地上。有的陆地很大，形成连绵不断的大陆；有的陆地很小，形成孤零零的小岛。

普罗旺斯有句谚语："赞美海洋吧，但还是要留在陆地上。"诺亚方舟的隐喻，只是一个关于上帝对人类的怜悯和拯救，并不表示上帝希望人们去靠近大海。

冰河时代结束了，海洋时代终于到来，孤独的人类彼此孤立地生活在或大或小的陆地上、岛屿上。

亚特兰蒂斯

自从最后一次冰河期在一万年前结束，世界文明格局就基本稳定下来了。适合人类居住的陆地表面，主要是亚欧大陆及其所属的一些半岛和近海岛屿。

与亚洲相比，欧洲要小得多。实际上，欧洲只是亚洲大陆延伸出来的几个半岛，和阿拉伯半岛、印度半岛及印度支那半岛类似。

在冰河期以前，印度支那半岛从马来亚一直延伸到澳大利亚和新西兰，绝对是一个巨大的半岛。这个半岛的中间部分塌陷沉没以后，澳大利亚就与亚洲大陆完全隔离，中间是无数海峡和岛屿组成的印度尼西亚"迷宫"。

如果以亚洲为中心，非洲、南北美洲和南极洲实际构成亚洲大陆的三个近海岛屿，其中南极洲最远。非洲通过苏伊士地峡与亚洲相连，美洲通过白令陆桥与亚洲大陆相连，南美洲通过巴拿马地峡与北美洲相连。后来，苏伊士运河和巴拿马运河成为两个最大的人造海峡。

在更长的海洋历史中，作为沟通亚欧大陆东西的海上通道，马六甲海峡占据着更为重要的咽喉位置。这个天然海峡连接了印度洋和太平洋，正如直布罗陀海峡连接了地中海与大西洋。

在中国古代神话中，海底有一座美丽的水晶宫，水晶宫里住着东海龙王。在西方世界，则有一个亚特兰蒂斯的传说。

这其实是一个关于大洪水的故事。

据说，在遥远的大西洋中，有一个名叫"大西洲"的岛国，其面积比北非和小亚细亚合起来还更宽广，岛上居住着一个有史以来最聪明、最高贵的民族——亚特兰蒂斯人。然而大洪水的到来，将这个优秀的民族彻底毁灭了，亚特兰蒂斯王国在这场灾难中沉入海底。

还有说法，《圣经·创世纪》中所描述的"伊甸园"，其实指的就是亚特兰蒂斯。古希腊的思想家柏拉图在《对话录》中最早记载了大西洲：

> 地中海西方遥远的大西洋上，有一个令人惊奇的大陆。它被无数黄金与白银装饰着，出产一种闪闪发光的金属——山铜。它有设备完善的港埠及船只，还

有能够载人飞翔的物体。它的势力远及非洲大陆，伴随着猛烈的地震和大洪水，一昼夜之间，亚特兰蒂斯就此沉入海中，在人们的记忆中消失。

在柏拉图的描述中，亚特兰蒂斯是一个美丽发达的史前文明，人口达到 1200 万，并出现了农耕和文字。它有华丽的宫殿和神庙，并且有发达的远洋贸易。亚特兰蒂斯的统治范围不仅包括大西洋诸岛，还远达欧洲、非洲和美洲大陆。公元前590 年，埃及大祭司曾对雅典立法者梭伦讲起亚特兰蒂斯，而希腊人就是亚特兰蒂斯人的后裔。

柏拉图认为，亚特兰蒂斯应该在"赫拉克勒斯之柱"（直布罗陀）外的大西洋中，"大西洲"由此而得名。

现代考古学家在直布罗陀海峡附近确实找到了史前文明的遗迹，这似乎印证了这个古老的传说。

考古发现在另一方面也证明，在冰河时代末期，走出非洲的现代人，经过极其狭窄的直布罗陀海峡迁徙到欧洲。当时地中海很浅，而亚特兰蒂斯可能是从非洲到欧洲的一个重要跳板。

启蒙运动时期，英国哲学家培根构想了一个古老而又现代的"大西岛"。培根的叙述模仿了哥伦布的故事——

我们从秘鲁起航，带足了一年的给养，希望可以

经南海到达中国和日本……[1]

最后，他们没有到达中国和日本，而是来到了一个“未来之国”——大西岛。培根有意将柏拉图的大西洲神话颠倒过来。他承认大西岛毁灭于一场大洪水，但高处的山地居民得以幸免，并重建了一个强大的文明。这个岛很快就拥有了战胜大洪水的工具，那就是培根式的现代科学。借助这种科学，大西岛终于超越了一朝一代轮回兴替的悲剧宿命。

在大西岛，“所罗门宫”是核心的权力机构。

大西岛没有皇帝，所罗门宫也不是皇宫。这里像罗马元老院一样，由一群元老管理着国家；这些元老不是封建官僚，而全部都是科学家。因此，所罗门宫代表的不是传统意义上皇帝或者贵族的权力，而是一种奇特的“学院权力”。元老的主要使命就是进行科学实验，并决定哪种发明创造可以在全国推广，哪种不可以在全国推广。

大西岛虽然与世界近乎隔绝，但他们仍然每隔12年就要派出两艘船远航，“我们与外界保持联系，为的并不是什么金银珠宝、丝绸香料，也不是其他什么物质利益。我们希望得到的是上帝的首要创造——知识。我们要跟上世界发展的脚步”[2]。

1-[荷]格劳修斯：《海洋自由论·新大西岛》，宇川、汤茜茜译，上海三联书店 2005 年版，第 157 页。
2-同上，第 175 页。

第二章　水上世界

复活节岛

1722 年 4 月 5 日，雅各布·洛加文率领的一支荷兰海军舰队，在南太平洋中发现了一个小岛。这一天正好是基督教的复活节，洛加文就在航海图上记下了"复活节岛"。

与许多岛屿一样，这个太平洋小岛上也早已有人居住，虽然它与最近的大陆也有着万里之遥。在西方人来到之前，岛上居住的波利尼西亚人简直像两栖动物一样，生活在这个四面是水的世界，并在太平洋上各个小岛间来去自如。

早在 3500 年前，远古的波利尼西亚人就开始了征服海洋的冒险行动。他们凭借石器时代的技术和航海知识，扬帆徜徉在整个太平洋和印度洋。

复活节岛的居民称自己居住的岛屿为"世界的肚脐"，还有一层意思是"大地的尽头"。有趣的是，欧洲人将赫拉克勒斯之柱也称作"大地的尽头"，这类似汉语中的"天涯海角"。

早在 46000 年前，走出非洲的人类乘坐木筏和独木舟，从亚洲大陆途经印度尼西亚群岛，初次登上新几内亚和澳大利亚。那时新几内亚和澳大利亚还是尚未分离的同一块大陆。当时从亚洲大陆到达澳大利亚和新几内亚，中间仍然需要渡过至

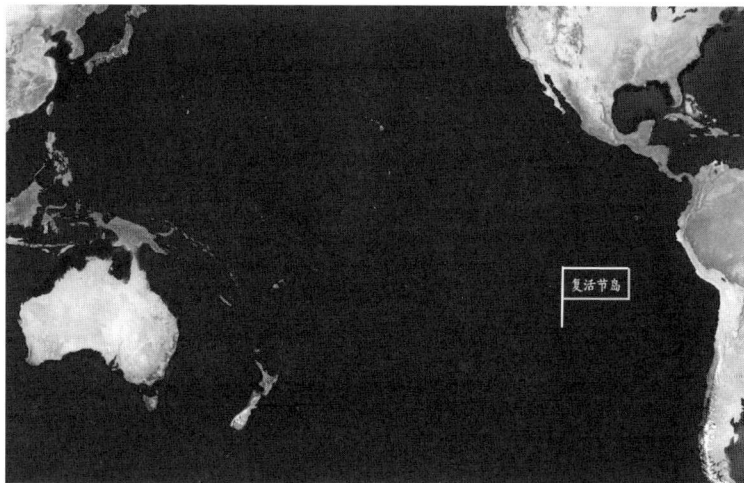

复活节岛在太平洋中的大体位置

少八个海峡，其中最宽的一个海峡至少有 80 公里宽。

因此，进入澳大利亚和新几内亚有一个重要前提，就是必须有水运工具。反过来，在这一点上显然提供了人类使用水运工具的最早历史证据。

除了这个间接证据，直到大约 3 万年后，即约 13000 年前，才有了除地中海之外人类使用水上运输工具的直接证据。换句话说，史前的澳大利亚人和新几内亚人是世界上最早发展水运工具的人。

人类的到来，很快使澳大利亚和新几内亚的大型动物几乎全部灭绝，因为这些动物从来没有遇到过如此危险的"天敌"。

很久以后，从台湾岛迁移而来的波利尼西亚人，又逐渐取代了太平洋诸岛上的早期人类，并扩散到澳大利亚和新几内亚的部分地区。

在复活节岛上的波利尼西亚人中，流传着一个古老的传说——

很久很久以前，他们的首领发现大地正在慢慢地沉入海中，于是便将所有的人召集起来，乘上能够远涉大洋的船。当他们航行到"大地的尽头"时，发现了一个叫毛利的小岛，而他们之前所在的大陆却早已沉入海底。

这与亚特兰蒂斯传说有着惊人的相似。事实上，并不是陆地下沉，而是海水上涨导致陆地被淹没。

现代人类学家认为，在大约 5200 年前，复活节岛的波利尼西亚人来自东南亚，准确地说是来自台湾岛，或者说远古台湾人即波利尼西亚人。

这支上古黄种人的澳泰语系民族，从东南亚出发，在漫长的漂流岁月中，途经伊里安岛、所罗门群岛、新喀里多尼亚岛和斐济群岛等岛屿，最后到达复活节岛。无论是语言、考古还是 DNA 的研究比对，都可以证明今日波利尼西亚人与古台湾人属于同一族群，他们先向南迁徙到吕宋（菲律宾），再向东扩散到太平洋诸岛屿。

波利尼西亚（Polynesia）由希腊文 poly（众多）及 nesoi（岛屿）组成，意思是许多岛屿。

波利尼西亚人的扩散无疑是史前人类在海洋探索中最具开

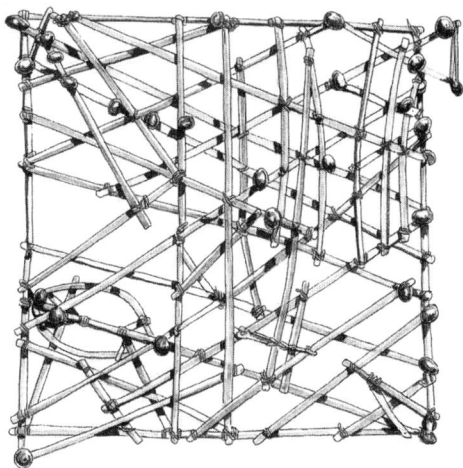

波利尼西亚人用木棒和绳子编织的航海图

创性的一幕。虽然他们没有罗盘、文字和金属工具，但他们是真正的航海专家，仅仅利用木棍和贝壳制作的航海图，借助独木舟和木筏等，波利尼西亚人就能够快速在太平洋岛屿之间移动，而且这几乎是人类历史上最大规模的迁徙活动。

波利尼西亚人的海上迁移，绝不是随波逐流地碰运气，而是经过了周密的计划。在族群扩散的同时，他们也将芋头、香蕉、猪、狗、鸡等作物和家畜带到了这些岛屿。

在波利尼西亚人第一次扩张浪潮中，从南亚到达斐济、萨摩亚和汤加，只需要几天航程，而从西波利尼西亚到东波利尼西亚之间，则隔着更为广阔的海洋，海洋中岛屿众多，如库克群岛、社会群岛、马克萨斯群岛、土阿莫土群岛、夏威夷、新西兰、皮特凯恩群岛和复活节岛。

最迟在公元 1200 年，波利尼西亚人就已经成功跨越 3000 多公里的水路，几乎占据了太平洋上所有适合人类居住的岛屿。

在复活节岛的传说中，带领他们来此定居的祖先名叫霍图·马图阿，他带着妻子和六个儿子，还有其他族人，乘坐着一艘大木筏来到复活节岛。

霍图所处的时代约在公元 900 年左右。在以后的 1000 年中，复活节岛的人口大约在 6000 人到 30000 人之间波动。

即使以现在的眼光来看，古代波利尼西亚人高超的航海技术仍然令人叹为观止。

1999 年，一艘由现代人仿制的名为"欢乐之星"的波利尼西亚式远洋木筏从芒阿雷瓦岛出发，经过 17 天航行，最终成功到达复活节岛。

可以设想，对一个不懂航海的现代人来说，用木筏远渡重洋，去寻找一个十几公里宽的小岛，无异于大海捞针。但实际上，波利尼西亚人只需要观察在海岛筑巢的鸟群飞行的方向，即可判断岛屿的大体方位。这样，即使在 300 公里之外，他们也可以发现复活节岛。

凿木为舟

在人类到来之前，复活节岛覆盖着树木茂盛的亚热带原始森林。

通过对残留花粉的分析，表明当时复活节岛最大的棕榈树可能达到 20 米高、直径 1 米。除了棕榈树，复活节岛上还生长着其他高大树种，如麦珠子树和大叶杜英，这些树木都非常适合制造独木舟。

早期波利尼西亚人以生活在深海的真海豚为食，而要捕捞深海的真海豚，必须使用大型独木舟。

波利尼西亚人的独木舟无疑是石器时代造船技术的最高典范。

他们之所以能用小小一叶独木舟而安然渡过沧海，这得益于他们发明的"横架"，也可叫作"复舷"，这是一种从船身上伸出的平衡装置。

波利尼西亚人的横架通常就是另一条小独木舟，这样往往会有更好的稳定性和较大的储物空间。他们用这种双体独木舟，可以将陶器贩运到千里之外，当然也可以捕猎真海豚。

波利尼西亚人的独木舟甚至已经具备了桨帆功能。事实上，在哥伦布和麦哲伦之前，欧洲人在航海方面的成就并不比波利尼西亚人高明多少。

波利尼西亚人创制的带复舷的双体独木舟，无疑将独木舟技术发展到了一种极限。这种互相支撑的双体独木舟非常平稳，可以从容出没于太平洋中，即使挂上风帆亦不会倾覆。

双体独木舟是太平洋早期开拓所使用的体积最大、最为重要的船只。除了更加稳定，宽阔的甲板也为船员、乘客以及货物提供了更多的空间和保护。18世纪英国航海家库克船长曾见过一条长约21米、宽约4米的双体独木舟，能够搭载50～120人。

波利尼西亚人很可能就驾驶这种双体独木舟，载着人和生活必需品，经过长达6周的航行，最后到达无人居住的小岛，并在那里建立社区。这些必需品包括白薯、芋头、椰子、香蕉和坚果树等可食用的植物，供饲养的狗、猪和鸡，以及生产工具和陶器。

在早些时候，复活节岛上应当有很多大型的独木舟，这与其他大多数波利尼西亚岛民生活类似。

但随着对森林的开垦和过度采伐，到1500年后，复活节岛已经沦为不毛之地，所有大树都已经绝迹，独木舟随之也几乎消失了。

这样一来，以前作为主要食物来源的真海豚再也捕猎不到了。在鸟类和鼠类被吃尽之后，遭受侵蚀的土地使农业更加难以为继。严重的饥荒导致了一场场社会冲突，甚至发生了人相食的惨剧。

人类的发展得益于集体学习能力。历史证明，任何民族一旦封闭起来，其智慧不仅是有限的，而且会停滞不前。

与世隔绝的波利尼西亚人、毛利人和印第安人所创造的文明，之所以大大落后于亚欧大陆的文明，可能因为十个脑袋胜过一个脑袋。伟大的文明大多以广大的人口为基础。

颇为讽刺的是，复活节岛滥砍滥伐、杀鸡取卵的时期，也是他们最繁荣的盛世。在这种虚假的繁荣时期，人类社会总是存在一种将权力景观化的企图，从埃及胡夫的金字塔、罗马帝国的大角斗场到拿破仑的凯旋门。

复活节岛上的波利尼西亚人也不例外。每个酋长都争相建造高大的石像，它们被叫作"摩埃"，以标榜自己的权势。

随着大崩溃的来临，这些重达数十吨的巨大石像，最后都被愤怒的饥饿者推倒、砸烂。

美国作家贾雷德·戴蒙德在《崩溃》一书中曾经这样设问："岛民们在砍倒最后一棵棕榈树时说些什么？"没有棕榈树，就没有独木舟和木筏，这意味着他们将失去大海，或者说是失去自由。

1774 年，当库克船长来到复活节岛时，他发现岛上的波利尼西亚人都显得"瘦小、胆怯和凄惨"。整个复活节岛只有不到四条极其简陋破败的小筏，长仅三米，最多可乘两个人。

这样的小筏子只能在浅海行驶，根本不可能到深海去。[1]

独木舟是早期人类使用的最为普遍的水上运输工具。这种不约而同的发明比陆地上的轮子传播更广，遍及全世界。换句话说，现代船舶的鼻祖，其实就是独木舟。

在远古的大洪水时代，不会游泳的人们抱着水中漂浮的树干得以逃生。以后人们就尝试用树干扎成木筏，或者对粗壮的原木进行改造，将其掏空，使之在水中更加平稳，这样就能装载更多的人和物。

但总体上，远古时代的人们更善于借用现成的原木在水上漂流。直到今天，在新几内亚地区的河流上，仍可见到这种古老的漂流方式：一些土著人常常骑在树干或者树根上，非常熟练地穿梭于内河与浅海之间。毫无疑问，简单的独木舟正是从漂流的木头渐渐演化出来的。

对早期人类来说，只要有了火和石斧，就可以制造独木舟。

从澳大利亚到太平洋诸岛，从苏丹到亚欧大陆的北极地

1- 有研究者认为，复活节岛的崩溃是因为西方人带来的病菌和奴役。病菌从 1722 年洛加文登岛开始传入，到 1774 年库克船长到来的 50 多年间，岛上 90% 的人口因瘟疫而死亡，原住民社会基本崩溃。19 世纪后，西方殖民者乘坐蒸汽战舰侵入复活节岛，抓捕原住民，贩卖到美洲种植园作为奴隶，同时强占岛上土地做牧场，导致羊群彻底毁坏了原有的生态。

区，原始的水上旅行者几乎都在使用独木舟。这种独木舟往往是一根巨大的树干，将其凿成中空，用来坐人和盛放物品。

一般而言，制造独木舟需要选用直径 1 米以上、长度 5 米 ~ 20 米的圆木。对哥伦布到达之前的美洲人来说，独木舟几乎是唯一的船。虽然这种独木舟长度一般只有 20 米左右，但勇敢的印第安人就是驾着它出海冒险的。

"纵一苇之所如，凌万顷之茫然。"对于波涛汹涌的大海来说，独木舟过于微小和脆弱，因此驾驶独木舟进入风高浪急的深海是非常危险的。

除了使用复舷双体独木舟的波利尼西亚人，其他原始部落大多只用独木舟沿着河流和海岸航行。

北美阿拉斯加印第安人擅长制作巧夺天工的独木舟。他们不用任何金属工具和铁钉，仅仅用桦树皮就可成功"缝制"一条完美的独木舟。对他们来说，河流就是拉布拉多森林的"街道"，独木舟就是他们的"私家车"。他们用整根杉树做成的独木舟，长达 30 米，最多可承载 50 个人。

并木为筏

前面说过，在最后一个冰河纪，海平面比今天要低大约120米。今天广阔的浅海海床在那时都还是干旱的陆地。

在今天西印度尼西亚群岛的各个岛屿，在当时仍属于昔日所谓的"巽他古陆"（今东南亚地区）的延伸地带，而澳大利亚、新几内亚岛和塔斯马尼亚岛则构成了被称为"萨胡尔"或"大澳大利亚"的大陆，它们之间则是一片广阔的海域和岛屿。

大约开始于公元前5000年的海平面上升，创造了我们今天所知道的岛屿和群岛的轮廓。

考古发现，在大约50000年前，人们穿过巽他古陆来到萨胡尔大陆（位于巽他大陆东南）。由于制造独木舟所需的一种不可或缺的古老石器工具只有20000年的历史，因此这些航行将不得不借助由捆绑在一起的原木制成的木筏来完成。

按照现存的证据，世界上最早的航行是在7000年前，出现在美索不达米亚，此时和之后的航海家们几乎完全是依靠木杆和船桨来推动自己的木筏前进的。

他们一般是在两个可以互相看见的岛屿之间航行，有些航行会更远一些，以至于岛屿间互相不能看见，但仍然能有一段距离使航海者能同时看见这两个岛屿。

不管人类愿不愿意航海，海洋一直在那里。

亚欧大陆有许多人口稠密的国家，他们拥有强大的造船能力，但这并不是促使其走向海洋的先决条件。阿兹特克帝国、玛雅帝国和印加帝国都有近海的地理优势，但它们却对航海丝毫不感兴趣。

太平洋上的波利尼西亚人数量很少，造船技术也极其原始，但他们在海上的航行范围却远远超过其他任何民族。

这是最值得我们沉思的事情。

从人类航海史来说，"并木以渡"的筏子比独木舟更为原始简单，也更为古老。

与独木舟相比，制作木筏不需要石器或金属等加工工具。当人们使用两根以上的木头在水上漂流时，筏子就出现了。北美卡米亚人的木筏由十多根原木制成，长 7 米，可搭乘数人。

在中国江河湖泊密布的南方，人们用木头或竹子做成排筏，依靠竹篙改变航向，或顺流而下，或笑傲江湖。按照《尔雅》的说法，木筏为簰，竹筏为筏。

除了原木和竹子，还有用动物皮囊缝制而成的皮筏，即中国古人所说的"以匏济水"。

在美索不达米亚、努比亚、印度、巴比伦和中国等地的河流上，漂着许多这样的皮筏。古代亚述帝国在征服战争中，常常用这种皮筏顺流而下。古代亚美尼亚人也用兽皮制成简易皮筏。

因纽特人不仅用海豹皮做成皮筏，还用动物的肠子织成帆，这种叫作"卡雅克"的皮筏在史前欧洲也非常普遍。

中国古人"缝革为囊"，制成皮筏，历史极其久远，甚至还有用完整的动物皮做成的密封性更好的"浑脱"。《水经注》记载：汉建武二十三年（47年），王遣兵乘革船南下水。所谓的"革船"，即是皮筏，"以牛皮为船以渡"。

现代考古发现表明，现存最早的船就是由芦苇或兽皮制造而成的

浮 囊

中国古代用动物皮囊制成的浮囊，也称"浑脱"

轻型船只。相比起更加笨重的木制船只，这种船的底部在浅滩遭到碰撞的风险较小，即使遭到碰撞也不易损毁。在船上的货物被卸下来之后，船很容易被拖回上游。

古希腊历史学家希罗多德解释说，要将船逆流划回去不大可能，因为水流的力量太大，这也是制作船身用的是皮革而不是木头的原因。在古代亚美尼亚，用驴子把皮革驮回亚美尼亚后，人们又可以用同样的方法造出船来。

《易经》第五卦中说："需：有孚，光亨，贞吉。利涉大川。"这里的"孚"借用作"浮"。古代没有塑料和橡胶气球，也不可能有游泳圈。兽皮作为漂浮物，需要提前吹气。在中国北方，古人会用葫芦作为漂浮物来渡河。对于不太会游水的"旱鸭子"来说，带个葫芦显得非常有用。

葫芦成熟风干之后，里面逐渐变成空心。葫芦中间有个细腰，非常方便用绳子系在人身上，这叫作"腰舟"，即系在腰上的船。有了"腰舟"，人在水中就不容易沉，这与现代游泳圈非常类似。

葫芦是中国乡间常见之物。直到近代，生活在黄河边的人还常常用这种"腰舟"渡河。

第三章 桨帆时代

文明生于水

美国学者房龙说过一句很有趣的话："人类是最后出现在地球上的，但却是最先用智力征服自然力的动物。"作为"动物"，人类总是想到处走动。迁移和运输似乎是人类的一种基本需要。

对人类来说，最适于帮助移动的媒介是空气和水。在飞机发明之前，船的出现使人类最早得以在水上生存。从某种意义上来说，飞机也是船的一种变异，早期的飞行工具就是充气的飞艇。

虽然轮子和马力为人类的移动带来了极大的便利，但在19世纪火车出现之前，借助河流和海面进行水上运输，一直是人类的主要移动方式。因为水路要比陆路运输快捷且便宜得多。

在火车—铁路和汽车—公路这些现代文明出现之前，骆驼是亚欧大陆上最有效的长途运输工具。

在理想状态下，双峰骆驼可以驮着200公斤的货物每天行进50公里，单峰骆驼可以驮着100公斤货物每天行进60公里。但实际上，要运输1吨货物，往往需要20只以上的骆驼才行，而且要保证旅途中有绿洲。

相比之下，船的运输效率就高得太多了。

人类历史上的早期文明就这样在一些河流或沿海地带孕育起来，如黄河流域和长江流域的中华文明，恒河流域的印度文明，幼发拉底河流域的巴比伦文明，尼罗河流域的埃及文明，地中海周边的希腊文明和罗马文明，等等。

船的出现，不仅使河流和海洋不再对人类构成障碍，反而为人们提供了一条天然的快速通道。对船来说，海洋和河流本身就是通衢大道，根本无须筑路。由于船是浮在水上的，因而可以建造越来越大的船，而不会碰到陆地运输经常会遇到的支撑和摩擦问题。

一般情况下，一匹马可以承载 90 公斤的货物行走，如果借助轮子和良好的道路，那么它的运输效率可以提高 20 倍，也就是说，一匹马可以拉动 1800 公斤的载重车辆。在同等的能量消耗下，如果这匹马沿着运河纤道拉动一艘货船，那么则可以承载 27000 公斤。也就是说，轮子将原始的背负运输效

在古代，陆路运输缺乏合适的车辆和道路，因此，水上船运占据了绝对性优势

率提高了 20 倍，而水运则提高了 300 倍。由此可见水运的优势非常明显。

亚当·斯密对陆运和水运做过一个比较：一辆宽轮马车，2 人驾驭，8 匹马驱动，可以装载约 4 吨货物，往返伦敦和爱丁堡间需要 6 个星期。在相同的时间内，一艘由 6 到 8 人驾驶的货船，可以装载 200 吨货物，往返伦敦和利斯（距爱丁堡约 3 公里）间只需要 3 天。如果将水运换成陆运，运送 200 吨货物就需要 100 人、400 匹马和 50 辆四轮马车。如果再加上这些人马的路途消耗，陆运比水运的成本不知要大多少倍。

就英国工业革命而言，由于水运的方便，对各种工业产品而言开辟了一个比单靠陆运所能开辟的更为广大的市场，所以当时各种工业都在海滨和通航河流沿岸开始专业的进一步划分并得到改进。

人们都知道美国历史上著名的西进运动。从 1848 年开始，加利福尼亚的黄金吸引来了数以万计的淘金者，他们浩浩荡荡地从东部城市涌向蛮荒的西部。一座名叫旧金山的城市平地而起。

但在 1869 年之前，美国西部并没有火车线路。这些西部拓荒者无一例外都是坐船来的。尽管当时巴拿马运河尚未通航，绕过整个美洲大陆的海上航行距离是陆路的很多倍，但这仍然比陆路更快捷、更廉价，也更安全。

所以，美国西进运动其实是由海岸向内陆发展的钳形运动，而不是由东向西的陆地直线拓展。横跨北美大陆、沟通大西洋与太平洋的东西铁路也是从两端同时相向施工，最后在中间合龙的。

在水上运输时代，最理想的海上通道是海峡，最有效的内陆水路是水流平缓、可以通航的河流。比如第一瀑布以下的尼罗河，梯度只有 1∶13000，也就是 13 公里才下降 1 米。在这里，帆船既可以顺流而下，也可以扬帆上行，因为尼罗河水流向北方，却常年不断刮着北风。尼罗河缓缓流入地中海，这种得天独厚的优势，使其成为人类航海的摇篮。

从古埃及时代起，大多数的乡村和城市都围绕有通航的水路。直到近代，占据欧、亚、非十字路口的埃及，都以其无与伦比的交通闻名全球。可以说，没有尼罗河就没有埃及。

在没有苏伊士运河之前，地中海就已经通过尼罗河的古运河沟通红海。实际上，地中海除了从经尼罗河通往红海的通道，还有一条经幼发拉底河通往波斯湾的通道。

这种优越的交通条件，使埃及和西南亚成为自古以来世界的"地缘政治"中心。仅从这一点来说，埃及文明和两河文明诞生在这里并影响整个世界，绝非偶然。

埃及拥有极其古老的造船史。尼罗河上最早的船是由一捆一捆的莎草纸制成的，准确地说是筏。著名的"胡夫船"[1] 是由木板制成的，其长度达 44 米，几乎是哥伦布横渡大西洋的旗舰"圣玛利亚"号的两倍，而前者要早 4000 年。

文字、艺术及考古等方面的发现表明，水上运输对古埃及人至关重要。他们与船之间的密切关系渗透到其生活的方方面面，包括来世观念、对太阳运行规律的认识，以及劳作规划和国家制度等。

以此类推，整个人类文明发展史中，世界各地几乎所有重

1-1954 年，埃及考古工作者在胡夫金字塔附近发掘一处墓葬时，发现了一条保存极其完好的木船。据考证，这是胡夫的御用船，距今有 4500 年的历史。1982 年，埃及为胡夫船建造了专门的博物馆。胡夫船充分展现了古埃及人发达的造船技术。

要的城市都是傍水而建的，许多城市最先都因为港口和港湾而发展起来。

直到 20 世纪中期，所有国际贸易——无论是欧洲和亚洲之间，还是欧洲和美洲之间——都必须依靠船来运输。即使今天，轮船仍然承担着 90% 的全球贸易货运总量。可以说，海洋和江河湖泊为人类社会的文明发展提供了无法替代的基础设施。

从远古时代开始，人类便临水而居，人类因水而生、因水而亡。在海洋时代到来之前，河流一直是人类文明的象征。

除了最古老的美索不达米亚，印度文化从印度河和恒河发源，埃及文明从尼罗河发源，而中国文化则从黄河流域发源。随着两晋之后中国文化重心南移，长江流域逐渐成为中国文明的又一圣地，沟通长江与黄河的大运河随之诞生。

但与欧洲的半岛型地形不同，大陆型的中国并未出现成熟的海洋文化。在现代之前的大多数时间里，海洋对中国而言是天堑而不是通途。

浮舟之国

如果说早期人类制造优良武器的关键在于能否找到金属，那么古代人类的航海能力，则取决于能否得到适当的木料和工具。

技术的发展有一个从小到大、从简单到复杂的过程。早期的人类还没有能力将船只建造得足够大和足够结实，与其说是因为木料，不如说是因为没有合适的工具。

相比近代来说，古代的森林资源无疑要更丰富，但在相当长的时期内，人们却只有斧子而没有锯子。锯子与斧子的区别在于，前者对木材的加工更加精确和细致。

远古埃及人同样受制于木料的加工技术，因而无法制造出海远航的大船，只能在尼罗河及其支流上航行。

在公元前 2700 年左右，埃及人便建造了双桅海船，这种用桨驱动的船可以搭载 20 名乘客。埃及人的船只沿着红海最远到达过"浮舟之国"，也就是今天的也门和索马里一带。

古希腊作家希罗多德记载了埃及人的造船技术：他们用带刺洋槐造船，这种树会渗出树胶。他们将树干"砍成"约两腕尺（相当于 1 米）的板材，再用无数长栓紧固板材，做成船形。船体定型后，他们压着外层船体拼缝铺一层衬里。船体两侧无龙骨，两层板之间充填莎草纸。用一支桨穿过船底为舵。桅杆也是用洋槐做成，船帆则用莎草纸。

船只航行需要动力。除非不停地刮风，这种船根本无法在尼罗河上逆流行驶，因此常常需要纤夫在岸上拉船。

早在公元前 600 年，埃及法老尼科就试图修建苏伊士运河，后来波斯帝国的大流士修通了沟通尼罗河和红海的运河，船只可以从地中海直达印度洋。

波斯帝国和雅典帝国崩溃之后，欧洲开始了一个希腊化时代，亚历山大的马其顿帝国成为地中海的霸主。

亚历山大港的兴建和繁荣，几乎使埃及成为东西方交流的唯一桥梁，中国丝绸出现在罗马，而非洲的象牙出现在中国。正如恩格斯所说："完善的铁器、风箱、手磨、陶工的辘轳、榨油和酿酒，转为手工艺和发达的金属加工、货车及战车、用圆木和木板造船，作为艺术的建筑术的萌芽、由设雉堞和炮楼的城墙围绕起来的城市、荷马的史诗以及全部神话——这就是希腊人由野蛮时代带入文明时代的主要遗产。"[1]

人与人的关系简单一点说，不外乎两种：战争或者贸易。海洋曾经一度阻隔了人与人之间的联系。当船只出现之后，战争与贸易就随之变得普遍起来。

很早的时候，古希腊历史学家修昔底德就在《伯罗奔尼撒战争史》中指出，组建舰队、经济增长和政治权力的增长是相辅相成的。早期和晚期的希腊人的舰队有所不同。但那些组建了一支舰队的城市，通过金钱的流入和对其他地区的统治，就能够获得极大的权力：当他们自己的土地不足的时候，就前往岛屿并征服它们。一个国家通过陆战就能获得权力的现象已经不复存在了。

与埃及人不同，好战的古希腊人对战船和商船有着严格的区分：商船又短又宽，非常结实，主要依赖风帆航行；战船狭长、轻巧，主要靠划桨推动。

古希腊人的大型战船不仅攻守兼备，而且还可以用其将士兵通过水路运往战场。荷马史诗《伊利亚特》就记录了史前希腊的海上军事力量。

特洛伊之战其实是一场争夺希腊海峡（今达达尼尔海峡）和黑海贸易的商业战争，希腊人最终把腓尼基人和迦太基人从

1-《马克思恩格斯选集》第四卷，人民出版社 1972 年版，第 22 页。

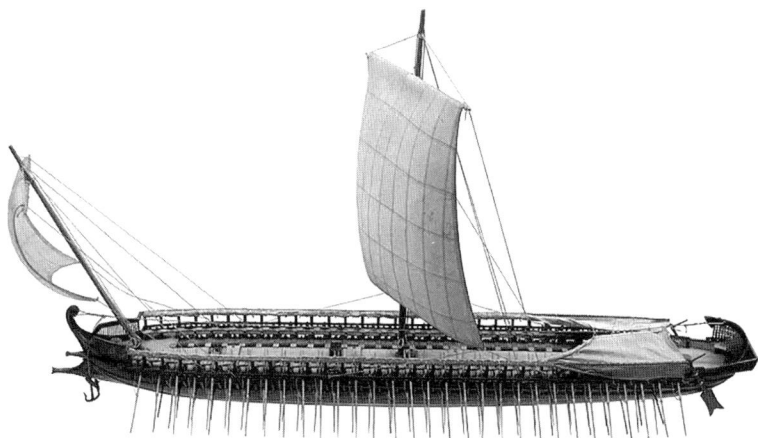

古希腊的三层桨帆战船

黑海和爱琴海驱逐，垄断了地中海东部的贸易。

　　古希腊人在这些战争中的胜利，主要依赖于他们出色的战船。虽然希腊战船是桨帆并用，但仍以桨为主。

　　最早的桨帆战船都是单层桨，前面装上青铜铸造的船艏冲角，用来在海战中撞击对方战船。

　　要撞击对方战船，同时不让对方撞击自己，就必须有相当高的船速，而要提高船速，就只能增加划桨的人手。每个桨手都需要一定的位置，过长的船体不仅适航性差，而且更容易成为敌人撞击的目标，最好的办法是不增加船体长度而只增加桨手。就这样，希腊人在单层桨战船和两层桨战船的基础上，发展出三层桨战船，主要武器仍然是船艏冲角。

公元前550年，古希腊最先造出三层桨船。它长40～50米，排水量约200吨。在与波斯人和斯巴达人的战争中，雅典人用三层桨船组成舰队，成建制地大量运送部队，每批次高达6000人。

战船需要冲击速度，也要灵活，驱动战船全靠桨手。这种三层桨船最多有170枝桨，撞击敌人时，航速最高可达10节[1]，调转船头或转弯180°，只需要一分钟。若由一半桨手划桨，可保持4节的速度航行数小时。顺风时也可以使用风帆。

古希腊战船的建造方法很简单，就是在连接于龙骨的伞骨上钉上厚木板，撞角直接安装在龙骨上。在以后很长时间里，西方的木质战船大都沿袭了这种设计。

限于当时的工艺水平，这种桨船从结构上仍然不够结实，而且不易操控，再加上缺乏可靠的海图，虽然它在风平浪静的地中海如履平地，但一旦进入外海就岌岌可危。

即使如此，古希腊神话中还是不乏勇于冒险的英雄，比如远赴海外寻找金羊毛的英雄伊阿宋和阿尔戈南兹。

古希腊战船的长宽比达到10∶1。修长的船身在水中航行时，产生的阻力很小，这让它能够获得较高的速度；再加上战船桨手多、灵活性好，这些都能让高速撞击对敌船造成更致命的威胁。

1- 古代以绳索打结的方式来计算船的航速，一般每小时行驶1海里为1节，10节就是1小时航行10海里，1海里=1852米。

希腊战船在与波斯战争时期达到了巅峰。

在公元前 480 年的萨拉米海战中，雅典共和国的新式三层桨帆战舰显示出极大的优势——体积小、吃水浅、速度快、机动性强。而波斯帝国的老式桨帆战船则大为逊色，体积大、速度慢、吃水深、机动性差。

布匿战争

从地理学角度看，地球上三分之二以上是海洋，因此"地球"应称为"水球"或"洋球"才对。我们之所以称之为"地球"，只是因为我们人类生活在土地上而已，但海洋文明仍然源远流长，尤其是在西方世界。

如果对西方文明的扩张加以追溯，那么历史就显得非常有趣，正是腓尼基人和希腊人创造了最早的海上殖民帝国。

在古希腊神话中，有一个经典的野蛮人形象——独眼巨人基克洛普斯，他吃掉了普斯奥狄修斯全体船员。愚蠢的野蛮人对航海一无所知，所以他从未离开过他所居住的陆地。

海洋是开放的。在一些人眼中，西方文明在本质上是一种海洋文化。追根溯源，地中海孕育了最早的古希腊文明和腓尼基文明。

腓尼基人是犹太人的近邻，同属于闪米特人。勇敢的腓尼基人不仅带给欧洲文字，而且他们还是最早的航海者。

古老的腓尼基人生活在地中海东端，也就是如今的以色列和黎巴嫩一带。他们砍伐高大的雪松来建造硕大而结实的快船，这种快船由数十个桨手划动。公元前 700 年，腓尼基人已经掌握了严丝合缝地拼接长板材和封堵拼缝的方法，因此他们的船可以从地中海远航到不列颠岛。

公元前 450 年，一个名叫希米尔克的腓尼基人驾船驶入大西洋，并从北欧的矿山运回珍贵的锡。这是至今最为古老的航海记录。

腓尼基人不仅去波罗的海换取琥珀，还用西非的奴隶和象牙去换印度的香料、黄金和宝石。到公元前 400 年左右，西欧和非洲的绝大多数海岸线都已经被腓尼基人走遍。他们甚至早于达·伽马 2000 年，就到达过非洲最南端的好望角。

公元前 5 世纪，"历史之父"希罗多德通过海路游历了希腊人所认知的世界。他到了埃及、利比亚和巴比伦等地，也到了腓尼基人的海港城市泰尔，甚至到了俄罗斯南部。

在著名的《历史》中，希罗多德详细记述了腓尼基人的航海壮举，提到了腓尼基人从阿拉伯湾航行进入南印度洋，每年秋天在非洲海岸线上某一个适合的地点停下来，在一片土地上播下种子，然后等待第二年的收获。在收获粮食之后，他们重新回到海上，在整整两年后绕过赫拉克勒斯之柱，于第三年回到埃及。这些人宣称，由于一直在向西航行而绕过非洲的最南端，他们发现太阳出现在了他们的右手边——北面。

因为善于航海和经商，腓尼基人的各个城邦都非常富有。

当时最著名的城邦国家当属毗邻地中海的推罗。在希腊神话中，推罗国王有个女儿叫欧罗巴，后来欧罗巴成为欧洲大陆的名字。

"西班牙"这个名字来自迦太基语中的"野兔"。大约当时伊比利亚半岛还是一块荒蛮落后、兔走鹰飞的处女地。

正如中国的炎黄二帝，一切历史都免不了从神话传说开始。

在传说中，黛朵建起了迦太基城，并成为迦太基第一位女王。逃亡迦太基的特洛伊王子埃涅阿斯对黛朵始乱终弃，最后

罗马继承了古希腊的尚武精神

在意大利台伯河一带建立了罗马，而悲伤的黛朵却殉情而亡。

一对情侣创建了两个敌对的帝国，历史学家将这一年定为公元前814年。

经过500多年后，罗马终于崛起，这应该归结于《李锡尼法》。根据这一法令，罗马所有要职都向平民开放。民主竞争体制带来政治上的活力和国家的强盛。同时，通过向同盟部落授予罗马公民权的方式，罗马文化迅速扩张，整个意大利半岛，从北边的卢比孔河到南部的墨西拿海峡，都被纳入罗马统治之下。

罗马从武力上征服了希腊，而希腊则在文化上征服了罗马。意大利半岛和希腊半岛一样是开放的，只是希腊半岛倾向于东方，而意大利半岛则倾向于西方。

从民族史来说，希腊和罗马这两个古代文明有着相同的渊源，但发展殊异。希腊的民主政体带来活力，但也使得它无法完成政治统一和民族统一。

"希腊每逢出现统一倾向，这总是并不直接基于政治因素，而是基于竞技和艺术：只有奥林匹亚的竞技比赛，只有荷马史诗，只有欧里庇得斯的悲剧，才能让希腊人团结起来。反之，意大利人为了自由坚决放弃个人意志，学会听从父命，以便自己善于服从国家。

"……在古代一切文明民族之中，意大利人独能依凭以自治为基础的政制而获得民族的统一。意大利既归于一统，于是，不但四分五裂的希腊民族的主权，而且全球的主权都终于落入意大利人之手。"[1]

国家的诞生，意味着战争即将开始，尤其是对一个大一统的国家来说。

公元前 3 世纪后期，罗马与迦太基为了争夺西西里岛，地中海这两大霸权打响了长达 118 年的布匿战争——罗马人称迦太基为"布匿"。

迦太基人曾宣称："没有我们的允许，罗马人休想用地中海的水洗手。"刚开始，从来没有离开亚平宁半岛的罗马人，在海上毫无悬念地被迦太基人打败了。但罗马有古代最优秀的工程师，他们以一艘搁浅的迦太基战舰为样板，在希腊人帮助下，建立了一支庞大的舰队。

当迦太基的舰队和罗马的舰队在叙拉古遭遇时，罗马海军明显地占据了优势，尽管迦太基的海军补给充足，但也不敢贸然迎敌，只能退守城中，避而不战。

与罗马相比，迦太基是典型的海洋国家，但在战争刚开始，罗马便夺得了制海权。迦太基统帅汉尼拔本来可以乘船直接抵达意大利，现在却不得不带领 6 万大军和几十头大象翻越高耸入云的阿尔卑斯山，结果一多半人马都死在路上。

因为缺乏海上交通，迦太基远征军孤立无援，也没有给

1- ［德］特奥多尔·蒙森:《罗马史》(第一卷)，李稼年译，商务印书馆 1994 年版，第 27—28 页。

养，很快便陷入困境。

这场战争从公元前 264 年一直持续到公元前 146 年，迦太基最终国破家亡，迦太基人的战舰被罗马人付之一炬。两年后，自由而分裂的希腊城邦（马其顿）覆灭，罗马共和国占领了整个地中海地区，开始了向欧亚大陆扩张的拉丁化时代。

在布匿战争中，战舰主要是承担运输士兵和辎重的任务。但战争是非常残酷的，古罗马思想家奥古斯丁对此叹息道："在布匿战争中……有多少小国被灭绝！有多少有名的大城被夷为平地，有多少城市遭遇灾难和毁灭！有多少地方和土地长久而广阔地荒芜！胜败之变易何其无常！有多少人的生命被吞噬，无论是交战之士卒，抑或手无寸铁之百姓！有多少樯橹，或在海战中沉没，或在各式各样的风暴中失事！"

西方史学家常常会设想："布匿战争如果是迦太基获胜，欧洲的历史肯定会改写。"

英国思想家培根将罗马胜利的原因归结为制度和文明——

历史上最乐意向世界开放的城邦无过于罗马。他们愿意把公民权授予一切愿意归顺和定居于罗马城的人，而根本不考虑他们过去出生在什么国度。不仅如此，他们还允许这些外籍公民享有与罗马人完全相同的权利——不但享有贸易权、婚嫁权、继承权，而且享有选举权和担任公职的权利。

因为丧失了制海权，迦太基统帅汉尼拔只能带着大象翻越阿尔卑斯山

罗马人不仅将这种权利授予个人，也可以授予家族、城邦，甚至一个国家。

同时，罗马人把自身看作世界的公民，他们不断向外扩张、拓展和移民。于是罗马的制度就随着罗马的发展而世界化了——一方面是罗马走向世界，另一方面是世界走进了罗马。这也正是罗马以一个初期的蕞尔小邦，能够迅速地成长为称霸一方的世界强国的原因。[1]

1-［英］培根：《论强国之术》，《培根人生随笔》，何新译，人民日报出版社 2007 年版，第 113 页。

海上肉搏

从希腊—罗马时代开始,在此后的十几个世纪,三层桨战船一直是地中海沿岸各国海军舰队的主要战船。

最大的桨帆船是埃及国王托勒密四世在公元前215年建造的。这个庞然大物长130米、宽18米,全舰有4000名桨手、2900名战士和100名水手。如今世界最大的尼米兹级航母编制船员不到6000人(其中航空人员约2800人),而这个埃及双体桨帆船上却能容纳7000人。

当时的桨帆战船主要用来运载海军。当时所谓的战争,就是双方的战船连接到一起,然后双方在这块漂浮的"陆地"上,展开贴身白刃战。即使撞击战术,从某种意义来说,它所包含的要素也与陆战非常相似,比如集中兵力、攻击侧翼和包围等。

在罗马帝国鼎盛时期,海战法包括撞船、跳帮、徒手格斗等传统甲板作战方法,后来又出现"飞叉"和"抛叉"战法,甲板仍然是双方主要甚至唯一的作战平台。

罗马战船源自迦太基,也是桨式战船。有了战船,并不代表懂得海上战争。罗马人创造性地制造了一种搭有尖钩的活动

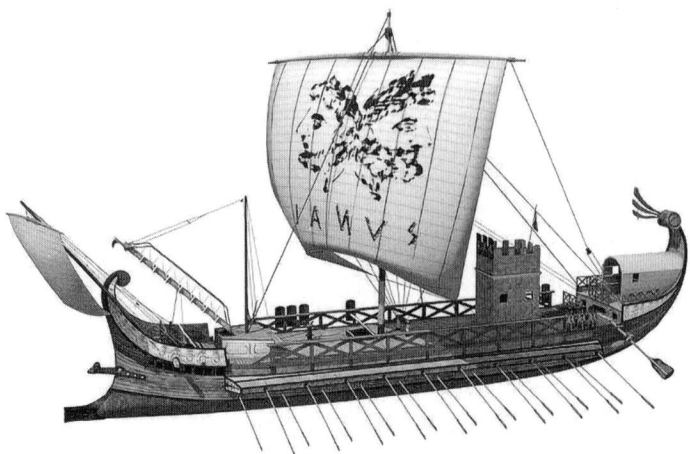

罗马人发明的"乌鸦"可称得上是一种海上战争的革命性武器

吊桥，取名"乌鸦"，战斗时可以用它钩在对方战舰的甲板上，就像是乌鸦啄食。这样，不习水战的"海军陆战队"就可通过吊桥跳上敌船，在甲板上打一场陆地战，充分发挥罗马人擅长陆上搏杀的战术优势。

无意之中，罗马海军发明的接舷战成为战术史上的杰作，对欧洲海战产生了深远的影响。

此后 1000 多年的时间里，长而浅的桨帆战船始终是西方世界的主要作战舰型，冲撞和跳帮也一直是海军作战的基本战术。直到 15 世纪，葡萄牙、西班牙和英国的海军冲出地中海，离开近海水域，开始了向大西洋和印度洋的海外扩张和征服战，这种状况才有所改变。

桨帆时代的战争，实际上都是陆战，战船在更多时候只担负着运输人员和物资的作用。罗马最强盛时，海军至少拥有500艘战船。在大部分时间里，这些战船的主要任务，就是向帝国版图内的新领地运送人员和物资。

在以后的2000多年中，也就是在火炮出现之前的冷兵器时代，地中海地区各国的海战形式基本没有多少变化，除了拜占庭帝国将"希腊火"用于海战。

英法百年战争的第一场战役发生在1340年夏天。

当时，法军在佛兰德尔的斯鲁斯港口外集结了200余艘桨战船，准备入侵英国。英国一方依靠长弓手，制造出比热那亚十字弓所能制造的更密集的箭雨，压得法军抬不起头。然后英军靠近法国舰队后登船成功，双方展开肉搏。战斗结束，英军获胜，大部分法国船只被俘，英国从此控制了英吉利海峡。

有了制海权，英国可以将自己的军队运至法国沿海的任意地方，而不受抵抗。

即使在热兵器时代的勒班陀海战（1571年）中，基督教联军与奥斯曼土耳其军队仍然以甲板肉搏的形式战斗，这似乎是最后一场桨帆时代的海战。

但实际上，200年后的路易十四仍然拥有许多这样的战船。

因为自然地理的关系，自古以来，欧洲人对航海就有着浓厚的兴趣。

共和城邦时代的古希腊和古罗马虽然由"公民"组成，但更多的是没有公民权的奴隶，再加上毗邻南北通衢的地中海，因此非常偏爱桨船。他们将这些用奴隶和苦役犯之力驱动的船只称为"有桨长船"。

桨帆时代是人类进入海洋时代之前的航海史童年时期，船舶制造技术仍然比较原始，船只体量较小。除非顺风，一般只能依靠人体肌肉提供可怜的一点动力；如果真的在大海中航行，来自人力的划桨根本毫无用武之地。

从物理理论上来说，一位桨手只能提供 0.125 马力的动力，而他们所需占用的空间却非常庞大。更要命的是，桨手驱动的船只一般吃水很浅，这对江河湖泊和近海海湾来说倒没什么，但在波涛汹涌的大海上，这样的船几乎经不起任何风吹浪打。

对桨帆船来说，除了动力限制之外，还有控制的问题。

面对浩瀚的汪洋大海，舵对于船来讲非常重要，但它却在欧洲出现得很晚。

自古以来，欧洲人沿袭埃及船的传统，利用尾部的联动桨对船进行操控，再加上欧洲船的尾部上翘，没有安装尾舵的条件。罗马时期的船仍然没有舵，只是在船尾多出来两个大桨，基本上全靠桨手协调来控制船的方向。直到中世纪后期，操纵船只的桨手的形象仍然出现于画家和雕塑家的作品中。

12 世纪以后，在尼兰德低地地区才出现了可靠的船舵。

中国船素有"一橹三桨"之说

当时船舵已在阿拉伯船上广泛使用。

和指南针一样，舵是由阿拉伯人从中国传到欧洲的。早在两汉时期，中国人就已经发明了船舵。[1]

中国古船也经历了一个漫长的桨帆时代。中国人在划桨的基础上，还发明了可不出水面而能作连续划水、兼具推进和操纵两种功能的橹，这极大地提高了人力推进效率，因此有"轻橹健于马"和"一橹三桨"之说。

橹的原理或许是来自鱼尾的摆动。从技术原理上，橹与螺旋桨有一定的渊源，因此可以说，橹的发明是极其伟大的，它启发了包括潜水艇在内的所有现代舰船的推进原理。

1- 在广州出土的东汉陶船，据今已近两千年，在其尾部正中位置上已经有了舵，这个舵比操纵桨桨叶的面积宽展很多，还残留着以桨代舵的痕迹，但从世界范围来说，它是最早的舵。到了12世纪末，相当于中国南宋时期，在西方教堂的雕刻上才出现了欧洲最早的舵。

地中海摇篮

当人们不再把江河、湖泊和海洋视为障碍，而是像对待道路一样去利用它们时，人类文明就翻开了新的一页。

船的出现造就了遍布世界的水上航路，这不仅扩大了人类的生存范围，也给人们的劳动与技术提供了更广阔的市场。

文明是在碰撞中产生的，战争与贸易自始至终对人类思想的发展提供着无尽的动力和源泉。水路的开拓，使船的拥有者率先得到了财富和文明。水域沿岸的人们能够最快捷、最容易地与他人进行产品贸易和技术交流，即使对方距离很远。而思想与知识的交流，则比船舱里的货物更加珍贵，从而推动整个社会的发展。

关于西方中心论，房龙将其归结为发达的水路交通——

欧洲大陆几乎所有的地方都与海水相连，由此形成了一种非常温和的气候，冬天不太冷，夏天不太热。生活虽不宽裕，但也不怎么困难，那里的人既不会终日游荡、无所事事（如在非洲），也不会不堪重负（如在亚洲），而是能够比其他地方的人更合理更实惠地安排工作与休闲。……在马德里和莫斯科之间画一条直线，你会看到，欧洲所有的河流不是向北流就是向南流，内陆的每个地方都能直接通往大海。文明是水的产物而不是陆地的产物。这种河水流向极大地帮助了欧洲，使之成为全球最富有的地方，并且成了统治的中心。[1]

海洋贸易的出现，引起了贸易对手间的海上掠夺和冲突。为了保护自己的海上贸易并封锁和切断对手的海上交通，战争就产生了。

简而言之，人类与海洋的历史主要是贸易以及因贸易利益而引发的战争。

如果说促进人类社会进步的最主要动力是战争和贸易，那

1- [美] H.W. 房龙：《地球的故事》，孙小宁译，中国盲文出版社 2003 年版，第 68—69 页。

么促进战争和贸易的，在陆上是轮子，在水上则是船。法国历史学家布罗代尔说："只是到了公元前 3000 年甚至更晚，航海技术才真正为人类所用；公元前 2000 年，贸易才真正出现；公元前 1000 年，航海活动才走出地中海，到达直布罗陀海峡以外。"

航海技术的进步，使战争与贸易的规模随之扩大。欧洲在近代的崛起，在某种意义上几乎完全建立在航海技术之上，而这种航海技术是从得天独厚的地中海起步的。

可以说，没有地中海，就没有希腊—罗马文明；没有地中海，也不会有威尼斯和文艺复兴。地中海无疑是上帝对欧罗巴的恩赐。如果说中国的母亲河是黄河，那么欧洲的"母亲海"就是地中海。欧洲文明在地中海孕育，在大西洋成长，最后成为统治海洋的蓝色文化。

亚当·斯密便敏锐地发现了这一点：

> 根据最可靠的历史记载，最早开化的国家就是地中海沿岸各国。地中海是闻名世界的最大的内陆海，没有潮汐，除了大风引起的海浪之外，没有任何波涛，水面一平如镜，岛屿星罗棋布，而且都离岸很近，所以极其有利于世界最初的航运事业。那时，由于指南针尚未发明，人们都不敢远离海岸，因为造船术尚不完善，也不敢置身于惊涛骇浪之中。对古代欧洲人来说，驶过世界的尽头，也就是穿过

赫拉克勒斯之柱（直布罗陀海峡），再向西航行，一直被视为最勇敢也最危险的举动。就连当时以造船、航海事业著名的腓尼基人和迦太基人，也是过了许久才敢去尝试；而在一定时期内，他们也是唯一做这种尝试的人。[1]

地中海形成于冰川融化之后的大洪水时期，海平面的上升，使这块位于欧、亚、非大陆中心的盆地成为一片汪洋。西班牙的马罗基角和摩洛哥的西雷斯角之间，仅有13公里宽的直布罗陀海峡，保持着地中海与大西洋的沟通。地中海东面同样有海峡连接着黑海和亚速海。东西长达4000公里的地中海，由犬牙交错的半岛和岛屿分割为互相沟通的利古里亚海、爱琴海、亚得里亚海、伊奥尼亚海和第勒尼安海。

很早以前，地中海就已经成为宇宙的生命中心之一。

10000年前，人类文明起源于地中海东海岸的"肥沃新月"，即亚洲西南部的一个弯月形地区，从约旦北部到土耳其东南部，往东至伊朗，希腊人称之为美索不达米亚。这个人类摇篮还囊括了今天的伊拉克。

人类早期文明中的作物、家禽、牲畜和轮子等最早都诞生在这里，青铜、铁器、城市、宗教、政治也从这里滥觞。

1- ［英］亚当·斯密：《国富论》，晏志杰主编，唐日松等译，华夏出版社2005年版，第17—18页。

约公元前 7000 年，农业技术从安纳托利亚跨越爱琴海来到希腊，文明的种子沿着地中海由东向西，从希腊半岛的雅典，到亚平宁半岛的罗马，不断传播、扩散。尤其是罗马帝国建立之后，欧洲的中心就是地中海，即使 467 年西罗马帝国灭亡后，所谓的古代地中海统一体依然存在。

法兰克王朝使得欧洲中心一度转移向内陆，但到了 11 世纪，意大利商人又让地中海成为商业黄金通道。随着西班牙在近代崛起，伊比利亚半岛将人类带入一个现代的全球化时代。

从这一过程来说，地中海不仅改变了欧洲社会，也成为现代文明的出发点。或者说，地中海的历史就是一部人类史。

布罗代尔在著名的《地中海史》中总结说，地中海的神奇之处，就是嵌入世界上最广大的陆地——雄伟单一的欧亚非大陆。在某种意义上，它本身就是整个地球，这里的一切都显得早熟。通过这三块互相粘连的大陆，人类找到了上演世界史的大舞台，并在那里完成了重大交流。[1]

地中海北接欧洲大陆，南临人类摇篮的非洲大陆，东面是

1- "地中海是地球上四分之三面积结合的因素，也是世界历史的中心。号称历史上光芒焦点的希腊便是在这里。在叙利亚则有耶路撒冷——犹太教和基督教的中心点。它的东南部则是麦加和麦地那，乃是回教徒信仰的摇篮地。迤西则是特尔斐和雅典，更西则有罗马。还有亚历山大里亚和迦太基也在地中海上。所以地中海是旧世界的心脏。"（[德] 黑格尔：《历史哲学》，王造时译，上海书店出版社 2001 年版，第 131 页。）

最早步入文明的亚洲大陆。就其历史区位而言，地中海在全世界都是独一无二的。

因为被狭窄的直布罗陀海峡封锁，地中海虽然广阔，但却因为封闭而免受外洋狂暴的风浪侵袭。因此，地中海的特殊意义，不仅是它地处南北通衢、东西交融的十字路口，更为难得的是它类似内陆湖般的海面总是风平浪静，非常适宜早期的人类尝试海航技术。

在指南针之前，所谓航行，就是摸着海岸过海，"像螃蟹一样，从一块岩礁爬到另一块岩礁"。

在地中海航行，星罗棋布的半岛和岛屿不仅不构成阻碍，反倒可以作为方向参照和中途中转站，即使没有指南针，人们照样可以进行远距离的航行。有趣的是，很多年后，当欧洲人来到新大陆时，他们最大的失望，就是没有发现另一个"地中海"。

早在 4000 多年以前，地中海最东边的爱琴海就已经创造出灿烂的迈锡尼文明。爱琴海人将古亚细亚文化传入欧洲荒原。公元前 12 世纪，迈锡尼与希腊各城邦组成联军，渡过小亚细亚半岛西端的赫勒斯滂海峡（即达达尼尔海峡），远征特洛伊，留下了一个关于海伦和特洛伊木马的传说。

在荷马时代后期，古希腊文明渐入佳境，希腊城邦创造了民主政治，并向国家方向迈进。这种政治文明的伟大意义，令所有古老文明都难以望其项背。

就整个人类文明史而言，从尼罗河到美索不达米亚，从克里特岛、希腊到罗马，地中海这个人类文明摇篮孕育了最古老的商业、艺术、科学、哲学和学术等的文明。

从迦太基帝国、罗马帝国、拜占庭帝国、阿拉伯帝国、西班牙帝国、威尼斯帝国到奥斯曼帝国，地中海一直是征服和统治的通衢大道。

希腊的各个城邦国家星罗棋布地横跨了整个地中海区域，一直延续到公元前 580 年左右。同样，罗马帝国基本上也是围绕地中海建立起来的，地中海就是帝国的大动脉，除了高卢（法兰西）、不列颠和莱茵兰，从地中海到帝国每个区域的距离都不超过 300 公里。

> 曾经，地中海地区散落着许多自由城市。在希腊和意大利，城市中的人们自称为公民，而不是法老或皇帝的臣民。他们为自己拥有自由言论、私有财权、法律保护等权利而自豪，视之为将他们区别于奴隶的核心价值。随着一个个新帝国的兴起——先是亚历山大大帝与其继承者们的帝国，然后是罗马帝国——逐渐地，这些城市失去了独立。到公元前 1 世纪，地中海地区只剩下罗马一个城市是自由的。在恺撒渡过卢比孔河后，共和国完了，再没有自由城市了。[1]

1-［英］汤姆·霍兰:《卢比孔河：罗马共和国的衰亡》，杨军译，中信出版集团 2016 年版，第 13 页。

萨拉米海战

如果把地中海看成一个椭圆中相交的两个内切圆，其海岸漫长曲折，以半月形为主。以地中海为中心，四周聚居着不同的民族。为了争夺地中海的利益，各民族之间争斗不止。

在地中海的这个圆形剧场中，几千年来，上演的都是同一出戏——强者把它称作"我们的海"，而弱者则称其为"你们的海"。美国历史学家马汉在《制海权》一书中说："环境促使地中海比之其他任何同等面积的水域在世界历史中扮演了更加重要的角色，无论从商业或是军事角度来看皆是如此。各个民族都试图控制它，这种竞争现在仍在进行。"[1]

据说是希腊人最早创造了"制海权"这个词。有史以来，从黎巴嫩海岸向西直到直布罗陀这片封闭的海域内，各支舰队不断地发生冲突。

雅典是这场竞争中的先行者。从萨拉米海战起，一个半世纪以来，这个只有约 20 万居民的城邦拥有世上最强大的海军，

1- ［美］马汉：《制海权》，李剑、王永成译，海潮出版社 2014 年版，第 24 页。

他们的制海权一直维持了 158 年。

从历史学角度来说，欧洲的历史开始于两场战争——希波战争和伯罗奔尼撒战争，古希腊历史学家希罗多德和修昔底德分别记载了这两场战争。

这两场早期有文字记载的海战，成为人类编年史上的重大转折点。

希波战争被后世认为是亚洲对欧洲的一次冲击。假如亚洲游牧民族征服了希腊这个西方文明最早的发祥地和摇篮，那么毫无疑问，以后的世界历史必然会完全改观。

从公元前 7 世纪开始，东地中海的希腊人与西地中海的迦太基人平分秋色，希腊人向西发展的步伐被迦太基人阻止。

与此同时，来自亚洲的一支印欧语系游牧部落建立的波斯帝国逐渐崛起，他们从伊朗高原向西扩张，灭掉称霸两河流域的亚述军事帝国和巴比伦帝国后，锋芒直指希腊城邦，持续半个世纪的希波战争爆发了。

虽然希腊人在马拉松战役中险胜，但温泉关一役却全军覆没。

公元前 480 年，面临灭顶之灾的希腊民主城邦只得进行最后一搏，这就是希波战争中的决定性战役——著名的萨拉米海战。

海洋战争与陆地战争的不同之处在于，海洋没有边界，因此战争的目标都是夺取制海权。谁拥有制海权，谁就是强者，就可以随时抵御侵略、封锁敌人或实施跨海攻击。

萨拉米海战同样是希、波双方争夺爱琴海制海权的决定性战争。

当时，强大的波斯帝国拥有50桨战舰近千艘，横扫世界，所向无敌。根据希罗多德的记载，参战的希腊三列桨舰总共为378艘，而波斯海军至少有800艘三列桨舰。

波斯桨帆战舰完全按照跳帮战术设计，缺点是不够灵活；希腊战船按撞击战术设计，其最主要武器是船艄水线下用青铜包裹的撞角，速度快而且灵巧。

> 撞角构成了希腊桨帆战舰龙骨的前端，上面裹有厚实的装甲，连接点位于吃水线正上方。船头与龙骨基部相连，位于撞角的正后方。除此之外，舰首还装有3个与划桨甲板处于同一水平线上，向外凸出并裹有装甲的尖头。倘若撞角深深地刺入敌舰的吃水线下方，这些尖头便会触及敌舰舰体上方，造成进一步的伤害。它们对进攻者的舰首也能起到保护作用。[1]

希腊人的三列桨帆船是一种船身既长、船舱又浅又窄的战船，由于它的桨在船的两边各排成三列，故而得此名。

1—[英]约翰·沃利:《古典世界的战争》, 孟驰译, 江西人民出版社2018年版, 第32页。

在极其有限的空间内，桨手排成三层或者说三列，以增加桨帆船的机动性

　　希腊的黄金时期也是三列桨帆战舰最辉煌的时代。雅典人驾驭着这种战舰，击败了诸多对手：波斯人、腓尼基人、斯巴达人、西西里人、马其顿人，甚至还有海盗舰队。雅典人说：我们是放弃了家室和城池，但我们仍有一座城市，一座全希腊最大的城市——这就是我们的 200 艘三列桨战舰！

　　为了提高船的速度、动力和机动性，他们不惜降低船的适航性、舒适性、货物容量和最大航程。因为三列桨战舰最底层的木桨只是略高于战舰的吃水线，因此只能在平静的水面航行。一般海战都选在凌晨，一旦起风，战斗就可能终止。所有海战也都是在陆地的可视范围以内，到了晚上，船员都会回到岸上休息。

　　三列桨帆船有两个桅杆，上面安装了风帆，作为桨的辅助动力，但在作战时，只能划桨驱动，桅杆与船帆被卸下留在岸上，划桨手的数量从 75 人到 150 余人不等。

三列桨战舰平常航速为三四节，在战斗中冲撞敌船或者完成紧急战术动作时，航速可以达到 10 节。三列桨帆船的撞角一般是青铜铸造，重达数百公斤。如果撞角插进敌船的舷侧，必然造成敌船沉没。有时会故意先撞断敌舰一侧的所有划桨，使其无法行动，然后就可以轻易将其撞沉。

三列桨战舰作战方式是破坏、摧毁敌军战舰或活捉敌军士兵，最好是直接撞沉敌舰。这完全颠覆了传统跳帮战术，它使得多数作战者不必和敌人进行肉搏，甚至不用与敌人面对面。这样一来，精湛的技术以及组织有序的机械动作比个人英勇更加重要，因为它攻击的目标不是某一个士兵，而是整艘战舰。

在桨帆时代的海上战争中，战舰本身就是一件武器，甚至是最重要的主战武器，一个孔武有力、全副武装的战士在海上根本发挥不出多大的战斗力。

按照希腊城邦的民主传统，公民权与兵役权是统一的，战争是每个公民的义务，一般不需要向他们支付军饷。在西方桨帆船时代，桨手一般都由奴隶担任，但在雅典海军中，所有桨手都是自由人，而且大多数还是有选举权的雅典公民。

无论古今，士气都会严重影响战争的走向，古代战争尤其明显。在海战中，士气不是体现在某个士兵身上，而是通过整个船和船队体现出来的。

在萨拉米海战开始前，由公民志愿者组建的希腊海军一起唱起悲壮的颂歌，最后一句是"你们此刻是在为自己的一切而努力战斗"。这后来成为一句著名的话。

公元前 480 年 9 月 20 日，在阿提卡半岛西面的萨拉米海峡，百舸争流，千舟竞发，这是人类历史上第一次大规模桨船之间的海战。

波斯舰队被希腊人引诱到狭窄的海峡中，无法发挥自己人数上的优势，而希腊人的撞船战术使波斯人的跳帮战术完全失效。

战争一开始，希腊人利用约五米长的船头包铜横杆，先将敌人的长桨撞断，使其失去动力而瘫痪，然后又用镶有铜套的舰首，狠狠冲撞波斯战舰的腹部。

就这样，波斯战舰一艘接着一艘被撞沉。

在海战中，任何冲撞都会造成大量海水涌入，或者导致战舰倾覆。"在坚实土地上发生的战斗中，敌人致命程度能够用他们的杀戮技巧加以预估，而在海战中，战斗过程本身就是致命的，不需要任何人、任何武器，海洋就会带走成千上万人的生命。在萨拉米海战中，多数人并非死于兵刃，而是肺中填满海水窒息而死。"[1]

波斯帝国皇帝薛西斯（大流士的儿子）派他的弟弟阿里亚比格涅担任这次海战的波斯统帅，结果他在战斗刚开始就阵亡了，群龙无首的波斯海军随即陷入一片混乱。

1- [美] 维克托·戴维斯·汉森：《杀戮与文化：强权兴起的决定性战役》，傅翀、吴昕欣译，社会科学文献出版社 2016 年版，第 40 页。

亲身参加过这场海战的古希腊人埃斯库罗斯以波斯人的视角记载了海战的经过：

　　　　那铜饰的船首互相撞击起来，有一艘希腊船向一艘腓尼基的船身进袭，击破了我们的船艄。每一艘船都撞向对手。起初我们波斯的长蛇舰队还能抵抗，等到这许多船只集中在那狭小的港内时，非但不能彼此顾及，反而用那包铜的船头对着自己的船身撞去，撞坏了全船的桡桨。敌方的战舰不肯失去良机，围着我们攻打，把我们的船弄翻了。海面上看不见水，尽是破船片和被杀的尸体；海滩上和礁石上也满堆着尸体。其余的波斯船都在纷乱中逃遁。我们的士兵就像是金枪鱼或是一网小鱼，任由对方用断桨和船片打击宰杀。[1]

1-［古希腊］埃斯库罗斯：《埃斯库罗斯悲剧六种》，罗念生译，上海人民出版社 2016 年版，第 33—34 页。

民主的起源

　　海战与陆战有很多不同之处，其中一点是海战远比陆战成本高得多。

　　一旦在海上战败，不仅造价极其高昂的舰船会严重损毁沉没，而且会造成大量人员死亡，主要是落水淹死。在陆战中，一般胜利一方的死亡率是 10% 左右，失败一方为 20% 左右，但在海战中，失败者因为无处可逃，其死亡率则要高出好几倍。

　　一场海战失利，真的会形成巨大的"沉没成本"，导致元气大伤，在很长时间内难以恢复战力。

　　萨拉米海战被一些西方历史学家称为"一切海战之祖"。至少对于西方历史来说，确实如此。萨拉米海战是希波战争的转折点，此后希腊由守转攻，最终把波斯人赶出了希腊本土。

　　因为失去制海权，驻扎在地中海沿岸各国的波斯陆军被希腊舰队断绝了辎重供给，最后只得撤军。这就是历史学家马汉说的"交通决定战争"。

　　此战之后，希腊步入所谓的"黄金时代"。古希腊文明欧洲文明最重要和最直接的出处，而萨拉米海战就是希腊文明走

有人说，希腊是民主的发源地

向巅峰的开始。

西方历史学家说，若没有萨拉米海战的胜利，就不可能有帕特农神庙，也不会有索福克勒斯的《俄狄浦斯王》、柏拉图的《理想国》和亚里士多德的《政治学》，以及希罗多德的《历史》。希波战争之前，雅典尚无哲学、建筑、戏剧、政治学或历史写作等杰出传统。所有这些都是从雅典通过投票决定组建一支舰队并将自己建设成为一个海上强国之后开始的。

英国军事历史学家富勒在《西洋世界军事史》中，将萨拉米海战作为全书的开篇。他认为，此战不仅保全了希腊，也奠定了希腊代表的西方文明兴起的根基。美国历史学家巴里·斯特劳斯称，萨拉米海战是"拯救希腊以及西方文明的海战"。

对希腊来说，舰队既是民主的结果，也是民主的象征。

战争是政治的延伸。希腊人深知，海军的建立有赖于大众的体力与汗水，这种传统必然导致民主的形成，即从海上强国演变为民主强国。

雅典是第一个真正意义上的现代社会，其统治者不是国王、教皇，也非贵族，而是公民大会。亚里士多德在《政治学》一书中，将雅典的政制归纳为建立在三层桨战舰基础之上的民主。他将民主的起源追溯至波斯战争时期——雅典的民主政治因那些在海军中服役并取得萨拉米战役胜利的士兵们而得到加强，因为雅典当时所取得的领导权正是基于其海军。[1]

有一个历史细节，萨拉米海战结束后，指挥希腊取得这场胜利的著名将领地米斯托克利却遭到放逐。

希腊人认为民主大于一切，他们担心地米斯托克利因为战争带来的巨大个人影响，会转化为走向专制的权势，因此通过当时法律允许的投票程序放逐了他。

面对这场无辜的惩罚，可怜的地米斯托克利只好逃亡到波斯，曾被他打败的宿敌竟然十分宽容地收留了他，并委任他为

1- 可参阅［美］约翰·R. 黑尔：《海上霸主：雅典海军的壮丽史诗及民主的诞生》，史晓洁译，广西师范大学出版社 2012 年版。

小亚细亚几个希腊城邦的统治者。真是无比讽刺。

后来，希腊各城邦的公民兵制也走向崩溃，尚武精神变成一种谋生之路，希腊雇佣军成为希腊军事体系的主角，而公民兵则退居次要地位。

希腊人很快成为地中海地区最好的雇佣兵，而且希腊雇佣兵最大的雇主，正是希腊人多年的死敌——波斯。在公元前4世纪，波斯常年雇佣数以万计的希腊雇佣兵。萨拉米海战中同样有许多希腊雇佣兵为波斯而战。

雅典和它的民主仍是不完美的。民主政治有时免不了退化成庸众民主，真正有政治才干的领袖有时得不到应有的信任。公元前399年，苏格拉底被审判后处决。对雅典来说，成也民主，败也民主。

雅典的海上霸权不可避免地带来了政治霸权，伯罗奔尼撒战争代表着希腊各城邦国家间争霸已经不可收拾。尽管拥有共同的历史、语言和宗教，但希腊各城邦之间经常发生摩擦，无法保持长久的和平。

公元前405年，雅典海军在达达尼尔海峡被斯巴达击败；公元前322年，雅典海军在同一地点又被马其顿击败；此前一年，亚历山大在巴比伦去世。随着帝国的分裂，古希腊的历史行将结束。

即使在古希腊最辉煌时代，地中海也并不是统一的，而是四分五裂。对希腊人来说，"越过马累亚角的人必须忘记祖国"。

萨拉米海战过去了 2000 多年，桨帆海战从形式上仍然没有太大的进步，除了撞角，大多还是通过互相钩缠和跳帮等形式进行白刃格斗。

在工业革命和火药革命之前，桨帆战船一直是海战的主要力量。

虽然维京人也使用桨帆船作战，但在很大程度上，桨帆战船并未发展到大西洋。吃水较浅、船形细长的桨帆战船仅适合在风向多变的地中海纵横驰骋，一旦驶出直布罗陀海峡，在大西洋的狂风巨浪中极易倾覆。

随着航海技术的进步，进入中世纪以后，地中海逐步趋向统一，但因为地中海周边国家密集，它们为了争夺海上势力不断发生碰撞。尤其是在 14 世纪之前的 200 多年中，威尼斯与热那亚这两个城市国家同室操戈，在东地中海上打得不可开交。

在 1298 年的库佐拉岛大海战中，热那亚海军俘获了一名威尼斯舰长，他在监狱中口述了一本书，这本书就是被誉为"近代文明之曙光"的《马可·波罗游记》。

不管怎么说，欧洲人完全控制着地中海，这也成为他们发起十字军东征的信心所在。通过海路，最快只需要几天或者几周，那些骑士就可以顺利到达亚洲，既不受陆路劳顿之苦，也没有土耳其人的骚扰。

实际上，轰轰烈烈的十字军东征，其成果也仅仅占领了一些沿海地带，准确地说，是一些军港。如果那些东方王朝有一点像样的海上力量，十字军东征可能早就失败了。

1291 年，马穆鲁克王朝攻陷了十字军最后的城市阿克，统一了埃及和叙利亚。即使如此，马穆鲁克王朝也似乎没有尝试去建立一支海军。

1509 年，马穆鲁克与阿拉伯人、印度人组成的联合舰队，在第乌海战中大败于葡萄牙。后者的战舰数量和人数不足前者的十分之一，但葡萄牙人用的是大炮，而他们的敌人却只能射箭。此战标志着印度洋正式进入达·伽马时代。

不久之后，马穆鲁克王朝开创的事业就全部落入奥斯曼土耳其人的手中。

奥斯曼帝国很擅长使用海军，就像他们擅长利用火炮一样，虽然他们缺乏这方面的天分，却通过以重金招揽西方人才的方式，解决了这个难题。这保证他们在 1453 年夺取了君士坦丁堡。

此后的一个世纪里，奥斯曼帝国一直在地中海苦苦鏖战。

直到 1523 年，罗德岛才勉强落入奥斯曼土耳其人的手中。在此之前，奥斯曼帝国苏丹苏莱曼亲率 18 万大军和无数火炮，对这个由 500 名医院骑士团据守的小岛围攻了将近一年。

作为欧洲人另一个东方据点、与伊斯坦布尔近在咫尺的塞浦路斯岛，一直到 1571 年才被奥斯曼土耳其人攻陷。

勒班陀海战

1571 年，在距离萨拉米海战发生地西边仅仅 200 公里的海上，又发生了一场桨帆船大海战，这就是著名的勒班陀海战。

古希腊哲学家赫拉克利特有一句名言："人不能两次踏进同一条河流。"他还说过："战争是万物之母。"历史常常重复，而战争也反复着同样的结局。

世易时移，十字架与星月旗已经取代了希腊人和波斯人，但剧本的结构几乎没有什么改变。勒班陀海战几乎是萨拉米海战的重演，除了作战地点和作战模式相似，勒班陀海战与萨拉米海战一样，都是欧洲反对亚洲的入侵，也可以说都是欧洲走向振兴的重要开端。

君士坦丁堡陷落之后，崛起的奥斯曼帝国继承了哈里发和恺撒的双重遗产，君临四分五裂的欧洲。此后的一个多世纪中，这个突厥 - 阿拉伯势力向海上发展，从黑海渗透到地中海：1458 年占领雅典；1463 年占领波斯尼亚；1499 年，在伯罗奔尼撒近海击败威尼斯；1517 年占领埃及；1523 年占领罗德岛；1525 年进入红海和阿拉伯海，并控制了波斯湾；

1529 年围困维也纳，占领北非漫长的海岸线；1537 年攻占南意大利和达尔马提亚；1564 年，夺取马耳他岛的战争功败垂成，但几年后还是占领了塞浦路斯。

经过持续不断的南征北战，这个最初由突厥游牧部落建立的奥斯曼帝国，一时称雄欧亚，几乎将地中海变成帝国的内湖，其疆域之广，甚至超过了巅峰期的东罗马帝国。事实上，喜欢御驾亲征的苏莱曼有时便以恺撒自诩。

当地中海成为帝国的中心后，土耳其人谋划着新的蓝图：首先计划在苏伊士地峡开凿运河，这样奥斯曼帝国的船只就能直接进入印度洋；此外还计划开凿第二条运河，将黑海和里海连接起来，这样就可以从水路进攻波斯。

这两个计划最终都未能实现。在西欧人开拓新世界时，土耳其人囿于自然障碍，只能继续在旧世界中征战。

按照奥斯曼帝国的传统，每一个新君登基，他的兄弟们都要被弓弦勒死，以杜绝内战；此外，新君必须用对外征服战争的胜利，来证明自己的统治能力，从而保证他的权力合法性。

塞利姆二世于 1566 年成为新苏丹。他并不喜欢亲自指挥战斗，但对在地中海的扩张战争，他仍然非常关心。对奥斯曼帝国来说，战争是其生存的基础。

在地中海，威尼斯与土耳其进行了几百年战争，如今，威尼斯还是那个威尼斯，而土耳其却不再是当年的土耳其了。当亚得里亚海里逡巡的都是土耳其战舰时，一个即将控制全部地中海的奥斯曼帝国不仅是对威尼斯的威胁，也是全体欧洲人所无法面对的。

在奥斯曼帝国的节节进逼下，威尼斯共和国与拜占庭帝国一样，一开始都受到欧洲人的冷遇，但威尼斯似乎要比拜占庭幸运得多。同样面对求援，欧洲人曾经失去了一个君士坦丁堡，不愿再失去一个威尼斯。[1]

此时的西欧，尤其是西班牙，正处于大航海运动的黄金时代，海军力量独步天下，达到鼎盛，更无法容忍自己后院着火。

1571 年，经过罗马教皇庇护五世成功的游说和联络，威尼斯、热那亚、西班牙、德国和马耳他等五国组成欧洲联合舰队，奔赴东地中海，去救援岌岌可危的塞浦路斯。

1- 在当时的欧洲，威尼斯显得极其商业化和世俗化。威尼斯没有世袭君主，而是一个由商业贵族寡头统治的共和国，政府管理完全以商业、经济和财政管理为主。可以说，威尼斯完全是一个由企业家运行并服务于企业家的国家。威尼斯的商业和政策很少顾及宗教意识形态，导致他们与天主教会经常发生摩擦。

可惜，当舰队赶到时，塞浦路斯已经失守，联合舰队便在勒班陀海峡与奥斯曼土耳其展开一场大决战，史称勒班陀海战。

奥斯曼苏丹依靠海盗和西方叛徒建立的海军，表面上比西班牙人或威尼斯人强大得多，但其实他们是用陆战的方式打海战，即沿着海岸线步步为营，向前推进，逐一拔除威尼斯人的港口据点。虽然地中海四分之三的海岸线已经落入苏丹手中，但大部分岛屿仍然在基督教欧洲各国掌握之下。

从装备和兵力来说，交战双方相差不远：奥斯曼舰船 264 艘，士兵 8 万；西班牙国王腓力二世的兄弟堂·胡安率领的联合舰队有战舰 300 余艘，3 万名士兵、5 万名水手及大量划桨奴隶。在整个勒班陀战场上，有将近 18 万人挤在一起。

对联合舰队来说，其主力是地中海上使用最广的单层桨帆战舰，长 40 米 ~ 60 米，宽 6 米，航速 6.5 节。想当年，土耳其人曾用火炮攻陷君士坦丁堡，但今非昔比，反而是联合舰队的火力更加强悍，每艘战舰的船首装有 5 门火炮，两舷还有轻炮，这几乎是对手的两倍。

虽然过去了 2000 年，但勒班陀海战的威尼斯桨帆战舰，与萨拉米海战的希腊三列桨帆舰并没有根本性的不同，无论是在尺寸、构造和动力方面都是如此，主要变化是前者舰首增加了火炮。威尼斯战舰甲板上的士兵都手持火绳枪；在土耳其这边，则是以弓箭为主。

勒班陀海战

　　桨帆船的船体是一个脆弱的外壳，很容易被击穿、击碎。早期的火器虽然杀伤力有限，但对桨帆船来说，却是极其致命的，尤其是加农炮，这比它对城堡的毁灭性有过之而无不及。

　　火炮不仅可以摧毁船体和缆绳，降低其浮力，使其下沉，而且炮弹打在船上击出的碎片会伤及很多船员。船上空间狭小，人员密度高，任何射击都会导致严重的伤亡。而火药爆炸后常常引发大火，桨手和水兵不是葬身火海，就是葬身鱼腹。

　　勒班陀海战与萨拉米海战最大的不同，是火器的出现。

　　火炮改变了海战的形式，从前的舰艇撞击战术变成了火炮互射。联合舰队将船首的冲角干脆去掉，改成可以低角度射击的火炮，这使他们的火炮和火枪数量达到土耳其舰队的两倍。

战争开始后，双方舰队排成一字型冲向对方，在距离一百米时用舰载火炮进行对射。因为船速很快，而装炮很慢，所以一次交锋只有一次射击的机会。为了保证命中率，堂·胡安命令联合舰队等到敌舰逼近到眼前时再开炮。

事实证明，联合舰队准确地把握住了射击时机。当两军短兵相接时，土耳其舰队已经有三分之一被击沉或重创。一时之间，破船和沉船"漂满了八英里以上的海面，海上不仅布满残桁、断桨、碎木，还有数不清的尸体，水面被烧成了一片火海"，场面甚为酷烈。

就像我们常见的拳击比赛一样，随着距离越来越近，最后双方战舰贴在了一起，动弹不得，炮火完全失效，双方士兵在甲板上展开肉搏。

虽然桨帆船上的战斗很像是一场陆地搏斗，但终归比陆战要危险得多。陆战可以逃跑，海战则无处可逃，要不被杀死，要不被淹死，而大多数死亡者都是被水淹死的。

尤其是底舱里的划桨奴隶，因为双脚被铁钉固定在船底板上，船被撞翻或撞沉后，只能束手待毙。

划桨奴隶

在地中海上，桨帆战船有着极其古老的历史。它吃水浅，活动迅速，可以轻松地靠岸，但它必须不断进行补给，因此只能在地中海沿岸海域行动。

地中海并不像人们想象的那样波澜不惊，海中有无数岛屿、半岛和深不可测的海沟。在地中海不同海域，在不同的季节，海上气候变幻莫测。刚刚还是晴空万里、水平如镜，突然会出现波涛汹涌的景象。

桨帆船的适航性很差。因为船舷低矮，桨帆船根本经不起风吹浪打，即使不大的风暴或者撞击，也会使其倾覆。

桨帆船的优势在于速度。风平浪静的情况下，一般帆船动不了，而桨帆船则不会受到影响，因为它有大量的奴隶划桨手。为了保持冲击速度，在狭小的船舱里，拥挤着多达200名划桨奴隶。为了防止奴隶逃跑，他们脚上都戴着镣铐，被固定在船底板上。

对桨帆船来说，划桨奴隶就是发动机和燃料，而且会很快消耗掉。这些划桨奴隶被长期禁锢在拥挤狭小、满地人粪尿的船舱里，忍受着饥渴、鞭打和随时翻船的折磨，即使不疯掉，或者得病死掉，很快也会因为意外翻船而活活淹死。

一艘桨帆船需要二三百名划桨奴隶，而一名划桨奴隶往往活不过几星期。为了维持一定数量的划桨奴隶，就必须不断进行补充，唯一的办法是发动战争，掳掠人口。这就形成一个诡异的暴力循环：为了划桨奴隶，就得战争；而要战争，就得有划桨奴隶。

在历史上，土耳其人常常依靠人数优势取胜，但这一次却不走运。

双方都使用了大量划桨奴隶。欧洲联合舰队向划桨奴隶许愿说："如果这场战争取得胜利，那么所有奴隶都可获得自由，而且还能得到一份土地。"土耳其军舰上也有从各个殖民地强行抓来的划桨奴隶，他们却没有得到土耳其人的任何承诺，而且这些奴隶大多都是欧洲异教徒。

在白刃肉搏的接舷战开始后，联合舰队的划桨奴隶都参加了战斗，土耳其舰队的划桨奴隶不是逃跑，就是夺取武器反戈一击。

惨烈的激战自上午 10 时持续到了下午 1 时，几个小时的时间，双方战舰的甲板上就已经死尸累累，海面上一片殷红。船与船之间，漂浮着数以万计的尸体和落水挣扎的士兵。

关于这次战争的惨烈，有各种描述，许多都超出一般人的想象：他们没有任何武器可以投射时，甚至捡起水里漂浮的橘子砸向敌人；一个垂死的人最后所能做的，就是抱着敌人同归于尽。

这一切都与萨拉米海战惊人地相似。

随着土耳其旗舰上的海军司令阿里战死，土耳其舰队迅速崩溃。

10 月 17 日，一艘叫作"天使"的战舰开入威尼斯，报告了胜利的捷报，人们欣喜若狂。自从十字军东征之后，从来没有一场战争像这次海战那样，引发了持续的宗教狂热。

战争结束后，统计下来，奥斯曼帝国共损失了 150 多艘战舰，而联合舰队仅损失了 15 艘战舰，只有对方的十分之一。有将近 4 万人在战争中丧生，其中 3 万多是土耳其人。

对欧洲来说，这也是一场告别中世纪的战争。在这场战争中，奥斯曼帝国失去了地中海霸主的地位，而一个西班牙青年失去了一只胳膊，很多年后他被称为"独臂文学大师"，他就是写出《堂吉诃德》的塞万提斯。

塞万提斯后来借堂吉诃德之口说："那一天……对基督教世界来说是如此幸福，因为全世界都了解到，以前他们相信土耳其人在海上不可战胜，是多么大的错误。"

从公元前 480 年的萨拉米海战到公元 1571 年的勒班陀海战，在这 2000 年间，欧洲海军战船和战术的变化其实很小，都是以撞毁或攻占敌人的战船为目标。勒班陀海战时不太坚固的战船跟布匿战争时的战船相比，也并无太大的差异。

这些传统时代的战船又长又窄，一般只有一层甲板，由 54 支桨推进，每边各 27 支，每支桨配有 4 至 6 名划手（通常是奴隶）。船上还装有 2 至 3 个三角帆，顺风时可加快船行的速度，或者让划手得到休息。一旦进入战斗，就全靠划桨推动。

在勒班陀海战中，担任联军主力舰的威尼斯巨型桨帆船有三层楼高，80 多米长，仅桨手就有 200 人以上，同时 3 个高大的桅杆上，还悬挂着 6 面三角帆。

土耳其在这次海战中的失败，不仅使奥斯曼帝国向欧洲海陆扩张的势头被遏止，也成为其由盛转衰的标志。巨大的失败让帝国的海军精锐损失殆尽，土耳其人逐渐丧失了对海上冒险的兴趣。反过来，此战的胜利也象征着西方势力的兴起。

随着大西洋航线的开辟，来自亚洲的丝绸、香料、茶叶和瓷器不再经过地中海而运抵欧洲，美洲的黄金、白银、烟草、蔗糖等，源源不断地流入西欧。地中海作为欧洲文明的故乡之海的光芒渐渐暗淡，地中海周边的一些国家和城邦也渐趋没

在这场海战中，西班牙的卡瑞克帆船已经登场，土耳其的老式划桨战船在它面前相形见绌。实际上，达·伽马、哥伦布、麦哲伦他们所使用的也都是这种大帆船

落，意大利昔日的荣光已不复存在。[1]

土耳其和威尼斯这对老冤家，在一个哥伦布开创的新世界中彻底被边缘化了。

对走出中世纪的欧洲来说，新的舞台就是更为广阔的大西洋，一个风帆时代已经到来。

实际上，大帆船在勒班陀海战中已经登场。

作为战列舰的前身，这种高大的新式战舰有两层火炮甲板，火力异常猛烈，宛如海上要塞。但因为完全用风帆替代了划桨，这使它在风力微弱的地中海显得极其迟笨，结果未能及时赶到战场。

勒班陀大海战既是最后一场桨帆时代的接舷战，也是第一场火炮时代的海洋战争。

大型战舰与城堡要塞非常相似，但与砖石结构的城堡相比，木质结构的船只在火炮面前根本不堪一击，因此火炮对海战的影响要比陆战大得多。可以说，火炮使海战与陆战产生了明显区别。

1- 地中海的再次复兴得益于苏伊士运河。1869 年，苏伊士运河通航，地中海得以经苏伊士运河与红海直接相通，经红海出印度洋。此后，从西欧到印度洋，通过直布罗陀海峡－地中海－苏伊士运河－红海这条捷径，要比绕非洲南部好望角节省超过 1 万公里的路程，这使地中海不仅重新繁荣起来，而且成为世界上运输最繁忙的海路，每天至少有 2000 多艘各种船只在地中海航行。可以说，即使在如今这个航空时代，地中海仍然是欧洲的生命线，支持西欧经济引擎转动的石油基本都是通过地中海运送的。

15 世纪的铜铸大炮就已经让接舷战变得不再重要，一颗 50 公斤的铁弹能射出近 300 米，不仅能远远地杀死敌人，而且可以轰倒敌船上的桅杆与索具，打穿甲板，甚至轰沉敌船。

在 1509 年的第乌海战中，阿拉伯人还想用传统战术，撞击并登上敌舰进行肉搏，可当他们真的靠近后才发现，对方船舷很高，根本爬不上去。他们的很多战船连靠近的机会都没有，在 100 米之外，就被葡萄牙舰队的大炮给击沉了。

16 世纪时，海战和陆战一样依赖大炮，这让商船与战船几乎没什么区别，只要在甲板架上炮就行，而且炮越多，火力也就越强大，在海战中越有胜算。这样一来，既要装炮，又要载货，船也就越造越大。对这样的船队来说，无论是战争、贸易，还是探险，其实都是一码事。

第四章　中国船

木已成舟

战国时代的阴阳家邹衍以"金、木、水、火、土"的"五行相胜"来解释历史的演变，这种"五德"思想最终成为中国皇权传统中"奉天承运"的一部分。

邹衍认为，中国是世界的八十一分之一，叫作赤县神州，其内自有九州。就是《禹贡》描绘的那样。中国四周有"裨海"环绕。九州之外还有大九州，同样被"大瀛海"环绕。

这是中国古人对世界的最早猜测。

直到指南针出现之后的宋代，中国人仍然认为世界上只有一个大海。

> 海一而已，地之势西北高而东南下，所谓东、北、南三海，其实一也。北至于青、沧，则云北海，南至于交、广，则云南海，东渐吴、越，则云东海，无由有所谓西海者。《诗》《书》《礼》经所载四海，盖引类而言之。《汉·西域传》所云蒲昌海，疑亦渟居一泽尔。班超遣甘英往条支，临大海，盖即南海之西云。（宋·洪迈《容斋随笔》卷三）

正像多年前的一部电视片所说，虽然中国有着 18000 公里的海岸线，但中国文化的核心却是大陆性的黄河文化，以"大陆"或"海内"自诩。与蓝海文化所代表的商业精神不同，黄河文化是一种典型的农耕传统。

其实，这种说法最早出自黑格尔，他曾说："西方文明是蓝色的海洋文化，而东方文明是土黄色的内陆文化。"他还特别指出，对亚细亚国家而言，海只不过是大地的尽头，他们与海没有积极的关系。[1]

黑格尔的话代表了欧洲中心论的傲慢与偏见。中国作为一个文明古国，在航海方面的贡献同样可圈可点。英国历史学家罗伯特·坦普尔曾经由衷地称赞"天才般的中国"：

> 中国人在历史上是最伟大的航海者，因为在近两千年的时间里，他们拥有远比世界其他地区先进的船

1- ［德］黑格尔：《历史哲学》，王造时译，上海书店出版社 2001 年版，第 135 页。

中国古代在木工技术上非常发达，其中造船与造车又是木工技术之集大成者

只和航海技术，比较的结果是让人窘迫的。当西方最
终赶上他们的时候，也仅仅是以一种或另外一种方式
改良了他们的发明。历史上大部分时期，在能想象到
的每个方面，欧洲人使用的船只与中国相比都相形见
绌，甚至晚至 1800 年。[1]

应当承认，任何文化最终都是自然地理的产物，而中国的
造船业就是从河流以及河流形成的湖泊中起步的。

《世本》中说："古者观落叶因以为舟"；《淮南子》中说：
古人"见窾木浮而知为舟"，"燧人氏以匏济水，伏羲氏始乘

1-［英］约翰·霍布森：《西方文明的东方起源》，孙建党译，山东画报出版社 2009 年版，
第 53 页。

　　　　　　　　卷五　帆船、海盗与世界

桴"。可见中国最早在燧人氏时代，就已经开始了木筏时代，稍晚的伏羲氏时代，开始了"挖木作舟"的独木舟时代。

黄帝时代出现了精加工的木板舟，"舟谓集版，如今船，空大木为之曰虚，总名皆曰舟。"《说文解字》中说："舟，船也。古者共鼓货狄，刳木为舟，剡木为楫，以济不通。"

传说赤将或者共鼓和货狄发明了舟楫，颛顼发明了桨篙，帝喾发明了舵和橹，致远以利天下，"见行之甚缓，复又以木作舵"。他们都是黄帝时代的人。

在距今5000年前的河姆渡文化遗迹中，人们发现了最早的独木舟实物，这也验证了关于黄帝时代的史前传说和记载。

距今4000多年前，黄河入海口从苏北平原改道华北平原，中原地区洪水泛滥。大禹依靠治水而成为中国人先祖夏族的部落首领，这一过程多半是在船上完成的，"陆行乘车，水行乘舟"。

"泛泛杨舟，绋纚维之""泛泛杨舟，载沉载浮。既见君子，我心则休"，《诗经·小雅》对船充满浪漫的想象。早先的越人"水行而山处，以船为车，以楫为马，往若飘风，去则难从"。

在最早的划桨时代，中国发展出了各种不同的划水工具，浅水为篙，短桨为楫，长桨为棹。最值得称道的，就是一器多用的橹。

泛舟之役

战争作为文明冲突的最高形式，中国战船的历史与地中海战船同样古老。

早在公元前 16 世纪，商朝就已用舟船来运送军队。牧野之战中，周武王的军队由四十七艘大船在孟津渡过黄河，只是这些临时征集的船并非战船。

在群雄争霸的春秋时期，江河湖海很快成为陆地的延伸，有记载的较大规模的水战已不下于十余次。南方的吴国、越国、楚国和北方面临东海的齐国，都先后开始了战船制造计划。

鲁哀公十年（公元前 485 年），吴国大夫徐承率师舟自海道伐齐，这或许是中国最古老的水军。

在吴越战争中，水军甚至成为战争的主力。据《越绝书》记载，吴国战船分为"大翼""小翼""突冒""楼船""桥舡"等；伍子胥以步兵（陵军）的"车战法"训练水军。吴国还发明了用于跳帮战的水战器具"钩拒"。

与欧洲早期战船类似，春秋和战国时期的所谓战船，主要承担运送士兵和辎重粮草的任务。

战国铜镜上的水战图纹

　　张仪游说楚王时，就炫耀秦国的水上航运能力："秦西有巴蜀，方船积粟，起于汶山。循江而下，至郢三千余里。舫船载卒，一舫载五十人，与三月之粮，下水而浮，一日行三百余里；里数虽多，不费汗马之劳。不至十日而距扞关。"（《史记·张仪列传》）后来，秦果然遣司马错率巴蜀众十万，以大舶船万艘，浮江伐楚，一举成功。

　　在古代技术环境下，水路运输的优越性是陆路无可比拟的。

　　在长达三年的长平之战中，秦军依靠渭河和黄河运输，赵军只能依靠崎岖的陆路运输。当时陆路运输成本之高绝非现代人可以想象。即使近代美国在南北战争之前，谷物的运送距离只要超过 40 公里，陆路运费就超过货价。

长平之战这场旷日持久的运输战的最终结果，是水运的秦国打败了陆运的赵国。

《左传》载，僖公十三年（公元前647年），晋饥，乞籴于秦，秦输之粟，自雍及绛相继，命之曰"泛舟之役"。

在秦始皇征服南岭的战事中，为了解决军粮运送困难，不得不兴师动众，修建了著名的灵渠，以沟通湘江和漓江。这样就将长江水系与珠江水系连接起来。

秦帝国通过水路，将统治第一次扩展到岭南乃至南海。

公元前206—公元25年的西汉时期，中国战船得到了进一步发展，一次战役最多时出动战船2000多艘，水军达20万。

元封二年（公元前109年），好战的汉武帝派楼船将军杨仆率海军5万，从山东渡渤海占领朝鲜半岛。

在汉武帝时代，中国的扩张运动不仅北及大漠，西通西域，同时在太平洋和印度洋也开辟了三条重要的海上航线，最著名的就是海上丝绸之路。

东汉建武中元二年（公元57年），"东夷倭奴国王遣使奉献"，"光武赐以印绶"。这枚金印后来在日本被发现，上刻阴文"汉倭奴国王"。

应当承认，制铁业的鼎盛对汉帝国造船技术的发展起到了决定性的作用，《后汉书》中甚至有"造十层赤楼帛栏船"的记载。

三国时期，曾发生过许多著名的水战，最著名的如赤壁之战。

魏、蜀（汉）、吴三国之中，南方的吴国水军最为强盛，拥有 5000 艘战船，其中大型楼船设楼 5 层，可运载士兵多达 3000 名。黄龙二年（230 年），孙权派将军卫温、诸葛直将甲士万人出海，探寻海外的夷洲和亶洲。卫温到达夷洲，得夷洲数千人还。

魏晋南北朝拉开了中华文明南迁的历史大幕。南方不仅临近大海，而且江河湖泊密布。

客观的地利之便，使船舶发展出各种各样不同类别，尤其是战船，在体量和性能方面都有大的提升。据说南梁侯景军的战船装有一百六十支长桨，航行起来如飞一般。祖冲之"造千里船，于新亭江试之，日行百余里"（《南齐书·祖冲之传》）。

"王濬楼船下益州，金陵王气黯然收。"[1] 据《晋书》记载："武帝谋伐吴，诏濬修舟舰。濬乃作大船，连舫，方百二十步，受二千余人。以木为城，起楼橹，开四出门，其上皆得驰马来往。"（《晋书·王濬传》）

以橹桨驱动的楼船为代表，中国战船的性能已逐步赶上

1- 出自唐朝诗人刘禹锡诗《西塞山怀古》，全诗为："王濬楼船下益州，金陵王气黯然收。千寻铁锁沉江底，一片降幡出石头。人世几回伤往事？山形依旧枕寒流。今逢四海为家日，故垒萧萧芦荻秋。"

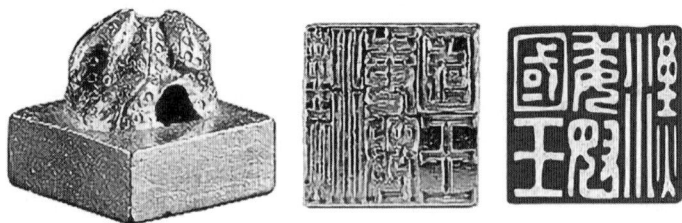

汉倭奴国王金印

和超过了当时的地中海国家，这种优势一直保持到 15 世纪
中期。

　　与桨帆时代的欧洲战船相比，中国战船应是当时世界上最
大、最牢固、适航性最好的船舶。

海上丝绸之路

　　一些学者根据甲骨文中的"凡"字推断，认为在殷商时代，中国就已经出现了风帆。

　　东汉时期一部专门探求事物名源的著作《释名》中记载："随风张幔曰帆。帆，汎也，使舟疾汎汎然也。"由此可见，中国最迟在两汉时期就已经引入风力作为船的驱动力，甚至出现了七帆的大型帆船，而且当时的帆船已有桨、橹、锚、舵、帆、水密隔壁等设施，可以在海上远航。

　　英国学者李约瑟指出，中国远在欧洲之前便懂得用前后帆的系统御风而行，或许就是这个原因，在中国航海史上从未用过多桨奴隶船。尤其值得一提的是，对海船最重要的两个技术——舵和水密隔壁，都是中国最先发明的。

　　广州自古就是中国沟通世界的海上出口。广州造船业始于秦始皇时代，到汉代时已相当发达，可造承载3000人的巨船，"南越王造大舟，溺人三千"（南朝宋·沈怀远《南越志》）。

　　依靠先进的航海技术，汉武帝时代，中国商人在南中国海开辟了海上丝绸之路。这些帆船从广州或北海出发，最远到达过罗马帝国区域，主要运送丝绸、珠宝、香料、矿物等大宗货品。

魏晋南北朝时期，中国航海帆船可以到达阿拉伯半岛西南部的亚丁港。

> 自日南障塞、徐闻、合浦船行可五月，有都元国；又船行可四月，有邑卢没国；又船行可二十余日，有谌离国；步行可十余日，有夫甘都卢国。自夫甘都卢国船行二月余，有黄支国，民俗略与珠崖相类。其州广大，户口多，多异物，自武帝以来皆献见。有译长，属黄门，与应募者俱入海市明珠、璧流离、奇石异物，赍黄金，杂缯而往……黄支之南，有已程不国，汉之译使自此还矣。(《汉书·地理志》)

经过现代学者考证，这份关于海上丝绸之路最早的文字中，都元国、邑卢没国、谌离国、夫甘都卢国、黄支、已程不国，分别指现在的马来西亚、缅甸、印度和斯里兰卡等国家的一些城市。

通过海上丝绸之路，西方的罗马帝国皇帝穿上了来自东方中国的丝绸。公元 160 年左右，罗马帝国占领两河流域和波斯湾，打通了通往东方的海上道路。罗马商人从海上取道安南（越南古称）到达中国，并以罗马帝国官方使节的名义拜见汉朝的皇帝。

《后汉书·西域传》记载："桓帝延熹九年，大秦王安敦遣使自日南徼外献象牙、犀角、玳瑁，始乃一通焉。其所表贡，并无珍异，疑传者过焉。"安敦通常被认为是古罗马皇帝马可·奥勒留，这一事件被很多历史学家认为是罗马帝国与中国首次直接发生的官方接触。

必须说明的是，秦汉时期的中国帆船主要是平底船，而不是尖底船。平底船适合在江河湖泊航行，但在远海大风浪中航行时，其稳定性则很差，再加上船舶规模不大，其续航能力也极其有限。

此外，因为当时没有指南针，在航行中辨别方向比较困难，虽然在晴天时可以参照日月星辰，但主要还是参考沿岸标志来确定航向，"夫乘舟而惑者，不知东西，见斗极则寤矣"（《淮南子·齐俗训》）。也就是说，当时的中国帆船只能沿着海岸线航行。

永嘉之后，中国经济文化的重心从黄河流域逐渐南移至长江流域，"苏湖熟，天下足"。南方成为中国经济文化发达地区，造船技术获得极大的发展和提升。

南方的特点是水网密布，这在古代社会可以提供理想的交通便利。古书上说："凡东南都邑，无不通水。故天下货利，舟楫居多。舟船之盛，尽于江西。编蒲为帆，大者八十余幅。江湖语曰：水不载万。言大船不过八九千石。"（宋·王谠《唐语林·补遗》）

在江南地区，几乎家家都有木船，人人都会驾船——

在明清时代，江南工商业极其发达，这与水路交通的便捷有很大关系

　　人们在小时候就学会了划船。只要一学会这门技术，一个人就可以不停地划几个小时。划船所耗的力量并不与船的载重量成正比，而是与水流、风向等情况密切有关。所以，载重增加时，此类运输的费用就降低。如果船夫能够利用风向，距离只是一个时间问题，而不是花力气的问题，这样，费用就可进一步减少。这是水运的一个重要特点。这就有可能使一个地区的住房集中在靠河边的位置。它也使分散的农田占有制成为可能。此外，水运在市场贸易中的作用也影

响了流通系统。[1]

公元 6 世纪，隋朝用武力结束了中国长达 400 年的分裂状态。在攻击后陈京都建康（南京）的战争中，隋军所使用的"五牙"大型战舰，配备士兵 800 人，装备有 6 具"拍竿"。

拍竿利用杠杆原理，高悬巨石，类似陆战的弩炮，是一种威力很大的冷兵器，可以发射巨石，打击对方水手，甚至击沉敌船。应当说，拍竿是撞船战术和跳帮战术之外的中国独创。

1- 费孝通：《江村经济：中国农民的生活》，商务印书馆 2001 年版，第 115 页。

运河上的帝国

隋朝是中国皇权历史长河的一个中点，如同秦朝是一个开始。隋与秦都极其短暂，人们也常常将修运河的隋炀帝与修建长城的秦始皇相提并论。"凿通济渠，役丁死十四五"。

壮志凌云的隋炀帝以隋朝政治经济的崩溃为代价，奠定了隋唐帝国的庞大格局。

经过隋朝的铺垫，唐朝将中国扩展成一个充满活力的世界性帝国。国家的统一、南北大运河的开通、两座宏伟京城的修建和国内贸易的扩大，均刺激了经济的发展。唐朝京城长安发展成为世界上最大的城市，有居民百万，吸引着来自亚洲各地的商贾、留学生和朝拜者。

从登基开始，隋炀帝就在关中运河"广通渠"的基础上，启动了以洛阳为中心的"大运河"工程。

从开皇四年（584 年）到大业六年（610 年），历时 26 年，征用数百万民工，终于开凿了西起长安、北达涿郡（今北京）、南抵余杭的大运河，全长 2000 多公里，沟通了海河、黄河、淮河、长江和钱塘江等五大水系。借助这个"人"字形运河，商旅往返，船乘不绝，自是天下利于转输。

运河与江河湖泊构成的水路交通，使中国大一统的文化格局更加稳固。唐朝崔融说："天下诸津，舟航所聚，旁通巴汉，前指闽越，七泽十薮，三江五湖，控引河洛，兼包淮海。弘舸巨舰，千轴万艘，交贸往还，昧旦永日。"（《旧唐书·崔融传》）

大运河的开凿实际是古代交通技术制约下的一种无奈。

与地中海文明相比，中国无疑面临着严峻的地理制约。与长城作为一种对外防御的产物一样，运河是一种对内统治的产物。从交通文化来说，运河就是中国的地中海。

"水性使人通，山性使人塞"，李白曾经感叹陆路入蜀"蜀道难，难于上青天"，然而水路出川却是"朝辞白帝彩云间，千里江陵一日还。两岸猿声啼不住，轻舟已过万重山"。

虽然中国属于典型的大陆文化，但轮子文化并没有取得很大的成就，相反，船文化却达到登峰造极的程度。

"到唐时，全倚之江淮之粟"（宋·吕祖谦《历代制度详说》）。唐太宗时期，每年通过通济渠输送到关中的粮食仅一二十万石，武则天以后增至二百万到四百万石。晚唐时的韩愈说："当今赋出于天下，江南居十九。"

经济史学家全汉昇在《唐宋帝国与运河》中指出，南粮北运构成大唐帝国生存的大动脉。

实际上，纵观2000多年历史，中华帝国始终建立在一个依靠舟船漕运维系的经济体制之上。如果没有发达的舟船技术和规模，也就不存在如此庞大的帝国统治。"今日之势，国依兵而立，兵以食为命，食以漕为本，漕运以河渠为主。"（宋·张方平《乐全集》）

从秦汉开始，帝国京都无一不是选择在河流的终点。因为三门峡瓶颈，舟船从洛阳到长安极其艰难，唐时朝廷不得不去"洛阳就食"，甚至常常有半路饿死的事件发生，和东汉一样，东都洛阳越来越受到重视。

唐朝末年的乱世，使广通渠完全淤塞，"东京华夷辐辏，水陆会通"，宋朝只好暂以通济渠终点开封为都。赵匡胤原本计划等广通渠疏浚后，迁都洛阳甚至长安，但遭到群臣反对。[1]

1-《续资治通鉴》卷八：帝生于洛阳，乐其土风，尝有迁都之意。始议西幸，起居郎李符陈八难，帝不从。既毕祀事，尚欲留居之，群臣莫敢谏。铁骑左右厢都指挥使李怀忠乘间言曰："东京有汴渠之漕，岁致江、淮米数百万斛，都下兵数十万人咸仰给焉。陛下居此，将安取之？且府库重兵，皆在大梁，根本安固已久，不可动摇。"帝亦弗从。晋王又从容言迁都非便，帝曰："迁河南未已，久当迁长安。"王叩头切谏，帝曰："吾将西迁者，非它，欲据山河之险而去冗兵，循周、汉故事以安天下也。"王又言"在德不在险"，帝不答。王出，帝顾左右曰："晋王之言固善，然不出百年，天下民力殚矣！"

关中之所以从周至唐一直为中国的政治中心，正是出于水运之便。张良劝刘邦定都关中时说："诸侯安定，河、渭漕挽天下，西给京师；诸侯有变，顺流而下，足以委输。"(《史记·留侯世家》)

虽然明知将无险可守的开封作为帝都极为冒险，但舟船之利压过了军事权重，"东京有汴渠之漕，岁致江淮米数百万斛，都下兵数十万人咸仰给焉"(《续资治通鉴长编》卷十七)。最终，号称"在德不在险"的北宋倏忽间即告覆灭。

南宋以通济渠的始发点杭州为临时京都，称为"临安"[1]，政治中心与经济中心完成整合，仅仅浙江的机杼耕稼，已经是"衣食半天下"。[2]

两宋时期，工商业繁荣，自由经济发达，五个人口超过100万的城市（汴京、临安、长安、洛阳和南京），无一不是建立在舟船交通之上，而"富庶甲天下"的扬州，更是运河制造出来的一个梦想之城。

从《清明上河图》上，后人依然可以看见一片舟楫连绵的昔日繁华。在5米多长的画卷里，共有20多艘大小船只。

1- 南宋时，杭州被称为"临安"或"行在"。明初朱棣正式迁都北京之前，也称北京为"行在"。

2- 随着金人南侵和宋军战败，宋王朝迁都建康府（南京，1129年），两年后又迁都临安府，中国的政治经济中心进一步靠近大海。一方面以江南为农业文明的新核心，另一方面则以海洋贸易沟通南洋，阿拉伯人和犹太人纷至沓来。

在这幅画中，有一艘即将通过石拱桥的单桅货船，因无法张帆，货物过于沉重，全赖船夫卖力地撑篙，岸上十几个人使命地拉纤，才让船只得以航行。为了防止船身撞上桥梁，桥墩的护栏边还有人持篙，准备把船支开。

漕运下的海禁

从中国历史来说，经济一直在南移，但政治中心大多时间在北方。

蒙古人征服中原后，建大都于汗八里（今北京），几乎所有物品必须由 1600 公里外的南方运来。华北松软的黄土层决定了要想维持一条陆上官道几乎是不可能的，因此水路运输仍然是唯一的解决办法。这条与海岸线几乎平行的京杭大运河，就成为"帝国命脉"。

漕船从富庶的江南出发，经过三千里跋涉，最后到达北京的"海子"[1]。按照马可·波罗的说法，当时的大运河"犹如一条大河，能够行驶大型帆船"。

大运河的建设最早可追溯至春秋时期，早在公元 10 世纪时便已应用船闸系统及诸如多拱宝带桥这样匠心独运的桥梁。在明朝永乐（1403—1424 年）年间，大运河重建、大修，得到进一步改善。当水利专家白英完成筑坝和黄河引水工程时，

1- 今天的什刹海、北海、积水潭和已经消失的太平湖，在数百年前连成一片，烟波浩渺，成为京杭大运河的终点——"海子"码头。

接近 12000 艘运粮驳船沿运河南北航行已经成为可能。雇来
维护该运河的人力接近 50000 人。

毫无疑问，西方最宏大的运河系统非威尼斯的水运系统莫
属。当坚忍不拔的威尼斯旅行者马可·波罗于 13 世纪 70 年
代到达中国后，连他也为长江上的交通运输量所叹服："覆盖
这条伟大河流的船只如此之多，对于读到或听闻这种描述的任
何人来说都不会相信。经由此河南北运送的货物如此之多，这
是任何人都不敢想象的。事实上，其交通之繁荣，以至于看来
这根本就不像河，而是大海。"[1]

中国的大运河不仅发挥着国内贸易大动脉的作用，它还使
帝国政府通过五大粮仓，以丰收后购进粮食、物价过高时售出
粮食为手段，起到平抑粮食价格的作用。

在传统帝国时代，漕运首先是一种政治行为。

明代每年要从南方漕运 400 万石粮食到京城，最高时达
到 670 万石，但从北方返回南方的船却常常放空；有些船到
达北方后，甚至直接被凿沉废弃。专门研究明代漕运的黄仁宇
先生指出，从南方运到北京的白粮，常常会以低于南方的价格
进行抛售，而且运输的费用往往是粮食价格的数倍。这多少有
些令人不可思议。

说白了，就是富庶的南方通过漕运，源源不断地向北方统

1-[意] 马可·波罗：《马可·波罗行记》，张晓译，哈尔滨出版社 2009 年版，第 209—
210 页。

乾隆晚期，西洋画家
绘制的京杭运河图

治者输血，这就是帝国的真相。

与地中海相比，中国运河要脆弱得多。

与其政治意义相比，它的实际运输能力极其有限。

首先，对于长达数千公里的人工运河来说，帆桨（橹）派不上用场时，不得不依靠人力拉纤。[1] 一艘普通官船就需要 50 名纤夫，而纤夫的境况大都很悲惨。隋炀帝经运河南巡，纤夫沿两岸牵引"龙船"，淤浅处由民夫推船，许多民夫甚至泡到腰身以下溃烂。

1- 中国虽然没有地中海地区特有的划桨奴隶，但中国内河航运仍然要以人力为动力，沿河沿江都由人拉纤，拖动船体前行，尤其是逆流时更是离不开纤夫。遇到急流险滩，纤夫分外小心，一旦纤绳断裂，就有可能船毁人亡。中国纤夫的处境极其悲惨，在南方一些江段，纤夫不仅常年光着脚，而且赤身裸体、气喘吁吁，汗流浃背，喊着号子，异常辛苦。

其次，运河的航速极低。唐代江淮漕运从二月发扬州，四月自淮入汴，八九月才到达洛阳，运送一趟竟然需要半年。

再次，运河各段因为水位落差巨大，不得不设船闸分次运送，"自天井闸至塌场口，不满百里，建闸十一座"；每艘船需要 500 人协助才能过闸，而且每次过闸均需装货卸货，极其烦琐，更不用说拥堵了。

最后，北方降水极少，冬季结冰封河，加上黄河频频泛滥，导致北运河经常缺水、淤塞和断航。

重重困难之下，以北京为帝国京都的元、明、清三代，不得不在河运之外尝试海运。

早在唐咸通年间，用兵交趾，湖南、江西运输甚苦，润州（今镇江）人陈磻石创议海运，从扬子江经闽广到交趾，大船一艘可运千石，军需赖以无缺。

元朝长期以大规模的海运，将江浙一带的米粮运到"汗八里"，"终元世海运不废"。黄仁宇也认为，整个元朝时期，海路在交通运输中所起的作用要更大一些。

海运一方面使沿海的灯塔航标等设施得以完善，另一方面也推动了海船的发展。

早期海运沙船最大不过千石，"延祐以来，如造海船，大者八九千，小者二千余石，岁运粮三百六十万石"（明·危素《元海运志》）。此后 30 年时间，就出现了 300 吨～1200 吨的大型海船。

同时海运也开辟了海上新航线，"殷明略航线"从长江口直达天津，全程仅需要 10 天。"当舟行风信有时，自浙西至京师，不过旬日而已"（《元史》卷九十三），这与漕运动辄数月半载形成鲜明的对比。

与河运相比，海运所用大船具有极大的容积，海上较大的风力也强于人畜肌力，故而海运成本要低很多。但帝国政治常常与经济原理无关，甚至完全相悖。

明清时期，河运一直占据主流地位。

中国的运河主要是为了漕运，或者说是为了收税，而非发展民间商业。对一个农业帝国来说，货币体制的落后仅仅是一种表象；直到 1901 年，清帝国才以钱币支付方式代替了实物缴纳方式。

与漕运的浪费、低效相伴始终的，是明清两代的海禁政策。特别是在明后期，更是严格地禁止一切海洋活动，甚至只要制造双桅以上帆船，就是谋逆，罪可致死。

从很大程度上，历代封建统治者的海禁传统，塑造了中国重农轻商的大陆性格，这与西方世界热衷于海洋贸易截然相反。

西方古代的城邦，无论其依附于土地贵族的程度有多强烈，基本上是从海外贸易发展起来的，而中国主要是个内陆地区。纯就航海方面而言，中国平底帆船的续航力之大，有时可以航行到很远的地方，而航海技术（指南针）也高度发展。但与幅员广大的内陆本体相较之下，海上贸易就微不足道了。况且中国数百年来已放弃争取海上强权，这是对外贸易不可或缺的基础。最后，众所周知，中国为了维护其传统，对外接触仅限制在唯一的一个港口和商行，即广州十三行。这样做其来有自。即使修筑大运河，也是极力避免由海路从南方向北方调运粮食，这可能是因为海上交通容易受到台风和海盗影响。[1]

元代海船图

1- ［德］马克斯·韦伯：《中国的宗教》，康乐、简惠美译，广西师范大学出版社 2004 年版，第 47 页。

唐人街

在水上运输成为帝国生命线的背景下，中国造船水平在隋唐以后达到一个前所未有的高度。

隋炀帝时期，依仗运河及舟船之利，穷兵黩武，三征高句丽，三伐流求。在有些人看来，为了乘坐龙舟是隋炀帝修运河的最大动因。

唐代诗人皮日休以《汴河怀古》评论此事：

> 尽道隋亡为此河，
> 至今千里赖通波。
> 若无水殿龙舟事，
> 共禹论功不较多。

据说隋炀帝的龙舟有四层，几乎是一座移动的皇宫。最上层是宫殿和朝廷，下层是内侍，中间两层有多达 120 个房间。[1]

谁也没有想到，一个空前强盛、不可一世的隋王朝，在转眼之间，便被民众暴动的浪潮推翻。这让目睹历史巨变的唐太宗无限感慨，他常教导太子要"以史为鉴"，还以船作比喻说：人君就像是船，民众就如同水，水能载舟，亦能覆舟。[2]

正如汉承秦制，唐朝是隋朝的忠实继

1- 《资治通鉴》记载，大业六年（610年），隋炀帝乘龙舟行幸江都："龙舟四重，高四十五十尺，长二百尺。上重有正殿、内殿、东西朝堂，中二重有百二十房，皆饰以金玉，下重内侍处之。皇后乘翔螭舟，制度差小，而装饰无异。别有浮景九艘，三重，皆水殿也。又有漾彩、朱鸟、苍螭、白虎、玄武、飞羽、青凫、陵波、五楼、道场、玄坛、板舸、黄篾等数千艘，后宫、诸王、公主、百官、僧、尼、道士、蕃客乘之，及载内外百司供奉之物，共用挽船士八万余人……并十二卫兵乘之，并载兵器帐幕，兵士自引，不给夫。舳舻相接二百余里，照耀川陆，骑兵翊两岸而行，旌旗蔽野。所过州县，五百里内皆令献食，多者一州至百舆，极水陆珍奇；后宫厌饫，将发之际，多弃埋之。"

2- 该句最早出于《荀子·王制》，其曰："君者，舟也；庶人者，水也；水则载舟，水则覆舟。"《后汉书·皇甫张段列传》注引《孔子家语》中孔子曰："夫君者舟也，人者水也。水可载舟，亦可覆舟。君以此思危，则可知也。"

乾隆下江南时的龙船

承者。

作为天下帝国，唐代的帆船技术更加成熟和普遍，海船已经发展到长达二十余丈。

唐朝李处人开辟的中日航线，对日本产生了深远的影响。从中国宁波港到达日本值嘉岛那留浦，途中经朝鲜半岛，全程沿着海岸线航行，仅需三天。日本由此出现了一场"中国化"的文化浪潮。

在怛罗斯战役之前，大唐帝国在西域的势力一度远及阿拉伯沿海，"四夷之与中国通者甚众"。海上交通远及印度洋、波斯湾和东非海岸，唐朝宰相贾耽在《广州通海夷道》中，就记载了从广州到东非的航线。

当时整个南亚区域，几乎都是与唐朝有"朝贡"关系及贸易交往的海外"蕃国"。

与中国相比，当时的阿拉伯人在航海方面似乎更胜一筹。"靠着中国的两项发明，即三角形船帆和船尾舵，阿拉伯人把自己的商业触角延伸到了非洲和远东地区。"[1]

阿拉伯帝国的崛起，使阿拉伯商人沿着印度洋和地中海，扩散到许多沿海城市，由此开辟了从中国到地中海的全球贸易，巴格达成为"通往世界的码头"。阿拔斯王朝的创建者

1-［美］马特·里德利：《理性的乐观派：一部人类经济进步史》，闻佳译，机械工业出版社 2011 年版，第 133 页。

曼苏尔宣称："我们与中国之间畅通无阻，海洋能让我们应有尽有。"

在那一时期，广州成为阿拉伯商人重要的商业中转站和聚居点。"南海舶，外国船也，每岁至安南、广州。"（唐·李肇《唐国史补》）

唐肃宗乾元元年（758年），阿拉伯人和波斯人在广州发动骚乱，"大食、波斯围州城，刺史韦利见逾城走，二国兵掠仓库，焚庐舍，浮海而去"（《资治通鉴》卷二百二十）。

唐代宗宝应元年（762年），在怛罗斯战役中被俘的杜环，由海路回到大唐。他最远到过摩洛哥，然后经由地中海、红海和印度洋到达广州。

同时，借助国际海运，中国对外移民运动也由此发轫，以至于遍布世界各地的中国移民聚居点，都被称为"唐人街"。

王国维有一首《读史》诗写道：

南海商船来大食，

西京祆寺建波斯。

远人尽有如归乐，

知是唐家全盛时。

万斛神舟

唐与宋在文化气质上有显著差异——唐代是中世的结束，而宋代则是近世的开始。

进入宋朝，特别是南宋之后，中国将战略重点逐步转移到了海上，与50多个国家有贸易往来。作为海关机构的市舶司，每年收缴的关税竟达岁入的20%强，成为帝国的重要收入。

在宋朝时，中国造船技术已经处于世界顶尖水平。

当时欧洲桨帆船还在中世纪的地中海里流连，中国商船依靠指南针，已经率先跨入了全风帆时代。南亚的海上航运也从阿拉伯人那里易手。

中国大型海船如"木兰舟"，其"舟如巨室，帆若垂天之云，柂长数丈，一舟数百人，中积一年粮，养豕、酿酒其中"（宋·周去非《岭外代答》）。在印度洋上，传统的阿拉伯单桅三角帆船根本无法望中国四桅帆船之项背。

一位欧洲乘客对中国海船留下极高的评价：

> 非常之大，船上的舱室就超过100间。在顺风时
> 他们可以鼓起10具帆前进；而且它的体量非常庞大，

由厚厚的木板分为 3 层：第一层与我们的船只大小相当，第二层是横向的，而第三层又回到纵向。说实话，这是非常伟大的海船。[1]

因为龙骨和水密舱等创新技术，从而极大地提高了海上航行的安全性，使中国海船享有极高的美誉度。当时的阿拉伯人中有一句著名的谚语：为人做事，要像中国船航海一样。

中国最大的远洋商船可载 1000 多人，这即使对数百年后的哥伦布来说，也是不可思议的。与欧洲后来的风帆船不同，早期的中国远洋帆船仍然保留了中国橹，每船有八到十支橹，每橹配备四人。

当时的中国海船被称为"客舟"。"客舟长十余丈，深三丈，阔二丈五尺，可载二千斛粟，以整木巨枋制成。甲板宽

1- ［美］威廉·伯恩斯坦：《茶叶、石油、WTO：贸易改变世界》，李晖译，海南出版社 2010 年版，第 100 页。

平，底尖如刀……每船十橹，大桅高十丈，头桅高八丈。后有正柁，大小二等。矴石用绞车升降。每船有水手六十人左右。"（宋·徐兢《宣和奉使高丽图经》）

官方海船被称为"神舟"，其体量往往是"客舟"的数倍。

宋神宗元丰元年（1078年），为了供安焘出使高丽，特意在明州（今宁波）制造了两艘万斛级的"神舟"，以彰显帝国威仪。到了宋徽宗时代，帝国的"神舟"更是再进一步，形制更大。

根据对现代仿古重建的"万斛神舟"测量，其载重量超过200吨。1987年在广东阳江海域发现的"南海一号"宋代海船，排水量可达600吨，载重近800吨。

虽然中国航海技术非常先进，但中国帆船在马六甲以西一直比较低调，印度洋仍然保持着繁荣与和平。

据西方历史学家的研究，两宋的对外年贸易量超过世界上其他国家同期的总和，中国商人基本控制着从中国沿海到非洲东海岸、红海沿岸的主要港口。郑震的贸易船队每年乘季风往返于印度洋航线，从泉州到斯里兰卡仅需要三个月时间。

在战乱频仍的背景下，宋朝战船也达到相当高的水平。从朝廷到民间，宋人非常喜欢发明创造，在战船形制上推陈出新，多达数百种。

比如，水军统制官冯湛制造的桨帆战船，可搭载士兵200名，依靠42支桨驱动，对江河湖海均有极佳的适航性。

众所周知，宋朝冶铁业极其发达。随着廉价生铁的普及，宋宁宗嘉泰三年（1203 年），秦世辅设计制造的"铁壁铧嘴平面海鹘"战船，载重约为 60 吨，以铁板做成舱壁，堪称最早的铁甲战舰。

在撞击战术时代，这种铁甲战船船舷装有形似铧嘴的犀利铁尖，在水战中所向披靡，任何木船都难以抵挡其巨大的冲击破坏。

技术进步的基础，是巨大的产量规模。宋代造船厂遍布全国，每年新造船只数量达 3000 艘之多（元朝更是发展到 5000 艘）。北宋时期，温州一年就要造出 600 多艘大船。

南宋时仅官府的漕船就达到 6000 多艘。稍晚的马可·波罗估计，武昌地区拥有的大小船只就不少于 20 万艘。

宋朝甚至建立起了一支永久性的水军，这在当时无疑是开创性的。

宋朝水军拥有的战舰一度超过 20000 艘，也为当时世界之最。

中国南方水运发达，政治经济又以沿海地区为主，因此水军成为宋朝对抗北方马上民族的致命武器。北宋灭亡后，康王赵构只身逃亡，金人死追不舍。1130 年临安陷落，赵构一度逃到海上，金兵只能悬崖勒马，望洋兴叹。

宋金战争和宋元战争中，宋军出动战舰常达数千艘甚至上万艘。南宋后期，由于陆战不利，江南又适合水战，"东南沮

"南海一号"复原图

洳，非用武之地，故多以舟师胜"。水军训练备受重视，"今沿
江诸军咸有棹船士，每按试中流，上下如飞，北人骇愕"。文
天祥曾说："夫东南之长技莫如舟师，我之胜兀术于金山者以
此，我之毙逆亮于采石者以此。"（宋·文天祥《御试策》）

正是缘于南宋水军精良、实力强大，元军缺乏足够的水
军，导致后者始终无法突破南宋江淮防线。蒙古灭金后，面
对南宋也承认，"我精兵突骑，所当者破，惟水战不如宋耳。"
（明·王圻《续文献通考》卷一百三十一）

元军在不得已的情况下，只能建立自己的水军。在南宋降
将刘整的努力之下，经过数年训练，终于可以与南宋水上力量
相抗衡。襄樊之战中，元军凭借水军封锁两城对外联系，并最

终取胜。

随后进行的阳逻堡之战、丁家洲之战、焦山之战都是宋元双方的水上决战，元军都击溃了宋军水师主力，直逼临安。在此后，张世杰仍然能支撑南宋残局达三年之久，几乎全靠水军力量。

最早的轮船

宋朝最有名的战船当属桨轮船。

唐代李皋发明了桨轮船，堪称机械明轮船的先驱。欧洲出现明轮船要晚至 1543 年。这种轮船在宋代被进一步发扬光大。因为是用脚踏动桨轮，这比用胳膊划桨更省力，可提供的动力也更大一些。这有点类似踏张弩比普通弓箭威力更大。

南宋初年，船工出身的杨么伐木为船，垒土成寨，在洞庭湖起事，所造桨轮战船，最大的长约 110 米，装有 24 个桨轮和 6 具拍竿，载士兵 1000 余人，"以轮激水，其行如飞"。

据李约瑟分析，中国桨轮船估计有 50 马力，航速约为 3.5 ~ 4.0 海里 / 小时。

岳飞镇压杨么起义时，就遭到多次失败，后来有人投降，出了一个主意，即以腐木乱草壅积，使对方的桨轮被阻塞不能转动，这样来个"瓮中捉鳖"，才取得胜利。

此后，轮船成为宋朝水军的秘密武器，并形成系列化，有 4 轮、6 轮、8 轮、20 轮、24 轮和 32 轮等不同级别，最多的有 90 轮。有的还在船尾装了一个大桨轮，以便增加航速。每艘轮船所配备的士兵人数不等，中型船为二三百，大型可上千，大多数人用来驱动轮桨转动。这些人如同希腊桨帆船上的奴隶一样，位于船舱底部。

轮船的上部为作战区，除了射击用的敌楼，还设置有弓弩、抛石机、拍竿等武器。

宋高宗绍兴三十一年（1161 年），金主完颜亮亲率 40 万金兵抵达采石（今安徽马鞍山市东岸），在长江上与宋军发生了著名的"采石之战"。

当时，驻守采石的宋军只有 18000 人，而且没有主将，军心浮动。南宋所依靠的长江天堑眼看不保，政权覆亡危在旦夕，许多人甚至做好了逃跑的准备。

危难之际，虞允文挺身而出，毛遂自荐担任主帅，指挥了这场力挽狂澜的长江保卫战。他所依赖的就是轮船。

长江水流情况比较复杂，一般平底运兵船难以控制，一旦进入死水区，行动就非常困难。相比之下，轮船在动力上有极大优势，尤其是转向和加速。

宋军等金军的运兵船进入江中之后才展开攻击，这时金军

中国传统战船即楼船，
其作战原理与城楼防守
相似

进退两难——继续过江，江岸有严密的防守；要退回去，则需调转船头。几百艘金军运兵船中，有一多半被宋军的轮船撞沉或击沉。

采石之战胜利后，金兵退回扬州。

为了阻止其进攻京口（今江苏镇江），虞允文又增援京口。宋军轮船在大江中逡巡往来，运转如飞，金兵如惊弓之鸟，再也没有渡江的胆量。不久，金兵内乱，完颜亮被杀，侵宋战争宣告彻底失败。

就在采石之战的同一年，还发生了胶州湾海战，120艘战船和3000人组成南宋舰队，大败700余艘战船和由70000人组成的金国舰队，金军全军覆没。这也是世界史上火药和火器首次被用于海战。

在采石之战中，宋军的霹雳火炮也发挥了重要作用。

宋朝对金朝拥有明显的水上优势。面对金兵的咄咄逼人，宋朝总是退让，甚至几度逃亡海上，但最终总能从船上绝地反击，最后将金兵击败。但遗憾的是，宋朝的这种优势在遇到善于学习的蒙古人后便失去了。

在宋元战争中，水军作为宋军的中坚力量，沿长江天堑构建起一道不可逾越的防线。

南宋德祐元年（1275年）正月十五，元军大举南下，鄂州陷落，宋廷大惧。不得已的情况下，宰相贾似道亲自率军13万，战舰2500艘，沿江西上迎战。

二月十九日，宋元两军在位于安徽铜陵一带的丁家洲展开大战。

开战伊始，蒙古军便以巨炮进行攻击，宋军大将孙虎臣便弃阵逃跑，宋军全面溃败。贾似道于仓皇之中"以单舸奔扬州"。

丁家洲一战，南宋丢掉了最后一支可以与元军对峙的主力军团，更可怕的是军心由此丧失殆尽，沿江州郡的"小大文武将吏，降走恐后"。立国300余年的大宋王朝开始进入倒计时。

这场战争的失败也导致贾似道失势被杀。16年前，贾似道在鄂州一战成名，以至于位极人臣。

在中国历史上，常常有这样的事情，即将一国的存亡兴衰寄希望于一个力挽狂澜的英雄人物，成则王侯败者寇，贾似道便是这样的悲剧人物。文天祥感叹道："己未鄂渚之战，何勇也；鲁港之遁，何哀也！"

以蒙古铁骑横扫亚洲的冲天气势，区区一个南宋，即使以倾国之力，亦不过在这个有史以来最强大的军事帝国面前能够多苟延一时罢了。大厦将倾，独木难支。相对于个人的力量，这种历史大势无可阻挡。

坚不可摧的襄阳城最后还是沦陷了，这就如同一个隐喻。

在丁家洲失败前一年，长江防线最后一个重要城市——襄阳，在弹尽粮绝、内外夹击下，没有太多悬念地落入元军手中。

襄阳之战从 1267 年打到 1273 年，六年苦战，贾似道和南宋可谓倾尽全力。据说当时有"仁山先生"（金履祥）献策，"请以重兵由海道直趋燕蓟，则襄樊之师不攻自解，且备叙海舶所经，凡州县及海中岛屿，难易远近，历历可据以行。宋廷臣不能用"（《新元史》列传第一百三十一《儒林一》）[1]。

1-《元史·金履祥传》（卷一百八十九，列传第七十六）记载："会襄樊之师日急，宋人坐视而不敢救，履祥因进牵制捣虚之策，请以重兵由海道直趋燕、蓟，则襄樊之师，将不攻而自解。且备叙海舶所经，凡州郡县邑，下至巨洋别坞，难易远近，历历可据以行。宋终莫能用。及后朱瑄、张清献海运之利，而所由海道，视履祥先所上书，咫尺无异者。"

宋元海战

襄阳失守之后，元军沿着长江而下，直抵江南。1276 年，宋朝小皇帝赵㬎和谢太后宣布投降。蒙古人的马蹄终于踏进了他们梦寐以求的临安。

宋朝以儒教治国。按照儒教精神，乱世方能显示所谓的忠臣风骨。一些逃亡的孤忠之士如陈宜中、文天祥和张世杰等，在宋端宗赵昰之后，继续拥立赵㬎的兄弟赵昺为皇帝（宋少帝），利用残存的水军力量，在南方海上进行抵抗。

大宋帝国拥有当时世界最为发达的海上贸易。作为管理国际贸易的官方机构，市舶司曾经支撑起宋朝财政的半壁江山，但到最后，帝国还是亡于市舶司。

一个颇可惊异的史实是，色目人蒲寿庚居然把持市舶司长达 30 年，他的叛变成为对南宋灭亡的致命一击。

宋景炎二年（元至元十四年，1277 年），号称"保南宋沿海财政与军事大权于一身"的蒲寿庚，为了自身的商业利益，拒绝接纳穷途末路的宋少帝和张世杰，并将城内的宋朝宗室及淮军全部杀害。

蒲寿庚叛降后，他手下所有海舶均交于元军，此外他又为蒙古人制造了 600 艘战舰，使蒙古军势力大增。

日本历史学家桑原骘藏说："蒲寿庚弃宋降元之事，影响于宋、元势力之消长实大。盖蒙古虽长于陆战，舟师实不敌宋。寿庚老于海事，拥海舶甚多。一旦降元，定为元南征之助。于元为莫大之利，于宋直致命之伤。"客家历史学家罗香林也认为，"元师席卷而南，蒲氏乃以泉州降。宋室流离琐尾，既失市舶财利，复丧舟师实力，凭藉既虚，虽有张世杰、陆秀夫、文天祥诸贤臣奔走勤王，亦无补于国运之侵移矣！其影响于宋元时局之递变者，至巨且大。"[1]

福州沦陷之后，宋朝流亡政府逃到广东珠江出海口的崖山，由左丞相陆秀夫和太傅张世杰护卫着 8 岁的皇帝赵昺。

此时宋军兵力虽号称二十多万，实则多半为官吏仆臣等非战斗人员，有各类船只两千余艘。他们面对的元军兵力达 30 万，战船数百艘。这些元朝水师中，不乏"识时务"的宋军降兵。

祥兴二年（1279 年），著名的崖山海战拉开战幕。

张世杰尽焚沿岸宫殿建筑，试图在海中发起一场绝地反击。一百多艘宋船以"连环船"的形式横亘海湾，赵昺的"王舟"居中。

1- 在蒙古统治时期，蒲寿庚家族基本掌控着中国海上贸易，独霸市舶，富可敌国。大明立国后，明太祖朱元璋对蒲氏深恶痛绝，下令将蒲寿庚掘坟鞭尸，并将蒲氏全族人充军流放，为娼为奴，永不得登仕籍。

元朝水师火攻不成，遂封锁海湾，断绝宋军供给。

宋军吃干粮十余日，甚至取饮海水。眼看宋军疲惫之极，元朝水师大举进攻。

元人编写的《宋史》记载：

> 至午潮上，张弘范攻其南，南北受敌，兵士皆疲不能战。俄有一舟樯旗仆，诸舟之樯旗遂皆仆。世杰知事去，乃抽精兵入中军。诸军溃，翟国秀及团练使刘俊等解甲降。大军至中军，会暮，且风雨，昏雾四塞，咫尺不相辨。世杰乃与苏刘义断维，以十余舟夺港而去，陆秀夫走卫王舟，王舟大，且诸舟环结，度不得出走，乃负昺投海中，后宫及诸臣多从死者，七日，浮尸出于海十余万人。杨太后闻昺死，抚膺大恸曰："我忍死艰关至此者，正为赵氏一块肉尔，今无望矣！"遂赴海死，世杰葬之海滨，已而世杰亦自溺死。宋遂亡。[1]

1- 崖山海战中，宋丞相陆秀夫背负少帝赵昺跳海自尽。《赵氏族谱·帝昺玉牒》载："后遗骸漂至赤湾，有群鸟遮其上，山下古寺老僧往海边巡视，忽见海中有遗骸漂荡，上有群鸟遮居，窃以异之。设法拯上，面色如生，服式不似常人，知是帝骸，乃礼葬于山麓之阳。"1982 年，深圳赤湾在建设海港时无意中发现宋少帝赵昺之陵。"昺"同"炳"，表示明亮。

崖山海战是空前惨烈悲壮的一场战役。尽管大势已去，为了不使战舰落入敌手，宋军毅然将数百艘战舰自行凿沉，这不可谓不惨烈；十余万南宋军民，包括官吏、军人、平民、妇女，不愿被蒙古人奴役，决绝地蹈海自尽，这不可谓不悲壮。

"浮尸出于海十余万人"，在了无生趣的中国正史中，只留下这么一行冷冰冰的字句，但它背后的骨气与血性，足以令后人震撼、叹息、汗颜。

在生命与尊严的纠结和拷问中，从皇帝到官吏、军人、平民甚至妇女，每个人都做出了一种艰难而伟大的选择。

崖山之战前，被俘的南宋宰相文天祥被威逼致书劝降，文天祥留下一句"人生自古谁无死，留取丹心照汗青"。崖山之战后，他被押赴汗八里囚禁，"臣心一片磁针石，不指南方不肯休"，四年后不屈被杀。

那个地球上最强大的军队，能够征服天下，却征服不了一个书生；在蒙古铁蹄和屠刀面前，多少城池和堡垒都沦陷了，唯独一个读书人的内心始终坚不可摧。

文天祥曾预言，"虏运从来无百年"。百年后的明洪武九年（1376年），赶走蒙古人的朱元璋，将当年囚禁文天祥的牢房，改建成"文丞相祠"。

"昨朝南船满崖海，今朝只有北船在。"崖山海战是中国历史重要的转折点。

崖山海战，象征着蒙古人一统中国。

文丞相祠

依靠中国传统的航海优势，宋王朝陨落之后，"政治避难"的移民一度遍及海外，从南洋到日本，无处不有。崖山之后，"曾渊子等诸文武臣流离海外，或仕占城，或婿交趾，或别流远国。"（宋·郑所南《心史·大义叙略》）宰相陈宜中曾到占城求救兵，企图复国，后老死于暹国。

按照主流的现代史观，宋朝的覆灭，元朝的诞生，象征着中国的重新统一，汉胡对立、南北分裂的局面结束了，中国作为一个多民族的现代国家已成雏形。换句话说，现代中国出现在世界的东方。

第五章　郑和宝船

朝贡贸易

布罗代尔曾说，中国历史上有两个出口，一个是草原，另一个是海洋。"西域"和"南海"，自古就是中国对外沟通的两个主要方向。

对中国来说，蒙古征服所建立的大元帝国，象征着草原与海洋第一次实现了统一。无论是陆上丝绸之路还是海上丝绸之路，中国从此都融入为世界的一部分。

为了征服周边一些海洋民族，元帝国初期的海军战舰曾经达到极其庞大的18000艘，其中不少都是原来宋朝军队投降的"战利品"。

宋朝虽然打仗不行，但非常喜欢养兵。南宋灭亡后，蒙古接收了数量极其巨大的宋朝降兵，再加上原来从灭金战争中接收的汉人世侯军队，元朝军队数量之多，堪称当时世界之最。对立足未稳、人口数量少得可怜的蒙古统治者来说，如此数量巨大的异族军队意味着极大的隐患与不安，他们随时都有可能反戈一击，将自己赶回草原。

虽然汉军和汉人幕僚为征服南宋立下汗马功劳，但实际上，忽必烈对他们并不信任。尤其是被册封为"江淮大都督"

日本人绘制的蒙古来袭图画

和"山东行省大都督"的李壇起兵反元，更加重了他对汉军的成见与警惕。为此，忽必烈先后发动了几次大规模的跨海对日作战。

从很多方面来看，由前宋军和汉军组成的几十万降军所进行的跨海远征，都是有去无回，更像是一种迫不得已的自杀，更准确地说，是一场有预谋的大屠杀，只不过是借日本人之手。一场莫名其妙的"神风"，无数被抛弃的汉军沉入遥远而又冰冷的日本海，消失得干干净净，不留一点痕迹。

蒙古人征服的过程中，日本、安南、朝鲜和爪哇等这些人口只有中国几十分之一的小民族，也同时遭到蒙古军的蹂躏。这些民族小国展开不屈不挠的反抗，安南人甚至将"杀鞑"二字刺在自己身上。

历史如同一个飞去来器，百年轮回。

明军将领朱沐英攻陷云南后，对蒙古人展开报复，甚至更加羞辱地一次性阉割了不少色目人。这些被阉者，有的成为明朝皇室的太监，其中有一个后来名满天下，他就是马三宝。明成祖朱棣认为马姓不能登三宝殿，因此赐他姓"郑"，并改名为和，居四品，钦封"三保太监"。

如果说元帝国是马上得天下，那么明帝国就是船上得天下。

朱元璋军事集团从鄱阳湖水战中崛起，然后以得舟船之利的南京为基地，发起北伐，最终完成统一。

明初洪武时期，张士诚、方国珍等军阀势力与朱元璋争夺天下失败后，"强豪者悉航海，纠岛倭入寇"。"洪武二十七年正月命严禁私下诸番互市者"，是为明代锁海之始。《明史》记载："初，明祖定制，片板不许入海。"

朱棣登基后，针对"缘海军民人等近年以来往往私自下番交通外国"，下令所司"一遵洪武事例禁治"。永乐二年（1404

年），"下令禁民间海船，原有海船者，悉改为平头船。所在有司，防其出入"。

几乎占据整个亚洲的蒙古帝国崩溃以后，连接欧亚东西的水陆贸易遭到严重打击，陆路贸易完全中断。

明朝的反商业海禁政策，使得宋元以来发达的海外贸易迅速衰落。更令"天朝上国"感到颜面无光的是，传统的朝贡贸易也近乎断绝。

朱元璋所创的"奉天承运皇帝"，将华夏帝王定义为上天的代表。封建统治者相信自己承担着天下秩序的神圣责任。与这种地缘政治格局相适应的，就是所谓"万邦来朝"的华夷秩序。洪武三年（1370 年）朱元璋钦定的《太清歌》云："万国来朝进贡，仰贺圣明主，一统华夷。普天下八方四海，南北东西，托圣德，胜尧王，保护家国太平，天下都归一。"

费孝通先生在《乡土中国》中提出，中国人的人际关系就像是涟漪一样，以自己为中心，按照亲疏远近形成一层一层的同心圆。中国传统上是家国一体，国是放大的家，家是缩小的国，因此，这种"差序格局"也可以用来说明中国与天下的整个秩序——

秦汉之后，在类似同心圆的"差序格局"中，中原王朝的天下秩序，由内到外，分为几个层面：第一层是大一统王朝直接治理的郡县，如汉人的主要居住区域，即本部十八省；第二层是通过册封、羁縻、土司等制度，间接统治的边疆地区，如明朝时期的西藏、云南和东北；第三层是关系或远或近的朝贡国，如朝鲜、越南、暹罗、琉球等，这些都是中华文明的化内之地；最后一层则是化外之地，即四周尚未开化与中原王朝对立或没有关系的蛮夷。[1]

在"天下"这个孤立封闭的东方世界体系中，中华帝国自以为是唯一的、没有竞争的政治、经济和文化中心。"自古帝王临御天下，中国属内以制夷狄，夷狄属外以奉中国"（朱元璋《奉天北伐讨元檄文》）。中央帝国对藩属的承认，反过来也是藩属对中央权力的承认。朝贡制度便是一种主要的羁縻战略。"羁"即以军事与政治的压力来控制非我族类者，"縻"即以经济与物质利益来抚慰他们。

朝贡制度的主要目的，在于保证帝国漫长的边疆和平与秩序。"历史上，中国人并未明确地区分国内和国外事务。他们头脑中的世界秩序不过是中国国内秩序的必然结果，因此是中国文明认同的一种延伸，他们假定这种认同能够在正常的宇宙秩序这个更大的可扩展的同心圆中再现自身。或者，像麦克法夸尔所表述的：中国传统的世界观是儒家严谨而清晰地表达的

1- 许纪霖：《家国天下》，上海人民出版社 2017 年版，第 20 页。

等级社会观的反映。外国的君主和番邦应当向中央帝国朝贡：'天无二日，国无二主'。"[1]

从政治角度来说，朝贡体系与其说是一种变相的贸易体系，不如说是一种变相的扩张和统治，正如布罗代尔在《地中海史》中所说，进行传播、扩散、赠与，这就是进行统治。说白了，朝贡就是通过"传播、扩散和赠与"的方式来进行统治。实际上，"就朝廷而言，在这种交往中，政治利益高于经济利益"[2]。

洪武末年，只有琉球、真腊和暹罗三国来朝。朱棣夺位成功，为营造合法性，极为看重朝贡之事，在维持海禁的前提下，进一步加大了对贡舶贸易的激励，"凡外夷贡者，我朝皆设市舶司以领之……许带方物，官设牙行与民贸易，谓之互市。是有贡船，既有互市，非入贡即不许其互市"（明·王圻《续文献通考》卷三十一）。

这种赔钱赚吆喝的"贡舶贸易"，成为"万国来朝""四夷威服"的形象工程，以"厚往而薄来"对友邦进行利诱和收买。比如一把日本倭刀，走私价仅为 1000 文，明朝官府的官方交

1- [美]塞缪尔·亨廷顿：《文明的冲突与世界秩序的重建》，周琪、刘绯等译，新华出版社 2002 年版，第 260 页。

2- [美]牟复礼、[英]崔瑞德：《剑桥中国明代史》，张书生、黄沫等译，中国社会科学出版社 1992 年版，第 233 页。

易价却是10000文，足足高出10倍。日本在朝贡中获利良多。嘉靖四年（1525年），日本贡使楠叶西忍在收到明朝厚礼后，无限感激地说："大明乃空前绝后之大善政国家。"[1]

明万历年间来中国传教的意大利人利玛窦指出，朝贡完全是封建中国中心论妄自尊大的外在需要——

> 中国接纳来自其他很多国家的这类使节，如交趾支那、暹罗、琉球、高丽以及一些鞑靼首领，他们给国库增加沉重的负担。中国人知道整个事情是一场骗局，但他们不在乎欺骗。倒不如说，他们恭维他们皇帝的办法就是让他相信全世界都在向中国朝贡，而事实上则是中国确实在向其他国家朝贡。[2]

作为历史上维持东亚秩序的重要方式，朝贡模式是以宗主权为核心的区域性关系，是一种政治、经济、文化的混合体系。甚至可以说，这是具有东方特色的，西方世界似乎并没有类似的模式。中华帝国与外国的任何一项贸易都不是为了互惠

1- 因为脆弱的外交关系，中日之间的朝贡贸易比较畸形，一旦贸易失败，常常滋生武力纷争。所谓"倭寇"，有相当一部分即源于此。甚至曾因争抢朝贡而发生战争。嘉靖二年，两拨日本贡使发生争斗，其中一个日本使臣被杀，并与浙江地方发生冲突，史称"争贡之役"。明朝因此裁撤浙江和福建的管理海上贸易的市舶司，仅留广州一处。

2- [意] 利玛窦、[比] 金尼阁：《利玛窦中国札记》，何高济、王遵仲等译，中华书局1983年版，第560—561页。

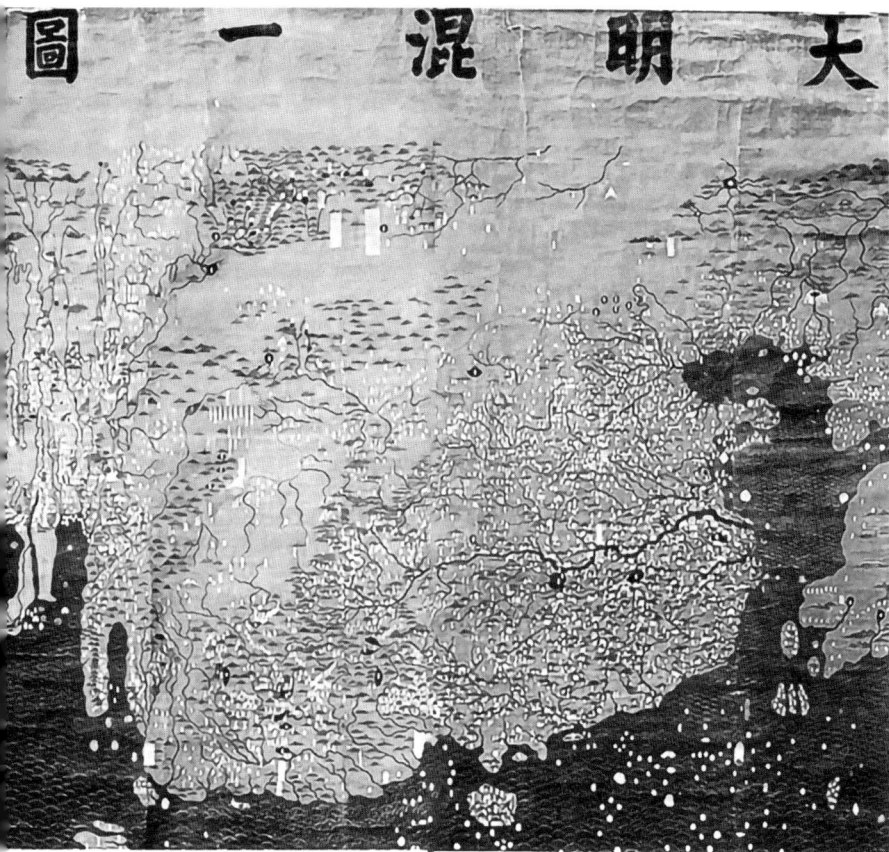

大明混一图

互利，而是源自前者对后者的仁慈与恩赐。

应当承认，慷慨的朝贡贸易并非一种经济行为，它看重的是政治意义和文化意义。因纽特人有句谚语："礼物造就奴隶，就像鞭子让狗听话。"慷慨其实就是一种强加的债务。人类学家马歇尔·萨林斯指出，很多原始部落酋长也非常慷慨，这种慷慨对他人往往构成一种约束和权力。[1]比起战争威胁来，金钱利诱同样有效。

在"请进来"的同时，还嫌不满足的中央帝国进一步"走出去"，去邀请更多的友邦来朝贡我天朝上邦。对于很多没有路费、没有交通条件的友邦，帝国就主动派出使臣"赏赐"友邦。

这就是郑和的政治使命。他的官方身份是明朝四品高级使节——"三宝太监"。

1- 可参阅［美］马歇尔·萨林斯：《石器时代经济学》，张经纬等译，三联书店2009年版。

三宝太监

作为中国历史上两次著名的航海事件，郑和下西洋与此前1600多年前的徐福下东海颇有相似之处。

公元前210年，刚刚完成大一统伟业的秦始皇，派遣齐人徐福数次下海，以求长生不老药。最后一次，徐福率3000名童男童女，装载谷种、连弩及匠人百工出东海，一去不回。

唐代诗人胡曾有《东海》诗讽此事：

> 东巡玉辇委泉台，
> 徐福楼船尚未回。
> 自是祖龙先下世，
> 不关无路到蓬莱。

历史学家认为，徐福下东海应是沿岸航行，航线可能是从山东半岛出发，通过渤海口，绕过辽东半岛，再沿朝鲜半岛海岸，经对马岛，入日本北九州，穿过濑户内海，最后抵达纪伊半岛。

当时日本尚处于史前社会，对这段历史没有任何记载，但现今日本和歌山县新宫町有徐福墓和徐福神社，每年 11 月 28 日是祭祀日。据说为感谢徐福带来了童男童女、百工、谷种、农具、药物及生产技术和医术，日本人尊徐福为"司农耕神"和"司药神"。

或许是接受了徐福下海鸡飞蛋打的教训，朱棣才特意选了一位太监，以绝其滞留海外或者独立称王的不归念头。

早在两宋时期，中国商船就往返于印度洋。之后，蒙古化的中亚世界与元帝国之间的海上贸易更加频繁，通商国家达到一百四十多个，中国海船成为阿拉伯海的常客。关于印度洋航线的各种资料和文献也非常多，其中流传比较广的有周去非的《岭外代答》、赵汝适的《诸蕃志》和汪大渊的《岛夷志略》。在某种程度上，郑和下西洋就是按照汪大渊的路线，或者说是参考汪大渊的路线航行的。[1]

对郑和而言，他的目的地很明确。所谓"西洋"，就是印度洋。以南中国海为中心的西太平洋一般称为"南洋"，"东洋"即东海。南洋犹如东方的地中海，这片热带地区岛屿众多，物

1- 汪大渊，南昌人。至顺元年（1330 年），汪大渊首次从泉州搭乘商船出海远航，历经海南岛、占城、马六甲、爪哇、苏门答腊、缅甸、印度、波斯、阿拉伯、埃及，横渡地中海到摩洛哥，再回到埃及，出红海到索马里、莫桑比克，横渡印度洋回到斯里兰卡、苏门答腊、爪哇，经澳洲到加里曼丹、菲律宾返回泉州，前后历时 5 年。至元三年（1337 年），汪大渊再次从泉州出航，历经南洋群岛、阿拉伯海、波斯湾、红海、地中海、非洲的莫桑比克海峡及澳大利亚各地，至元五年返回泉州。

产丰富。这些岛屿不仅能帮助航海者辨别方向、提供补给，同时也是非常理想的贸易伙伴，自古以来便是中国海外贸易的主要市场。[1]

南洋地区岛国林立，包括交趾、占城、暹罗、下港、柬埔寨、大泥、旧港、马六甲、哑齐、彭亨、柔佛、丁机宜、思吉港、文郎马神、池闷等国。与风平浪静的地中海相似，南洋风力适中、容易预测、风暴较少、水域恒温；且沿岸有丰富的木材资源，非常适合造船（这与阿拉伯半岛及北非一带的沙漠形成鲜明对比）。

郑和的任务也很明确，就是作为皇帝的代表，传播帝国的恩德与威严。

按照黄仁宇的说法，朱棣"好大喜功而又刚愎自用"，这个"暴君"通过"靖难之役"的军事政变夺得皇位，之后展开血腥的屠杀清洗运动，并创造了"灭十族"的人类记录。意大利历史学家马基雅维利认为，对成功的权力者来说，与其让人们爱戴，不如让人们恐惧。这个依靠杀戮寻找自信的孤家寡人已经从臣民那里得到了无数恐惧，他唯一感到饥渴和欠缺的，

1- "在马来半岛及附近岛屿所形成的天然屏障的另一半，中国海、暹罗湾和瓜哇海构成了名副其实的'地中海'。尽管台风频频、峭壁林立，这块封闭的海域仍始终链接而非阻碍了海岸定居的各民族。远在欧洲航海家到来之前，这些民族便有自己的船队。尽管他们的远古祖先可能各不相同，得益于持续的贸易往来，他们已经形成了一种特定的文化。"（可参阅［法］弗朗索瓦·吉普鲁：《亚洲的地中海：13—21世纪中国、日本、东南亚商埠与贸易圈》，龚华燕、龙雪飞译，新世纪出版社2014年版。）

是来自远方友邦的爱戴和感恩。

中国自古有远交近攻的传统，"四夷顺则中国宁"。为了"宣德化而柔远人"，必须"锐意通四夷"。所以"天子"朱棣派郑和敕谕各国王："祗顺天道，恪守朕言，循理安分，勿得违越；不可欺寡，不可凌弱，庶几共享太平之福。"

中国官方正史一般认为，郑和此行的主要目的，是在全球通缉失败潜逃的建文皇帝朱允炆。

> 郑和，云南人，世所谓三保太监者也。初事燕王于藩邸，从起兵有功。累擢太监。成祖疑惠帝亡海外，欲踪迹之，且欲耀兵异域，示中国富强。永乐三年六月，命和及其侪王景弘等通使西洋。宣天子诏，因给赐其君长，不服则以武慑之。（《明史·郑和传》）

从技术上来说，郑和的航海工程，集中了中国造船和航海技术的最高成就，包括罗盘、计程法、测深器、牵星板、针路和海图等。这种官方承办的盛大行为也达到了中国海洋时代的巅峰。郑和的出现恰逢其时，天时、地利、人和，成就了这次古代航海史上最壮观的海上游行。

郑和船队体现了中国古代航海技术的顶点，也让人们看到一个文化瓶颈，这就如同冷兵器发展到顶点，接下来就是热兵器时代。

中国帆船的主流是江苏的沙船和福建的福船。沙船为平

東南濱海諸夷圖　蘇祿諸國（眞臘附）

浙江　福建　泉州　潘州界　廣東　惠潮界

瓊崖界

廣西思明

安南
東南海西至雲南老撾南至占城北至西思明府

日本
東南西北皆海去登萊甚遠去閩浙甚近朝貢由寧波

占城
東至海西抵臘北連安南東北至廣東　雲南南抵真

琉球
福建泉州之東海島中朝貢由福建達

三佛齊
朝貢由廣東　占城南

淳泥
去闍婆三十五日去占城三十日朝貢由廣東

呂宋　忽魯謨斯

碙山　打回

百花

阿哇

祖法兒

賀勒

昆雞其心

甘巴里　白葛達

阿魯

忽魯母思

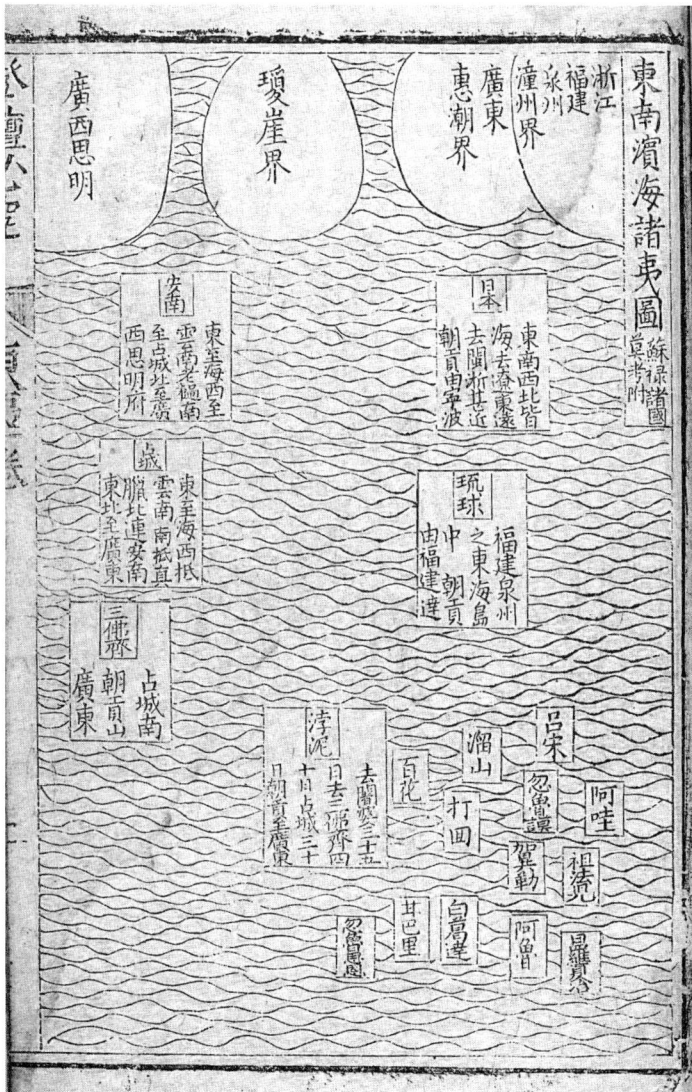

大明帝国之诸夷图

大福船式

福船一號喫水大
深起止遲重惟二
號福船今常用之

明代福船

底、多桅、方头、方艄，吃水较福船浅。一般认为郑和船队的主力船型是典型的方形中国福船。福船也是明朝海军的主流战船。这种尖底海船很早就行驶于南洋和远海。

福船高大如楼，底尖上阔，首尾高昂，两侧有护板，吃水约为 4 米。全船分 4 层，下层装土石压舱，二层住兵士，三层是主要操作场所，上层是作战场所。遇到敌船时，福船居高临下，弓箭火炮向下发射，往往能克敌制胜；再加上其首部高昂，又有坚强的冲击装置，乘风以船力下压，还可轻易地犁沉敌船。

英国人李约瑟对中国科技史有着深入的研究，他给予郑和时代的中国造船水平以极高的评价——

在它的黄金时代，约公元 1420 年，明代的水师在历史上可能比任何其他亚洲国家的任何时代都出色，甚至较同时代的任何欧洲国家，乃至于所有欧洲国家联合起来，都可说不是他的对手。在永乐皇朝时代，它有 3800 艘船，其中包括 1350 艘巡船，1350艘属于卫、所或寨的战船，以南京附近新江口为基地的主力船队的 400 艘大船，以及 400 艘运粮的漕船。此外，还有 250 艘远洋宝船，每艘宝船上的人数，平均由公元 1403 年的 450 人，增到公元 1431 年的 690人以上。在最大的大船上，必然超过了 1000 人。另外还有 300 艘商船作为辅助队，及一大堆小船作为传令船及警船。[1]

尽管 15 世纪早期的威尼斯战舰在欧洲是最先进的,但与同一时期的中国战舰相比,则黯然失色。

最大的威尼斯战舰长 45 米、宽 6 米,最大的中国战船则长 150 米、宽 50 米;威尼斯战舰由弓箭手护卫,而中国船只则已经装备了火药火器、铜制铁制的大炮、投射器和火箭。

中国造船技术很早开始就自成体系,与地中海风格完全不同。

中国帆船没有采用阿拉伯人的三角帆,以多桅多帆自成一家,具有良好的适航性,顺风逆风都可以航行。逆风顶水时采用"之"字形的斜行路线前进。在船结构上,西方木帆船的纵向支撑主要依靠龙骨,中国木帆船(如尖底海船)不仅有龙骨支撑,更依靠两舷大撅的夹持。与龙骨一样,大撅也由整株的巨木做成。

在 11 世纪以前,西方柯克船的船壳板大多采用搭接式连接,而中国很早就采用更优越的平接式。北欧直到 15 世纪后半期才采用平接法,这主要是由于北欧人长期用斧子劈制木板,而要使木板平接,必须用锯子这种更精细的木材加工工具。

1- [英] 李约瑟:《中国科学史》。转引自罗荣渠《15 世纪中西航海发展取向的对比与思索》,《历史研究》1992 年第 1 期。

同样，指南针和船尾舵技术也最早起源于中国，后传至西方。

　　在近代以前，中国帆船在结构上和风力利用效率上都值得称道。专门对此做过比较研究的历史学家罗荣渠先生说："中国在造船和航海技术的许多方面都远远领先于欧洲，其中有关船体推进的各种工艺应用，领先于欧洲一千多年。"[1]

1- 罗荣渠：《15 世纪中西航海发展取向的对比与思索》,《历史研究》1992 年第 1 期。

指南针

虽然都是水上航行，但河船与海船完全是两码事，在内河航行与在大海航行有着天壤之别。

海洋首先风浪要大得多，这就要求海船更加高大、结实和稳定；海洋没有陆地作为参照物，导航绝不是一件简单的事情；其他还有诸如供给、海图、季风等很多复杂的问题。

锯子出现了以后，造船技术得到极大的提高。但海图与指南针出现之前，远洋航行始终是一件极其危险的事情。

当时在海上几乎没有直航，只能靠岸航行，这与内河航行的区别其实并不是很大。即使在岛屿众多的地中海，也始终是沿岸航行。西北欧的船只穿过直布罗陀海峡后，沿着西班牙、法国和意大利的地中海海岸，作迂回航行，没有一个人敢冒险到望不见陆地的洋面上去。

据说，地中海人的航行，全靠观察最近陆地上的教堂屋顶，甚至通过沿岸的狗吠声来识别方向。腓尼基人和希腊人故此有"教堂屋顶水手"之称。虽然近岸礁石极多，但人们认为，即使撞到暗礁和浅滩，也没有沉没在大海深处那样危险可怕。

远在独木舟时代，航海者们就已经懂得观察日月星斗来确定方向。北欧的维京人通过观察如鸟类、鱼类、水流、浮木、海草、水色、冰原反光、云层、风势等，来为自己定位。

　　因为海上季风总是有规律的，通过风向很容易识别方向，这使得欧洲的航海者常常认为"方向"就是"风向"，连圣母都成了"顺风圣母"。但如果遇到恶劣异常的天气，这些原始的定向方法就都变得毫无用处。

　　在天气多变的秋冬季和早春的阴天，欧洲沿海的所有海船都不得不停在港口长达半年，这样一来，每年只有半年可以出海。

　　在大海中航行，很容易迷失方向，如果遇到这种情况，人们唯一的办法，就是确定哪个方向上的陆地最近。这时他们会放出一只鸽子，然后向着鸽子飞行的方向航行，直到遇见陆地。一旦看不见陆地，四望都是天海一色的汪洋，真是"沧溟万里，死生莫测"（[日]真人开元《唐大和上东征传》），任何人都会变得非常恐慌，这就如同一个学步期的儿童离开了可以扶持的东西一样。

《徐显卿宦迹图》
中描绘的海上遇险

　　早在玄奘西行之前二百多年，东晋时期的高僧法显就已经去天竺（印度）取经。去时他走的是陆路，14年后从海路成功返回中国。他在著名的《佛国记》中回忆可怕的海上旅程：

> 大海弥漫无边，不识东西，唯望日月星宿而进。若阴雨时，为逐风去，亦无准。当夜暗时，但见大浪相搏，显然火色，鼍鼊水性怪异之属，商人荒遽，不知那向。海深无底，又无下石住处。至天晴已，乃知东西，还复望正而进，若值伏石，则无活路。

法显从斯里兰卡出发，在海上漂泊了半年，几度船破进水、断水断粮，最后达到一块陆地，一问才知已到中国崂山（今山东青岛）。有人根据《佛国记》，推断出法显甚至漂流到了美洲大陆。[1] 禅宗始祖达摩从天竺驾一叶扁舟，用了三年时间才来到中国（震旦），并留下一苇渡江的传说。

唐僧鉴真东渡日本的故事更令人嘘唏难忘。真是一旦下海，就不知所终。鉴真用了 12 年时间，6 次下海东渡，最后一次终于成功到达奈良。可惜他因为双目失明，已经看不见脚下的土地了。

在指南针出现之前，灯塔基本上扮演着指南针的角色。沿岸航行者一路观察岸上的灯塔，就可以很容易地识别自己的所在位置和方向。

中国近海多浅滩暗礁，人们便在沿岸修建"望标"作为警示。上海宝山就得名于该地用人工堆成的望标：原台为四方，每边长 10 丈，高 20 丈，昼则举烟，夜则明火，以示航向，往来船只，无不称便，故誉为"宝山"。

世界上第一座灯塔位于号称"世界的十字路口"的亚历山

1- 学者们依《佛国记》的记述，推测法显于印度达锡兰（师子国）的回程中，以航海遇飓风迷途，所搭客货两用商船随风雨巨涛，漂行九十余日到的耶婆提国，便是墨西哥，在此停留 5 个月后东返。墨西哥境内今日所发现的中国晋朝古钱、佛像等，都被列为此一猜测的支持证据。墨西哥学者曾考定法显登陆时间为公元 412 年。还有人认为，法显就是墨西哥民间传说中自海上而来、开启墨西哥文明的东方圣人。

大城，由埃及托勒密二世建于公元前 3 世纪。这座高 106 米的庞大建筑，既可为进入亚历山大港的船只指引方向，又可炫耀统治者的权势。在灯塔接近顶部的地方燃火，从海上 30 英里以外就可以看到火光。

这座被誉为世界奇迹的灯塔一直屹立到 13 世纪，最终毁于一场地震。其时，指南针时代已经到来。

对人类航海史来说，指南针无疑是一个划时代的标志。

早在战国时期，中国人就发明了司南。[1] 脱胎于司南的指南针首次被用于航海的记载，出自宋徽宗宣和元年（1119 年）朱彧所著的《萍洲可谈》记载："舟师识地理，夜则观星，昼则观日，阴晦则观指南针。"稍晚的徐兢在《宣和奉使高丽图经》中也有"惟视星斗前行，若晦冥则用指南浮针以揆南北"

1- 司南是用天然铁矿石雕琢成的勺形物。汉代王充《论衡》中说："司南之杓，投之于地，其柢指南。""杓"即勺子柄。因为勺子的柄指向南方，故名"司南"。后指南针则沿用"南"字，名为"指南针"，而非"指北针"。

荷兰东印度公司的大帆船

复活节岛上的摩埃雕塑

美索不达米亚石刻中的木筏

萨拉米海战

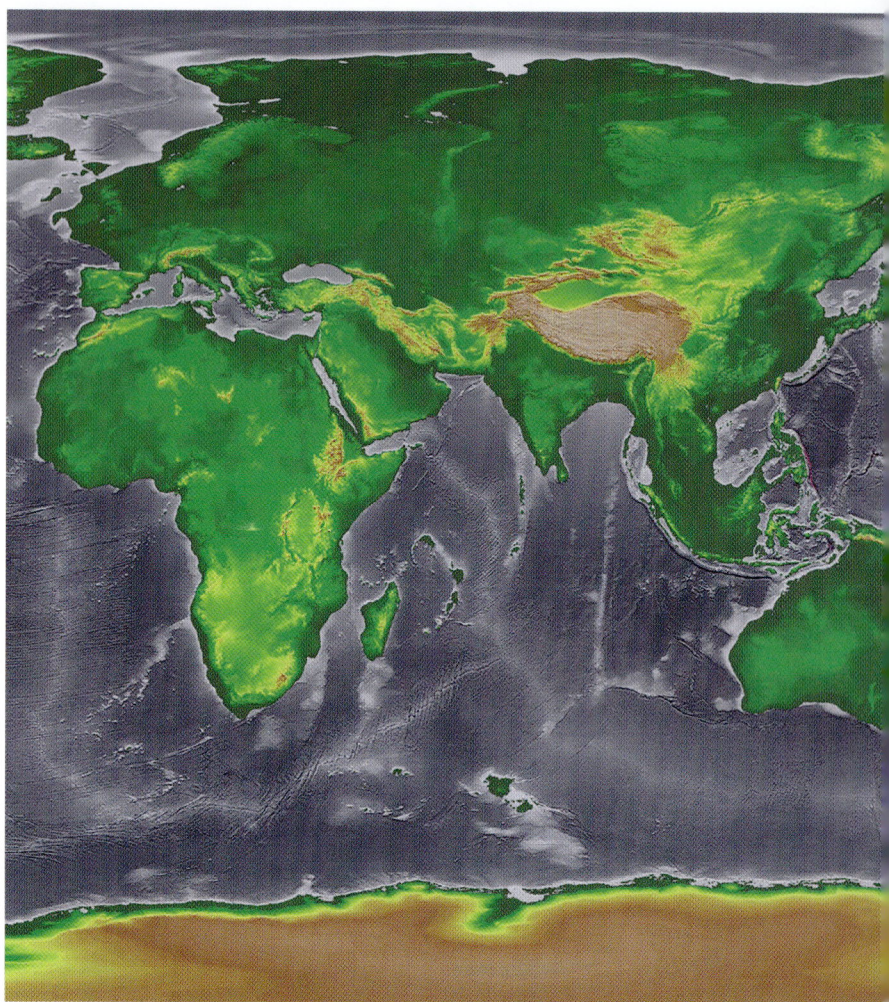

当海平面下降 100 米时，几乎所有大陆都会连接起来

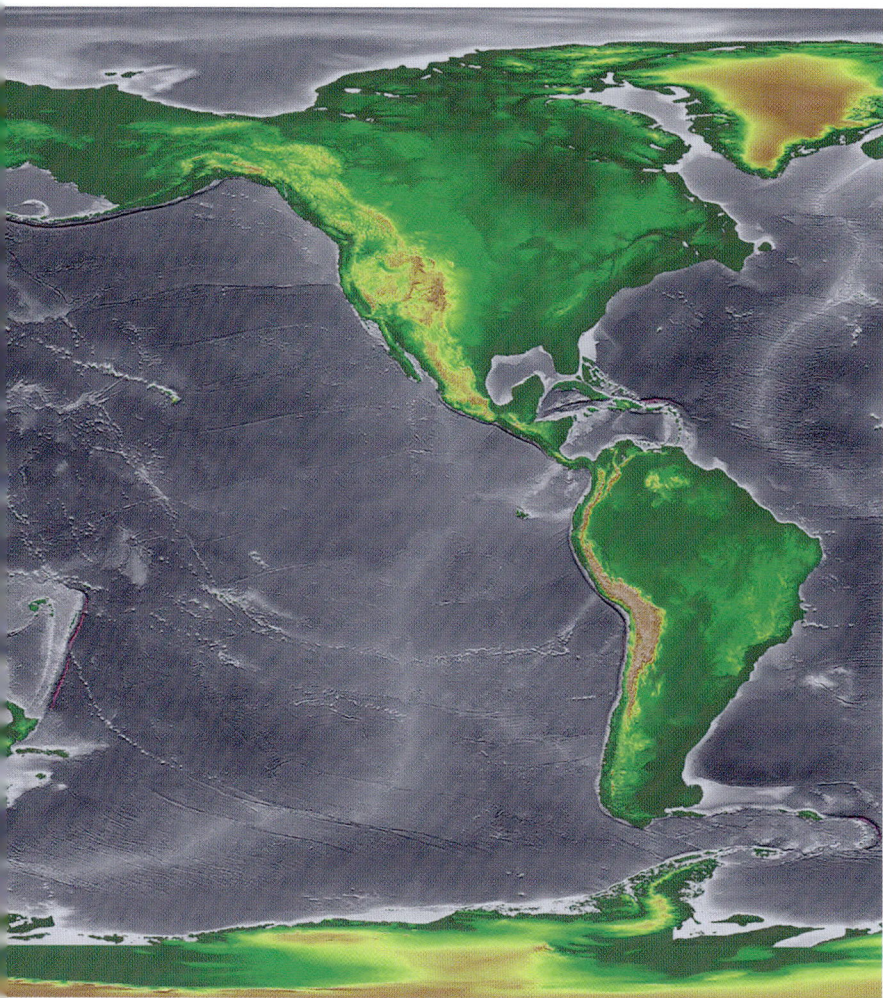

在风帆时代，大海是极其危险的

哥伦布的卡瑞克帆船——圣玛利亚号

海盗德雷克被女王授予骑士勋章

日本人绘制的葡萄牙卡瑞克帆船

17 世纪是荷兰世纪，荷兰的战船横行天下

日本版画《蒙古来袭绘词》中的元代战船

日本的"脱亚入欧"

敦煌莫高窟石窟壁画中的帆船

《清明上河图》中，大船过桥洞的情景

日俄战争中，俄军击沉日军封锁船

的记载。[1]

宋代以后，指南针（罗盘）已经成为中国海船必不可少的导航工具。

中国罗盘以天干地支和四维所代表的 24 个方向，表示 360°，这种古老的传统富有东方式的哲学意味。

作为一个伟大的细节，指南针近乎是一个神秘的隐喻——一切历史都是世界史。

大约在中国人将指南针带上船的同一时期，指南针也已经出现在地中海。巴黎大学的学者亚历山大·内克姆在 1180 年写道："在阴沉的天气或晚上，当水手们不能看清太阳，也不知道船首驶向何方时，他们就把针放在磁石上，针便旋转到指

1- 类似的记载还有，南宋嘉定七年（1214 年），吴自牧的《梦粱录·江海船舰》中说："舶商之船，自入海门，便是海洋……风雨晦冥时，惟凭针盘而行，乃火长掌之。"稍晚的赵汝适在《诸蕃志》中也说："舟舶往来，惟以指南针为则，昼夜守视惟谨，毫厘之差生死系矣。"中国传统指南针采用"水浮法"，"斫木为盘，书刻干支之字，浮针于水，指向行舟"，即在刻有 24 个方向的木制罗经盘中，凿一圆坑，中置水，将磁针横贯灯芯草后浮置水面，即成水罗盘，又称针盘。宋代海船中有专门的舱房放置针盘，称为"针房"，由经验丰富的火长专职掌管。指南针传入欧洲后，其装置改为有固定支点的旱罗盘。16 世纪上半叶，葡萄牙人到达日本，旱罗盘随之传入。明代李豫亨的《推蓬寤语》提到，中国原先所习用的针盘用水浮法，视其所指以定南。以后因东南沿海倭寇入侵，中国从日本人那里学到了旱罗盘。有了旱罗盘后，到 16 世纪下半叶，水罗盘在中国便很快被淘汰。

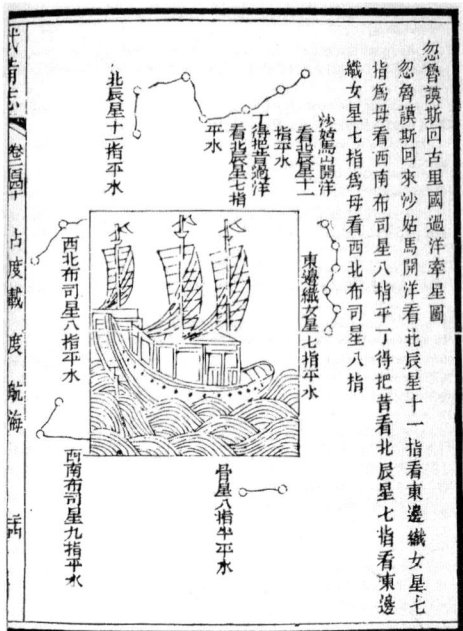

古代中国用作海上导航的牵星图。牵星图作为"针谱"的一部分，配合指南针，可确定海上位置

向北方而停住。"[1]

小小的指南针完全改变了海洋图景，将人类带入一个航海时代，或者说海洋时代。

在指南针出现之前，所谓的海洋时代，其实只是海岸时代。指南针使人类获得了自信，从而得到了海上自由。指南针带来的新航线，更加快捷、方便，贸易成本大大降低，地球突

1- ［美］丹尼尔·J. 布尔斯廷：《发现者：人类探索世界和自我的历史》，吕佩英等译，上海译文出版社 1995 年版，第 324 页。

然之间被缩小了。

对海上航行来说，风帆时代唯一的动力来源就是季风（信风）。可以说，没有季风就没有风帆时代，季风决定了帆船航行的路线和日程。"北风航海南风回，远物来输商贾乐。"（宋·王十朋《提舶生日诗》）

在东南亚海面，冬春季刮东北向的季风，而夏秋季刮西南向季风。季风平均风速为 13 公里 / 小时左右，最高可达 200 公里 / 小时。

早在"海上丝绸之路"时代，中国人就掌握了印度洋的季风规律，一般每年的十一月从中国出发，扬帆航行 5 个月至都元国，次年四月穿越马六甲海峡，沿孟加拉国湾东岸北上，趁夏季南风前进。从邑卢没国至谌离国的二十多天，依然一路顺风。及至秋冬降临，利用印度洋东北季风，沿孟加拉国湾西岸向西南航行 2 个月，达黄支国。

法显的《佛国记》中称："载商人大舶，汎海西南行，得冬初信风，昼夜十四日，到师子国。"郑和船队除了第一次夏季启航秋季返回外，其余 6 次都是在下半年的东北季风期间出发，在西南季风期间归航。

郑和之前，中国人的海上足迹已经遍及整个印度洋。

近代以来，在索马里和坦桑尼亚等地，现代考古者发现了大量宋朝钱币和瓷器。按照马可·波罗的说法，忽必烈曾经派遣使者访问过马达加斯加。至元二十八年（1291 年），马可·波罗奉忽必烈之命，率领一个由13艘四桅大帆船组成的中国舰队从泉州启航，护送阔阔真公主去波斯成婚。稍晚一个时期，元代航海家汪大渊从泉州出发，经南海和印度洋，远达阿拉伯半岛及东非沿海地区。他写于1349年的《岛夷志略》中，记载的国家达96个。

同一时期，摩洛哥旅行家白图泰从海路来到中国，他对中国海船赞不绝口。[1]

应当说，借助大量的历史资料，郑和在出发之前，就已经对印度洋的地理状况了然于心。

1-《伊本·白图泰游记》记载，中国船只共分三类：大的称作艟克，复数是朱努克；中者为艚；小者为舸舸姆。大船有十帆，至少是三帆，帆系用藤篾编织，其状如席，常挂不落，顺风调帆，下锚时亦不落帆。每一大船役使千人：其中海员六百，战士四百，包括弓箭手和持盾战士以及发射石油弹的战士。随从每一大船有小船三艘，半大者，三分之一大者，四分之一大者，此种巨船只在中国的刺桐城（泉州）建造，或在中国的穗城（广州）建造。建造的方式是：先建造两堵木墙，两墙之间用极大木料衔接。木料用巨钉钉牢，钉长为三腕尺。木墙建造完毕，于墙上制造船的底部，再将两墙推入海内，继续施工。这种船的船桨大如桅杆，一桨旁聚集十至十五人，站着划船。船上造有甲板四层，内有房舱、官舱和商人舱。官舱内的住室附有厕所，并有门锁，旅客可携带妇女、女婢，闭门居住。有时旅客在官舱内，不知同舟者为何许人，直至抵达某地相见时为止。水手们则携带眷属子女，并在木槽内种植蔬菜鲜姜。船总管活像一大长官，登岸时射手黑奴手持刀枪前导，并有鼓号演奏。至寄居处所将枪刀摆列大门两旁，住多久摆多久。中国人中有拥有船只多艘者，则系派船总管分赴各国。世界上没有比中国人更富有的了。

帝国的宝船

据《明史》记载，郑和的宝船"修四十四丈，广十八丈者六十二"。曾跟随郑和一同航海的马欢在《瀛涯胜览》中说："宝舡六十三号，大者长四十四丈四尺，阔一十八丈，中者长三十七丈，阔一十五丈。"

按明代营造尺折算成现代计量单位，宝船长约 136 米，宽约 56 米，比一个足球场还大；装备有 16 至 20 橹，排水量超过 8000 吨，甚至极有可能是世界上第一艘万吨巨轮。

郑和船队作为泱泱大国的流动展示中心，每次编队航行都超过二百六十余艘，其中大型宝船就有六十余艘。整个船队除了作为主力舰的宝船之外，还包括马船、粮船、坐船、战船以及水船等补给辅助船。这种强大的补给储备，可以使船队在海上航行一年也不用登陆。

以此推测，即使把当时欧洲所有的大型船只加起来，也赶不上郑和船队的规模与远洋航海能力。

此外，总共 27000 人的庞大船队，包括官校、旗军、勇士、通事、买办、书手等各种职业者，仅医生就有 180 名。

当然，郑和的船队绝不是一支普通的商船组团，说它是军

郑和宝船

舰编队似乎更贴切。所有宝船都配备了当时世界上最先进的火器装备。[1]

毫无疑问，这是一支真正的无敌舰队。

永乐三年（1405年）7月11日，郑和船队从南京出发，在江苏太仓刘家港集结后，沿海南下，在福建长乐太平港暂时停泊，等候太平洋的西北季风。11月，季风准时到来，船队

1- 据洪武二十六年（1393年）规定，在一艘大型海运船所装备的军器中，有手铳16支、碗口铳4门、火枪20条、火攻箭20支、火叉20把、火蒺藜炮10个、铳马子（配件）1000个、神机箭20支。其中手铳、碗口铳和火枪等管形射击火器就有40件。按照中国军事技术史专家王兆春先生的说法，到郑和时期，海船火器装备又增加了两三倍，可见郑和船队装备火器数量之多。

便扬帆再度启航，穿过台湾海峡和南海，第一站到达占城，再经东南亚各国进入印度洋，由此开始了亘古未有的豪华远航。

这种远航前后总共进行了7次，持续了28年。"三宝太监"的足迹遍及马六甲海峡、阿拉伯海、波斯湾、红海及非洲东海岸，并友好访问了亚非三十多个国家和地区，堪称和平国际外交的先驱。

江苏太仓的《娄东刘家港天妃宫石刻通番事迹碑》记载：

> 和等自永乐初奉使诸番，今经七次。每统领官兵数万人，海船百余艘，自太仓开洋，由占城国、逻罗国、爪哇国、柯枝国、古里国抵于西域忽鲁谟斯等三十余国，涉沧溟十余万里。观夫鲸波接天，浩浩无涯，或烟雾之溟蒙，或风浪之崔嵬，海洋之状，变态无时，而我之云帆高张，昼夜星驰，涉彼狂澜，若履通衢……

郑和船队出发时，满载金银珠宝和中国器物，归来时满船全是从世界各地搜集的奇珍异兽——"明月之珠，鸦鹘之石，沉南速龙之香，麟狮孔翠之奇，楼脑薇露之珍，珊瑚瑶琨之美……"当然，每次也都带回一大群不用买船票的四夷贡使，他们其实也是一种"礼物"。

非洲东海岸的索马里自古便以海盗闻名，当时称"麻林国"。永乐十三年（1415年），麻林国使者随郑和的船队来

中国，为永乐皇帝带来一只
"麒麟"。

麒麟是神话中的动物，中
国人把它与龙、凤、龟并称为
四神兽。传说中的麒麟从不食
肉，走路也避免踩到任何有生
命的东西，甚至连草叶也不例
外，只有在清明之地或圣人出
现时，它才显露真身。麒麟如
此"祥瑞"，无疑给皇帝带来
"新装"般的惊喜。

其实，这只"麒麟"只是
一头长颈鹿。

当年赵高指鹿为马，如今
郑和将鹿说成"麒麟"，似乎
更加高大上一些。

与其政治意义相比，郑和
船队依靠指南针，从西太平洋
穿越印度洋而直达东非，这种
航海探索倒算不得什么。如果
仅从经济角度来考量，会更乏
善可陈。

据记载："国初，府库充

明代沈度（1357-1434）题《瑞应麒麟图》

溢，三宝郑太监下西洋，赏银七百余万，费十载，尚剩百余万归。"（王士性：《广志绎》）由此可知，郑和航海运动直接亏损白银 600 万两。明代罗懋登的神魔小说《三宝太监西洋记》中说，宝船造价之高，"须支动天下一十三省的钱粮来方才够用"。这句话看来也不是没有根据的小说家言。

"郑和所到之处，丝和瓷都是最抢手的商品，单单为了其中某次出航，朝廷就吩咐景德镇烧造 443500 件瓷器。"[1] 郑和下西洋走的仍是海上丝绸之路，丝和瓷是主要的输出商品，进口以香料为大宗。一时之间，香料堆积如山，"充溢库市"，朝廷只好以此折赏和折俸，作为文武官员和军士人等的俸禄，一直到成化七年（1471 年）才用完，招致朝廷上下怨声载道。

永乐十九年（1421 年），郑和第六次下西洋，恰逢耗费巨大的迁都[2]，明朝财政濒临破产，"劳民伤财"的郑和舰队便成为众矢之的。数年之后，官方保存的郑和航海档案不翼而飞。有记载说："三宝下西洋，费银粮数十万，军民死者且万计，

1- ［美］罗伯特·芬雷：《青花瓷的故事：中国瓷的时代》，郑明萱译，海南出版社 2015
　年版，第 252 页。

2- 布罗代尔在《15 至 18 世纪的物质文明、经济和资本主义》一书中写道：明朝于 1421
　年决定迁都，放弃了因有长江之利而对航海开放的南京，为应付满族和蒙古族入侵边
　界而定鼎北京。作为一个经济世界，庞大的中国无可挽回地实现了中心的转移。在某
　种意义上，它背离了利用大海之便发展经济和扩大影响的方针。不论这一选择出于有
　意或者无意，它肯定具有决定性作用。正是在这个时候，中国在争夺世界权杖的比赛
　中输了一局。

纵得其宝而归，于国家何益？……旧案虽有，亦当毁之，以拔其根。"（明·严从简《殊域周咨录》）

对此，黄仁宇先生也极为认可，即缺乏利润支撑是郑和航海悲剧的主要根源——

> 海船的往返，找不到一种不可缺少的商品作大规模的载运，因之其劳师动众，更为人指摘。这些船舶所载出口商品为绸缎、铜钱、瓷器和樟脑，回程的入口商品有香料、珍宝、刀剪、油膏、药料及奇禽异兽，此类物品可以增加宫廷生活之色彩，却不适用于大众化市场。即使胡椒与苏木被政府使用当作文武官员薪俸的一部分，其价格仍不值得建造和维持如此巨大舰队。郑和所率领的军队虽在海陆战役里获胜，可是一次战役也可能死伤数千。另外南京之龙江船厂曾造大小船只数千，所有的人力和物料全系向民间征用，此更招民怨。[1]

用一位美国政治学家的话说，明朝叫停航海的原因，与美国停止送宇航员登月一样——那里没有东西能证明值得为此支付如此大的成本。

1- [美] 黄仁宇：《中国大历史》，三联书店1997年版，第188页。

对一个皇权统治下的帝国来说，宫廷的历史就是国家的历史。随着朱棣和郑和相继死去，郑和时代注定从此断了香火。

郑和舰队最后一次出航，宣德皇帝下令将滞留在中国的十几国供使送回他们各自的国家，这场盛大辉煌的帝国焰火就这样烟消云散了。

李露晔作为美国国家地理杂志专业作家，曾受邀参与过李约瑟《中国科技史》的编撰，她对郑和航海有深入的研究。她说，郑和率领的是中国史也是世界史上空前的大舰队，在第一场世界大战攻击舰队出现之前，没有任何船队可以与之匹敌。

在欧洲大冒险、大扩张时代来临之前的 100 年，中国有机会成为世界的殖民强国。但中国没有。中国在郑和时代之后，紧接着的是绝对闭关自守的时期。15 世纪初，中国是这个世界的科技领导者，但很快离开了世界历史的主舞台。正在萌芽的国际贸易和即将开始的工业革命，则把西方世界推向了现代。

郑和之后无郑和

虽然在中国和世界历史上，郑和船队都是一支举世无双的舰队，直到第一次世界大战之前，都没有可以与之相匹敌的舰队；然而，这支豪华的舰队却连眼皮底下偌大的夷洲（中国台湾的古称）都没有详细地勘察和记录。

很多年后，回首这段历史，郑和下西洋的最大遗产，或许是一场持续几个世纪的移民运动——而不是殖民运动。

历史不能假设，有西方历史学家说，如果当时的中国也像欧洲一样对外开拓的话，今天中国人占世界人口的比例就不是 1/6，而是 1/2。

15 世纪初的郑和下西洋，是陆上丝绸之路断绝后，中国对外贸易全面转向海上丝绸之路的重要开端。沿着郑和走过的海道，大批中国人从此走出了国门。

在郑和之前，中国人向南洋的移民寥若晨星，在郑和之后却如过江之鲫。200 年后，发生马尼拉大屠杀的 1603 年（明万历三十一年），马尼拉作为西班牙殖民地已经建城 32 年，当地的中国居民超过 20000，而西班牙人不足 1000 人。

当时整个南洋几乎成为华人的世界，他们就像永嘉南迁后的客家人一样，成为这些海洋岛国最谦卑的"华侨"。所谓"侨"，就是寄居在外国的人，他们既不是南洋人，也不是中国人。这就如同"桥"，既不是陆地，也不是水面。

帝国体制下，这种民间自发的移民行为不仅从未受到官方的支持和鼓励，相反被视为离心叛国的行为而遭到明清两代官府的严厉限制和迫害。

新加坡学者王赓武将南洋华人社会网络的发展称为"没有帝国的贸易"。它的反面是，欧洲大规模的移民运动都是一种有组织的、兵商结合的、在国家保护下的行为。

郑和以后漫长的岁月里，无数杀戮和屈辱，也不能换来帝国对这些弃民的同情和谅解，"中国四民，商贾最贱，岂以贱民兴动兵革；又商贾中弃家游海、压冬不回，父兄亲戚共所不齿，弃之无所可惜"（明·徐学聚《报取回吕宋囚商疏》）。

很少有人知道，在美国诞生的同一年，即 1776 年（清乾隆四十一年），数万华人和几十万土著在世界第三大岛——婆罗洲（今加里曼丹）——共同建立了一个共和体制的国家：兰芳大总制共和国。

作为首领的"大总制"传承，不是传统的家族世袭制，而是类似于民主选举或禅让，"国之大事，皆咨决众议而行"。创立者罗芳伯系广东省梅县石扇堡的客家人，经公推为首任"大唐总长"。罗之后推江戊伯继任，先后五传，最后至刘台二。

历史学家罗香林称，"兰芳大总制与美洲合众国，虽有疆域大小之不同，人口多寡之各异，然其为民主国体，则无二也"[1]。

作为当时世界一支最强大的海军远洋舰队，郑和舰队拥有5000 吨排水量的宝船达 30 艘以上。

据记载，这支代表帝国统治的威武之师曾经四次海外用兵：

第一次，在锡兰（斯里兰卡）遭遇 5 万国王军的围攻，郑和船队被迫自卫反击，一举擒获锡兰国王阿烈苦奈儿，朱棣"悯其愚无知"，又礼送其回国；第二次，苏门答腊王子苏干刺试图谋夺王位，郑和擒获苏干刺送京伏法；第三次，爪哇西王都马板杀害郑和船队 170 名官兵后，朱棣要他赔款黄金 6 万

1- 罗香林：《西婆罗洲罗芳伯等所建共和国考》，中国学社 1961 年版。

两，遭到拒绝，经郑和严正交涉，最后以 1 万两成交；第四次，也是唯一一次真正的战争，是遭遇流落海外的中国海盗陈祖义，郑和船队毫不留情，予以全歼，5000 余人被杀，陈祖义等三名海盗首领被押回国内正法。

…………

在后郑和时代，海外华人并没有获得相应的合法性，但至少得到了喘息之机，因此移民活动进一步扩大。中国人甚至乘坐马尼拉大帆船跨越太平洋，抵达墨西哥，"尽管创造了财富，但海外的中国人，不管是移民还是侨民，都不受欢迎"[1]。

"欲国家富强，不可置海洋于不顾。财富取之海，危险亦来自海上。……一旦他国之君夺得南洋，华夏危矣。我国船队战无不胜，可用之扩大经商，制服异域，使其不敢觊觎南洋也。"据说这是郑和最后向明仁宗朱高炽说的一段话。

遗憾的是，明清两代中国政府的收入主要来自土地赋税而非商业税收。郑和下西洋如同一场梦，很快就被人遗忘。在以后的几个世纪中，海洋一直成为禁区，以至于大多数中国人对外部世界几乎一无所知，他们认为中国就是世界的全部。

1- ［英］艾兹赫德：《世界历史中的中国》，姜智芹译，上海人民出版社 2009 年版，第235 页。

明代人根据利玛窦地图绘制的《乾坤万国图》

万历十一年（1583 年），当明朝官员看到第一幅世界地图时，他们惊讶地发现，帝国竟然不在世界的中央。

《明史·外国传》中这样记载："万历时，其国人利玛窦至京师，为《万国全图》，言天下有五大洲：第一曰亚细亚洲，中凡百余国，而中国居其一；第二曰欧罗巴洲，中凡七十余国，而意大利亚居其一；第三曰利未亚洲，亦百余国；第四曰亚墨利加洲，地更大，以境土相连，分为南北两洲；最后得墨瓦腊尼加洲为第五。"

利玛窦绘制的这张《万国图》曾经广为流传，仅万历年间即曾翻刻达 12 次之多，然而一直到清朝时期，绝大多数知识精英还认为那些"乱七八糟的国名"是洋人胡编的："西班有牙，葡萄有牙，牙而成国，史所未闻，籍所未载，荒诞不经，无过于此！"（刘成禺《世载堂杂忆》）乾隆钦定的《四库全书》中，也认为利玛窦谎话连篇："其所称五大洲无非是荒谬奇谈。"[1]

实际上，郑和虽然七下西洋，却没有到过地中海和大西洋，也没有接触到什么意大利、葡萄牙或欧罗巴，中国对西方的无知并没有多少改变。

1433 年，郑和在古里去世。1498 年，达·伽马在卡利

1- 转引自［美］费正清：《美国与中国》，世界知识出版社 1999 年版，第 142 页。

卡特登陆。中国人所说的古里就是西方人所说的卡利卡特，东西方历史在同一个地方不期而遇，一个人类新纪元由此开端。

郑和时代的印度洋是和平的海洋，这种和平随着达·伽马的到来而结束。

对达·伽马来说，郑和是不可思议的。梁启超先生在《祖国大航海家郑和》中曾经无限感慨地说："何以哥氏（哥伦布）、维氏（达·伽马）之绩，能使全世界划然一新纪元，而郑君（郑和）之烈，随郑君之没以俱逝？"

西班牙人门多萨是最早撰写"中国史"的西方人，他在《中华大帝国史》中无比赞赏中国的文明，尤其是拒绝海外殖民。作为同一时期并最早读到《中华大帝国史》的西方人，利玛窦对中国文化更有着亲身体验，他对此也是深表认同——

> 在一个几乎可以说其疆域广阔无边、人口不计其数、物产多种多样且极其丰富的王国里，尽管他们拥有装备精良、可轻而易举地征服邻近国家的陆军和海军，但不论国王还是他的人民，竟然都从未想到去进行一场侵略战争。他们完全满足于自己所拥有的东西，并不热望着征服。在这方面，他们截然不同于欧洲人；欧洲人常常对自己的政府不满，垂涎其他人所享有的东西。现在，西方诸国家似乎已被称霸世界的念头消

磨得精疲力竭，它们甚至不能像中国人在长达数千年
的时期里所做的那样，保持其祖先留下的遗产。[1]

1- ［意］利玛窦、［比］金尼阁：《利玛窦中国札记》，何高济、王遵仲等译，中华书局 2010
年版，第 59 页。

海禁时代

或许人们难以理解，郑和下西洋竟然是海禁政策的产物。

《明史·食货志》开篇就说："取财于地，而取法于天，富国之本，在于农桑。"明帝国试图以官方的贡舶贸易来垄断或者杜绝海上贸易。有学者指出，海禁造成的经济损失要大大超过海盗的掠夺。

大明王朝统治者朱棣根本不把贸易放在眼里："商税者，国家抑逐末之民，岂以为利。今夷人慕义远来，乃侵其利，所得几何，而亏辱大体多矣。"（《明史·食货志五》）这种反动的贸易封堵，最后演变成为一场帝国悲剧，反官方的走私贸易从蔓延到失控，最后酿成海洋的灾难。

走私的暴利使人们铤而走险，"其去也，以一倍而博百倍之息；其来也，又以一倍而博百倍之息"（明·顾炎武《天下郡国利病书·洋税考》）。走私集团逐渐与暴力集团合流，从而演变为"海寇商人"——"寇与商同是人也，市通则寇转而为商，市禁则商转而为寇。始之禁禁寇，后之禁禁商。"（明·谢杰《虔台倭纂》）

据明人所撰《汪直传》载，"海寇商人"汪直（王直）在中国无立足之地，乃"造巨舟方一百二十步，木为之城，楼、橹四门备具，上可驰马，容二千人，踞（日本）萨摩洲之松浦僭称徽王"。

汪直鼎盛时代，称霸东海，领众数千，船舶数百，其海上势力无人望其项背。他甚至表示愿意为明帝国征服日本，"事犹反掌也"。他在给嘉靖皇帝《自明疏》中写道：汪直并非歹人，相反，从事海上贸易，与人同利，为国捍边；政府应开放海禁，民可获利，政府可收税；如皇上仁慈恩宥，赦他之罪，得效犬马微劳驰驱，他将扩大贸易，浙江定海外长涂等港，仍如粤中事例，通关纳税，又使不失贡期。

汪直对日本影响深远，正是他开创了日本和葡萄牙之间的"南蛮贸易"，掀开了日本与西洋交往的第一页。但他却被明朝作为海盗设计杀害，最后落得身首异处。

一处民间纪念汪直的塑像旁有一联曰："道不行，乘槎浮于海；人之患，束带立于朝。"

万历二年（1574年），在明朝军队的镇压下，海盗首领

南洋海域常见的广船

林凤亲率战船 62 艘、战士 2000 人（其中有许多是农民和工匠）、水手 2000 人和妇女儿童 1500 多人，装载大量的农具、种子、牲畜离开澎湖，逃往吕宋（今菲律宾）。

换个角度来看，这或许是中国最早的一次武装移民行动。

据西方史籍记载，林凤船队于当年 11 月 29 日抵马尼拉湾。仅仅三年前，西班牙人才占据马尼拉，开设总督府。正当林凤军队与西班牙军队打得你死我活时，福建巡抚刘尧诲派遣把总王望高等来到吕宋，联手西班牙人共同夹击林凤。

内外夹击之下，林凤此次移民活动流产，最后不知所终。

林凤与西班牙人的吕宋争夺战，在中国史书上几乎没有记载，大概这对当时明朝来说，有点微不足道。但反过来看，林凤却让远道而来、立足未稳的西班牙人如临大敌，惊恐不已，故此，这段事情被门多萨用相当篇幅详细记载在他的《中华大帝国史》[1]中。

读历史不能苛责古人，但以今观古，难免让人无限感慨。

当时，英王伊丽莎白的"海狗"们正为大英帝国开疆拓土，大明帝国却奉行"以夷制盗"的统治策略。万历六年（1578年），明廷兵部臣僚犹叹："近日剧贼林道乾、林凤等浦逃岛外，尚漏天诛。"（《万历实录》卷八十一）

再高的堤坝也挡不住江河奔向大海，官方严厉的海禁并不能完全阻止民间的贸易和航海活动。

明朝后期，民间自发的海上贸易和移民活动愈演愈烈。从1570年至1642年，平均每年有25艘中国商船到达马尼拉。当时官方记载可见一斑，"近海之民走海如骛"，"贩儿视浮天巨浪如立高埠，视异域风景如履户外，视酋长戎主如抱尉。海上安澜，以舟为田"[2]。

仅仅十余年，马尼拉的华人移民就从万历初年的150人增加到上万人。

1- ［西班牙］胡安·冈萨雷斯·德·门多萨：《中华大帝国史》，孙家堃译，中央编译出版社2009年版。

2- 张燮：《东西洋考序》，中华书局1985年版，第17页。

万历二十一年（1593 年），菲律宾的西班牙当局为了争夺香料贸易，强征 250 名华人，远征南方摩鹿加，与荷兰人作战。据《明史·吕宋传》记载："蛮人日酣卧，而令华人操舟，稍怠辄鞭挞，有至死者。"华人不堪虐待，半夜举事，杀死了西班牙总督拉维扎列斯，有郭惟太等 32 人逃回中国。明廷闻报，将郭惟太等人逮捕后，送回马尼拉。

　　明廷此举，无疑为后来针对华人的悲剧埋下了伏笔。

制造"倭寇"

在很大程度上，正是海禁制造了海盗，反过来，海盗泛滥又使帝国进一步加强了海禁。

明孝宗弘治十三年（1500年），建造两桅以上帆船即可被处死；25年后，朝廷销毁了所有海船，并大肆逮捕船主。嘉靖二十六年（1547年），浙江巡抚朱纨以铁腕治理海禁，一次查获走私后，将所有96名船夫"就地正法"。[1]

明朝的海禁不只是不许造船和不许下海，而且让沿海地区的人迁移到内地，使距海50里的沿海地带成为"无人区"。朝廷希望用这种办法禁绝海上贸易，也让海盗得不到给养和藏

1- 明初朱元璋规定："若奸豪势要及军民人等，擅造三桅以上违式大船，将带违禁货物下海，前往番国买卖，潜通海贼，同谋结聚，及为向导劫掠良民者，正犯比照已行律处斩，仍枭首示众。"景泰年间，明政府又对福建民用船尺寸作出严格限制："其近海违式船只，皆令拆卸，以五六尺为度，官位印照，听其生理。"嘉靖年间又要求："查海船但双桅者，即捕之，所载即非番物，俱发戍边卫。"直至清代康熙年间，清廷仍严令规定："如有打造双桅五百石以上违式船只出海者，不论官兵民人，俱发边卫充军。该管文武官员及地方甲长，同谋打造者，徒三年；明知打造不行举首者，官革职，兵民杖一百。"

身之处。这种措施对海盗毫无意义。明朝中后期，从海上入侵的倭寇成为灾难。

利玛窦说，中国人很怕倭寇。倭寇完全是走私贸易派生出来的产物，他们想要的只是丝绸。[1] 从实际情况来看，是一些走私集团雇佣日本武士，袭击中国东南沿海。

一支50人的倭寇小队，竟能"转战三千余里，所向无敌"。这些倭寇也并不全是日本人，据说数万"倭寇"中，漳州和泉州人占其大半。[2] 甚至说，一些奉命"平倭"的官兵比"倭寇"更凶残、可怕，他们不仅滥杀无辜以冒军功，他们中的有些人干脆自己就是"倭寇"。

在澳门地区遭遇明朝海军的人经常性命不保，明兵往往杀死船上所有人，谎称受害者都是"倭寇"和"盗贼"。

终明之世，军人利用自己靠近海防体制的优势牟利自肥。参与走私的官兵"胆大妄为"的程度有所不同——或偷偷摸摸，或稍加掩饰，或明目张胆。但在明朝近三百年的历史中，状况并非一成不变。

明代中叶，倭患一度加剧，随后朝廷调整了相关的贸易

1- 明代浙江巡抚刘一焜在《抚浙行草》卷一"严禁通倭"里记述道：倭人首欲得输出禁止的缎匹（丝绸），次为绸绢、纱罗，丝绵亦重要。

2- 《明史·日本传》中说："大抵真倭十之三，从倭者十之七。"《嘉靖实录》说："盖江南海警，倭居十三，而中国叛逆居十七也。"明人张瀚在《松窗梦语》中有关倭寇人员的构成记述如下："自后闽、浙、江、粤之人，皆从倭奴，然大抵多华人，奴仅十之一二。彼贪中国贸易之利，或附贡舶，或因商舶；其在寇舶，率皆贫穷。"

明代嘉靖年间画家仇英所绘《倭寇图卷》

管制条例。欧洲人的到来使问题复杂化。但有一件事没有改变：军官及其部下利用自己在一个规管制度——军队——中的有利地位，在另一个规管制度——国际贸易体制——中捞取好处。

镇守东南沿海地区的士兵，主要的军事任务是维持海上秩序、消灭走私和海盗行为。平定"倭寇"是他们的职责所在，但他们当中的一部分人，却正是那可怕的"倭寇"。

在东南沿海，很多官兵及军属利用自己在军队中的关系，通过走私或海盗活动发家致富。[1]

1- [加] 宋怡明：《被统治的艺术》，钟逸明译，中国华侨出版社 2019 年版，第 151 页。

郑和时代曾经位居世界一流的明朝海军，到百年之后的嘉靖年间，"沿海战船皆敝败，十存一二，急则募渔船，兵非素练，船非专业，见寇舶至，辄望风逃匿"[1]。事实上，面对海盗，明朝根本无力进行海上追剿，只能在大陆内地的城镇进行打击。戚继光最擅长的就是拔城攻寨。

著名汉学家费正清在《中国：一部新历史》中对后郑和时代如此评价：

> 明朝海军力量式微，一度只准兴建小船，因此为海盗横行中国南方海岸开启了大门。这些海盗表面上是日本人，实际上大多是中国人。明朝并没有反击，而是大费周章地强迫中国人撤离沿海，企图饿死海盗，却白花力气。这种国防政策还包括限制外贸，规定所有外来商贸都要装成进贡的模样。……总之，反商和排外情绪占了上风，中国从世界舞台上退下。

明穆宗隆庆元年（1567年），明廷终于决定"鉴前辙，开市舶，易私贩而为公贩"，史称"隆庆开关"。持续200年的海禁宣告废止，倭寇之害随之远去，东南沿海出现了前所未有的繁荣景象。

1- 陈懋恒：《明代倭寇考略》，人民出版社1957年版，第37页。

与此同时，抗倭名将戚继光被调往北方长城拒敌蒙古。

从全球史眼光来看，明朝开放海禁的背景是葡萄牙人、西班牙人已经来到东方，和他们一起到来的，还有大量的美洲白银。

1557 年，葡萄牙人获得澳门的居住权，中国身不由己地卷入形成中的全球贸易网中。

在倭寇走私活动中，浙江东部的双屿港曾经兴盛一时，这里吸引了许多葡萄牙人，他们给倭寇带来先进的西洋枪炮，一度对明朝官军造成了严重威胁。有人认为，正是为了釜底抽薪，分化葡萄牙人和倭寇的合作，明朝才决定澳门开埠，让葡萄牙人居住。

隆庆开关之后，中国很快就回到全球贸易的中心地位，中国的丝绸、瓷器风靡欧洲。晚明短短的数十年间，因海外贸易流入中国的白银高达三亿多两，相当于全球白银总量的三分之一。与此同时，西方先进的科学文明和火炮技术进入中国后，也极大地改变了原有的军事文化生态。

这一切都是郑和七下西洋所未曾实现的。

第六章　地理大发现

维京海盗

与中国传统文化不同，无论是荷马时代还是亚里士多德时代，海盗在欧洲似乎都是人们心目中的英雄。

《荷马史诗》中的英雄阿喀琉斯说："在这美好的特洛伊平原，毁灭十一座城市，我从这些城堡得过无数美好的财物。"和阿喀琉斯一样，奥德修斯也有一段风光的海盗生涯，依靠对埃及的劫掠完成原始积累，后来当上了国王。

据说亚历山大大帝曾经审问过一名海盗。问他为何做海盗。这名海盗回答说：其实你我做的是同一件事，只不过我仅有一条小船，而你有一支军队，所以我是海盗，而你是国王。中国古语中也有类似的话语，如"窃钩者诛，窃国者为诸侯"，或"成者为王，败者为寇"。

在欧洲，海盗真正成为一种海上势力，还是在罗马时代的地中海。

从公元前 2 世纪开始，海盗就搞得地中海危机重重，他们甚至俘获了炙手可热的古罗马统帅尤利乌斯·恺撒，逼迫其交了 12000 枚金币的赎金。公元前 67 年，古罗马统帅庞培率领 12 万士兵和 5000 艘战船，一举消灭了地中海海盗，从此地

罗马银币上的桨帆船

中海被罗马人称为"我们的海"。[1]

公元 8 世纪时，商业共和国威尼斯崛起，但他们时常遭遇到克罗地亚海盗的骚扰和袭击。这些斯拉夫人盘踞在亚得里亚海，让威尼斯商船每一次远航和归来都战战兢兢。后来，担任威尼斯执政官的奥西奥罗组建了一支庞大的舰队，终于击败海盗，使亚得里亚海畅通无阻。

回顾历史，欧洲与中国有极其相似的一点，那就是同样一直遭受北方野蛮部落的侵袭，不过这些北欧的野蛮人并不是骑在马上的草原部落，而是驾船而来的海盗。因此，北欧的斯堪的纳维亚人就变成了可怕的"维京人"——Viking 即"海盗"之意。

因为距离肥沃新月地带最近，欧洲文明从希腊和地中海开始。而农业文明从南方传到欧洲北部的斯堪的纳维亚，则要晚

1- 讽刺的是，几年后，海盗再次在西西里兴起，而海盗首领就是庞培的儿子。

得多。与地中海地区相比，高纬度的北欧发展迟缓，一直是欧洲最为偏远的蛮荒之地，人们多以渔猎为生。

公元5年，一支罗马舰队在日德兰半岛登陆，斯堪的纳维亚原始部族这才与欧洲主流世界发生了第一次接触。

但此后，北欧对欧洲的影响远远超出人们的想象。

由于北欧——特别是斯堪的纳维亚地理位置处于近海和外海，海况比地中海复杂危险得多，因此航海事业一旦起步，其进步的速度反而更快。

北欧人烟稀少，到处遍布着广袤的森林，这使北欧人特别擅长木材加工，从而拥有精良的造船技艺。8世纪以后，桅杆、船帆和龙骨等重要技术在北欧已得到广泛使用，北欧人由此成为傲视欧洲同侪的航海家。

很久之前，船就成为维京精神的重要象征。

随着航海时代到来，斯堪的纳维亚人发展出吃水很浅且操纵性极佳的桨帆快船，满载毛皮、蜂蜡等奢侈品南下，与欧洲其他国家的人进行贸易。这种船不仅在大海如鱼得水，而且还能方便地停靠浅滩和驶入内河。

在地中海的腓尼基人远航北欧一千多年后，北欧的维京人终于驾着他们的桨帆船来到地中海。与腓尼基人、希腊人和罗马人的船相比，维京人的桨帆船更大，也更结实，而且其航行速度要快得多。

维京人的海船制作极其精良，堪称艺术品。

维京船制造龙骨的材料取自高大笔直的橡树。龙骨中部做成弧形，以增大承重量，而龙骨两端则逐渐变窄，形成流线型通道。船肋骨也由结实的橡木制成，材料全部取自天然弯曲的木材。

维京船大致可分为战船和货船。货船为完全的风帆船，高大宽敞，10多米高的桅杆上悬挂方形横船帆，并可以用索具调整帆的角度，灵活地利用风力，在波涛汹涌的大西洋乘风破浪，如履平地。

战船为桨帆长船，没有龙骨，结构很简单，轻便而坚固。一条长船可承载100人，但只需15人驾驶，就能在海上航行，行动极其快捷。这种快船平均航速为4节，顺风顺流时，速度可以高达10节。

在天气晴好的日子里，维京快船一天能走90到150海里，也就是说，只要两天时间，就能从挪威的卑尔根到达设得兰群岛，一个星期就能到冰岛。这对公元后第一个千年的劫掠者来说，确实算得上短途，由此也导致暴力沿着海面迅速扩散开来。

维京人的崛起象征着大西洋时代的来临，欧洲的中心开始从地中海北移。在未来的日子里，濒临大西洋的西欧将成为欧洲的中心。

维京人——或者说丹麦人、挪威人、瑞典人和其他北欧民族，在公元8世纪时，他们的社会形态与公元5世纪来到不

北欧海盗船

列颠的盎格鲁－撒克逊人十分相似，他们都是一种原始民主制度下的部落战士。

维京人的船就好比蒙古人的马，他们来去如风，时聚时散。在好勇斗狠的维京人势力范围内，特别是海上，其他欧洲人根本不是他们的对手。维京人的袭击靠的是速度，而不是他们的兵力，他们在人数和武器上并不占优势，也没有盔甲护身，因此他们一般避免进行激战。

维京人从来不反对谈判。对维京人来说，战争与贸易是同一件事，所谓贸易，不过是为劫掠铺路，既然通过暴力就可以唾手而得，那么就用不着拿珍贵的毛皮去交换了。

这些北欧人打着贸易的名义，驾驶着船队，潜入欧洲海边和河边的城镇，大肆抢劫，积累起巨大的财富。

"维京人"现象的背后有一定的地理因素，因为北欧地区可耕地稀缺，维京人不得不向海外发展，以取得财富。为防护商品免受海盗掠夺，他们成立舰队进行自卫，后来逐渐走上海盗之路，"维京人"遂成了当时欧洲"侵略"的代名词。

丹麦金

在欧洲大陆，罗马帝国崩溃后，罗马人修建的道路因为失修而荒废。陆路走不通，很多临近河道海滨的城镇，依靠水路迅速发展起来，成为欧洲最富裕的地方。对此，维京人的桨帆战船可以从海上和河道上进行闪电式突袭。他们迅速登陆，制服反抗，然后在组织救援到来之前，运走俘虏和劫掠品。

对于抢了就跑的海盗来说，海洋是最好的通道。

因为维京人的船可以在最浅的河流中航行，以往被视为海盗无法企及的许多内陆城市，那时都落入维京人的攻击范围。再加上法兰克内战导致查理曼帝国分裂瓦解，欧洲的国王力量根本无力防御这种不确定的闪电袭击，而占据城堡之利的骑士阶层却因此增强了权力。

具体说来，维京人的海盗历史始于公元 793 年 6 月 8 日，他们对富裕但不设防的英国林德斯法岛修道院进行了袭击。《盎格鲁 – 撒克逊人编年史》记载，维京人 "惨无人道地劫掠蹂躏一切东西，挖开祭坛并将这座神圣教堂里的所有珍宝洗劫一空"。

从此，英格兰、爱尔兰、葡萄牙、日耳曼、意大利和法兰西就不断地受到骚扰，三百多年血雨腥风的北欧海盗时代由此来临。以后每年夏天风平浪静，被称为"海狼"的维京人就不请自来，然后在秋天满载而归。

查理曼之后，法兰克王国历代君主软弱无能，这让维京海盗有恃无恐，为所欲为。

公元 845 年，维京人驾驶着 120 艘桨帆战船，溯塞纳河而上，攻陷巴黎，从法兰克国王"秃头"查理手上，拿到了7000 磅法兰克银币的赎城费。此后，收取这种"丹麦金"就成为维京人的家常便饭。

公元 880 年，法兰克王国旧都亚琛也被海盗占领，豪华的宫廷教堂成为维京人的马厩。最后，维京人带着沉重的战利品缓缓离去。这场胜利之后，信心大增的维京人开始改变策略，由季节性掠夺转为定居。

以前是来去匆匆，如今是来了便不走。

中国古代也有响马和强盗，人们将他们分为流寇和坐寇。从经济学角度来说，一个流寇变成坐寇，他会基于长远的利益眼光进行统治。既然在一定区域内能够依靠暴力保护人民不受外来侵略，那么收取保护费就是正当的。既然能够提供暴力这种公共品，那么这个暴力集团也就逐渐变成了国家。

《战争、枪炮与选票》一书提出这样一个观点：

> 我们首先假设在一个没有政府的原始社会中，社会由许多情况相同的家庭构成。现在这个社会有一点差异。有的人更擅长生产劳动，有的人体格更强壮。请问在四种人当中，不擅生产但是身强体壮的人会如何谋生？他们会抢劫那些生产力高但是弱小的人。这些生产力低的壮汉放弃劳动、专事抢劫，变得越来越擅长于暴力。暴力也是一门技能。专门从事暴力的人就有一种优势。[1]

随着技术的发展，暴力往往会呈现出专业化趋势，并形成规模经济效应。因此，当海盗生涯越来越驾轻就熟，维京人干脆将劫掠变成彻底征服，在欧洲建立了维京王国，当起了统治者。

一部分维京人向东驶入波罗的海，深入伏尔加河和第聂伯河，直达黑海和里海，建立了基辅公国。这些维京人被斯拉夫

1-［英］保罗·科利尔：《战争、枪炮与选票》，吴遥译，南京大学出版社2018年版，第160页。

人称为"瓦良格人"（意为商人），芬兰人则叫他们"罗斯人"（意为北方人），这就是俄罗斯的起源。[1]

一部分维京人于911年从法兰克国王手中得到了诺曼底。作为交换条件，他们将以封建领主的身份效忠国王，并保证放弃袭击。随着时间推移，诺曼底的维京人定居者逐渐在语言、文化等方面成为法国人，并为法兰西武器系统中增加了重型骑兵。

另一批维京人穿越直布罗陀海峡，进入地中海，袭击了富饶的意大利半岛，建立了西西里王国。

在征服的过程中，野蛮的维京人与当地人通婚，并皈依基督教，逐渐被同化，这与蒙古人在中亚的结局非常类似。

10世纪统一丹麦的国王蓝牙哈拉德成为一名基督徒后，他的孙子克努特不仅加冕为英格兰国王，而且还建立了包括今丹麦、挪威、英格兰、苏格兰大部和瑞典南部的北海大帝国，被尊称为"克努特大帝"。

克努特的统治也是北欧海盗最后的辉煌。除了一部《克努特法典》，他还留下一个典故：有人为了谄媚克努特，说克努特大帝是海洋的统治者，连海洋也会听从他的命令；克努特予

1- 据说在公元862年，诺夫格罗德的斯拉夫人推举自己国王的努力失败后，他们决定请一个外国人来做他们的国王，最后"请来"的是居住在瑞典的一支日耳曼部落，他们称之为瓦良格人。就这样，瓦良格人南下征服了东斯拉夫人。

银币上的克努特大帝

以斥责，称上帝才是大海的统治者，国王的权力只是很小的一点点。

在 1066 年的黑斯廷战役中，来自诺曼底的征服者威廉率领舰队跨越英吉利海峡，打败英国国王哈罗德，并征服了英格兰。

在公元 878 年前后，英格兰就一度沦为维京人的殖民地；1013 年，斯韦恩率领的维京人也短暂地征服了英格兰。由于哈罗德的母亲是维京人，他本人有一半维京血统。威廉和他的军队也都是当年的维京人后代，但他们已经完全讲法语。从此，英国有了一位讲法语的国王和一个诺曼王朝。

黑斯廷战役标志着维京人劫掠时代的终结。去掉野性的维京人已经登堂入室，成为欧洲人的国王。

　　同时，随着欧洲各国国王势力的增强，维京人的入侵逐渐遭到有力的打击。这样一来，战争又变成了贸易，挪威重新又成为一个受人尊敬的贸易伙伴。野蛮的维京人变身为欧洲骑士和绅士。

　　对中世纪的欧洲来说，或许挪威的鳕鱼比海盗更加知名。

　　为了防备海盗及免于苛捐杂税和讨厌的立法，北方的商人组织了一个保护性的同盟，这就是著名的"汉萨同盟"，总部设在德国北部的吕贝克。这是一个一百多个城市自愿结合的组织。这个组织还拥有自己的舰队，在海域巡逻，在英国和丹麦国王胆敢干涉强大的汉萨同盟会的商人的权利和特权时，他们居然与之交战，并且还取得了胜利。[1]

1-［美］亨德里克·威廉·房龙：《人类的故事》，刘缘子、吴维亚等译，三联书店1988
　　年版，第214—215页。

三角帆

人类对海洋的探索从独木舟和木筏开始。随着造船技术的发展，船越来越大，直至出现了平底单层甲板的大船。

在大多数历史中，这些古老的船都使用桨作为主要动力。

随着远航贸易的出现，以力量更加巨大的风帆代替肌力划桨、以封闭的巨大船舱代替狭小的单层甲板，逐渐成为一种大趋势，一个风帆时代就这样不可避免地来临了。

在铁路出现以前，人类在陆路旅行和运输的唯一动力是人畜的体力。同样，人类在水路航行中，也是从人体的肌肉力量开始的。

在古老的巴比伦传说中，英雄吉尔加麦西在企图漂洋过海时，摆渡的人要他制作一根长篙。他将 120 根长篙接起来，也撑不到海底，于是吉尔加麦西便脱掉身上的衣服，举起双臂当桅杆，用衣服做帆，站在船上，随风而去。

实际上，早在文明时代开始之前，人们在水面挥舞船桨竹篙驶船时，就已懂得利用风力鼓动风帆，以解放他们的体力。

在蒸汽机出现之前，水力和风力是人类所能利用的最古老的自然力。

以代表最高造船技术的古代战船为例，可以大致划分为桨帆时代和风帆时代。

桨帆时代的船型较瘦长，吃水较浅，干舷较低，主要靠人力划桨，或摇橹推进；顺风时辅以风帆，风力仅仅起着辅助作用。

桨帆时代基本与冷兵器时代重合。桨帆战船的武器装备为冷兵器，海战战术多采用撞击战和接舷战。

因为船桨限制了船舷的高度，这种低舷船只能局限于风浪较小的内河、湖泊和近海水域内航行作战。

从公元前2世纪的克里特时代开始，地中海的单桅帆船一直没有多大改变。希腊—罗马时代，地中海帆船在埃及人和腓尼基人造船技术的基础上发展出"长船"和"圆船"两种船式。长船为桨帆战船；圆船为风帆商船，长宽比为5:2，吃水比长船深。

圆船虽然笨拙，但却主要靠风帆来推动，从早期的一桅一帆发展到后来的多桅多帆，顺风和45°角以内的侧风都可以

有着巨大风帆的圆船

推动船航行。

高大的圆船具有宽而深的船舱，为装载货物提供了充裕的空间，这使它有极大的承载能力。罗马运送大宗谷物的贸易商船长 27 米，宽 9 米，可运载 250 吨货物，或者 300 名乘客。这种被称为柯克船的圆船应该算是较早的帆船。

其实圆船也有桨，但与桨帆船不同的是，划桨对圆船仅仅起辅助作用。与一般划桨船相比，风帆船的船体更大，速度更快，操纵更灵敏，同时也更经济，因为它减少了 100 到 200 个划手及其食物和装备，大大增加了存放货物的空间。

当地中海人在桨帆时代裹足不前时，维京人从 8 世纪开始，就已经驾着帆船驶向海洋深处。

这是个优秀的航海民族，风帆带着他们到远海去冒险。他们向南穿过英吉利海峡和直布罗陀海峡，到达地中海，向东到达俄罗斯，往西到达了冰岛、格陵兰岛，甚至北美大陆。

作为维京人的后代，诺曼人的尖底船给欧洲航海技术带来了一场革命——

> 他们的船是一种稳定的、坚固的海船，龙骨凸起，两端尖削；他们在这种船上大都只使用帆，并且不怕在波涛汹涌的北海上受到风暴的突然袭击。……而诺曼人则乘这种船进行了海盗式的探险，东面到达了君士坦丁堡，西面到达了美洲。这种敢于横渡大西洋的船只的建成，在航海业中引起了全面的革命，因此还在中世纪结束以前，在欧洲所有沿海地区就都采用新式尖底海船了。[1]

世界战船从桨帆战船向风帆战船的过渡，整整持续了数个世纪。

对标准的风帆战船来说，其船体也为木质，吃水较深，干舷较高，艏艉翘起，竖有多个桅帆，以风帆为主要动力，并辅

1- 出自恩格斯为 1861 年版《美国新百科全书》写的"海军"词条。《马克思恩格斯全集》（14），人民出版社 1961 年版，第 383 页。

以桨橹。与桨帆战船相比，风帆战船的排水量、航海性能、远洋作战能力均有了较大的提高。

886 年，地中海出现了可逆风行驶的三角帆船。

与维京人的横帆不同，阿拉伯人的三角帆可以在船的横位上做大幅度的转向，逆风时可以像盘山公路一样沿"之"字形蜿蜒向上。三角帆的出现，使船桨迅速成为多余。装备三角帆的船可以充分利用不断变换方向的海风，既能高速航行，又能操控自如。

三角帆是一场革命，对船帆结构和桅杆结构的改进，极大地提高了船只的航行速度和性能。与此同时，中国人发明的新式船尾舵完全取代了过去的舵桨，新的缆索系统也相伴而生。

装备了三角帆和船尾舵的柯克船，其装载能力和续航力都要比桨帆船强得多，逐渐成为地中海的主角。

风帆时代

在中世纪的大部分时间，欧洲基本上是一个没有舰队的世界，这让维京海盗横行一时。

到 11—13 世纪时，城市和远洋贸易开始兴起，再加上轰轰烈烈的十字军东征运动，一些具备规模的舰队出现在两个意大利的商业共和国——威尼斯和热那亚。

与此同时，邻近北欧的尼德兰也借地利之便，发展起了大型商业船队。

由于贸易繁荣，北欧的高大云杉使地中海的船舶趋向大型化，从而可以容纳更多船员和武器。14 世纪末期，地中海战船与维京战船开始融合，搭建了首楼和尾楼的柯克船被改造为早期的风帆战船。

在相当长一段时期内，脱胎于柯克船的卡瑞克船和卡拉维尔船成为主流帆船。

卡瑞克船从一桅一帆演变成为三桅大帆船，排水量已经达到 300 至 500 吨，最大的甚至达到 1000 吨。卡拉维尔船不如卡瑞克船深，前者更多地使用前后三角帆，使船能利用横风行驶。

威尼斯水城

　　哥伦布航海船队中的"平塔"（Pinta）号和"尼雅"（Nina）号就是轻型平底的卡拉维尔式船，而"圣玛利亚"（Santa Maria）号则是装置完善的卡瑞克船。达·伽马开辟印度新航路时的船队也由这两种船组成。

　　15 世纪开始的大航海时代，进一步促进了欧洲造船业及航海技术的革命性发展与变革。古老的桨帆船逐渐淡出人们的视线，经过改进的新式帆船成为大海的新宠儿。

随着海洋时代的来临，早先脆弱的仅有一叶风帆的单桨船基本都被挂满风帆的大帆船所取代。每艘船上至少有 3 到 4 根桨杆，此外船首还有一根斜桨，有 5 片或更多的船帆。

这些配备了指南针和海图的大型帆船，能够轻松对付大西洋上的狂风巨浪，而且无须补给和维修，就能穿越宽阔无垠的大洋；也可以在海上连续航行几个月，直抵任何地方的海岸，甚至能完成整个环球航行。

风帆时代的到来，使西方世界的交通技术被突然提高。

指南针出现以后，航海者在各种气候条件下都能找到准确的方向。随着计时技术的提高，他们也学会了估算航行的速度。航速与方向的测定，使航海者可以轻易地找到正确的航行路线。

与同期的中国宝船相比，中世纪欧洲船的吨位一般都不大，船体也小得多。

1066 年诺曼底人横渡英吉利海峡，所乘战船的载重不过 30 吨。14 世纪的英国船平均载重为 200 吨。在威尼斯，超过 200 吨的船就是大船。

随着帆船技术的成熟，船只规模急剧增长。[1] 在 1450 至

1- 中世纪后期，波罗的海、北海、地中海和黑海之间已经有蓬勃发展的海上贸易。随着贸易的发展，欧洲造船厂不得不建造坚固的大船来运载货物；为了便于操纵，欧洲人又在船上增加了更多的帆和桨柱及尾舵。13—15 世纪，欧洲船舶吨位平均增加了一到两倍。600 吨到 800 吨的圆体帆船，代替了 150 吨到 200 吨的长型单层甲板帆船。

1550 年间，葡萄牙船只的平均吨位至少翻了一番。到 16 世纪中叶，威尼斯的卡瑞克船吨位已经达到 600 吨至 700 吨。

当然，不能简单地以船的大小来判断船的航海能力。

对海船来说，船舶的耐波性、导航技术和续航能力更加重要。最为重要的，则是对风向的掌握。

对帆船来说，对风的利用是航行的必要条件，否则寸步难行。想要到陌生海域航海，就必须清楚掌握该海域的风向。

简单概括来说，欧洲人通过在北大西洋地区的航海经验获得了对北半球风向的知识，并据此推论出南半球的风向是与之对称的，这样就掌握了全球海洋的风向。

此外就是敢于冒险的决心和勇气。在近代以前，穿越太平洋的死亡率一直在 50% 以上，很多人死于坏血病。[1] 但对于像哥伦布这样的人来说，主要是梦想，没有梦想就没有一切。

虽然哥伦布和达·伽马的旗舰都不超过 150 吨，但这并不妨碍他们取得伟大的航海成就。

1- 坏血病也叫维生素 C 缺失症。维生素 C 长期摄入不足，使胶原蛋白不能正常合成，导致细胞联结障碍，使毛细血管的脆性增加，从而引起皮肤、黏膜下出血，医学上称为坏血病。从哥伦布开始，跨越大洋的航海常常在很长时间无法靠岸获得给养，船员无法获得新鲜蔬菜，便发生普遍的坏血病，症状为双腿肿胀、牙齿脱落、意志丧失，严重者可导致死亡。在 19 世纪前，坏血病致死的航海者超过 200 万人，因此有"水手的恐惧"和"海上凶神"之称。直到 20 世纪，人们才了解到坏血病的原因，从而摆脱了死亡的阴霾。

可以毫不夸张地说，没有哥伦布和达·伽马这样的航海者的冒险，人类或许还孤立在各自的大陆上，闭关自守，老死不相往来。

有人或许会问，位于亚、非、欧三大洲"十字路口"的阿拉伯人为何未能成为大航海运动的先驱？

这个问题历史学家给出过很多答案。

一个明显的事实是，阿拉伯人虽然有三角帆，但他们的船却没有钉子，他们是用绳索将木板串接起来的，这样的船根本经不起剧烈的暴风袭击，一旦触礁，船就会立刻解体。

除了文化与政治方面的原因，有人从地理环境分析说，阿拉伯半岛作为阿拉伯人和伊斯兰教徒的故土，虽然它三面临海，但自然条件极其恶劣：这里几乎没有什么航海物资，既没有木材与树脂，也没有铁与纺织品，而这些都是造船所必需的。

对于航海者来说，阿拉伯半岛的地理状况也颇不合适。它没有通航的河流，很少良港，也没有人烟稠密、环境宜人的内陆。海岸周围的珊瑚礁容易使船员遇难，更何况海盗总是出没。另外，就是广袤的沙漠环境让淡水供应严重不足，航船难以靠岸补给，而且终年刮着北风。

黑格尔在《历史哲学》中专门论及地理环境对历史的影响，他说：

大海给了我们茫茫无定、浩浩无际和渺渺无限的观念。人类在大海的无限里感到他们自己的无限的时候，他们就被激起了勇气，要去超越那有限的一切。大海邀请人类从事征服，从事掠夺，但同时也鼓励人类追求利润，从事商业。平凡的土地和平原将把人类束缚在陆地上，让人寸步难离，但大海却挟着人类超越了那些思想和行动的禁锢。

············

人类仅用一叶扁舟，来对付各种危险和暴力，依靠自己的勇敢和沉着，便从固定的陆地来到起伏不定的海面上，脚下是一片人造的地盘。船——这个海上的天鹅，它以敏捷而巧妙的动作，乘风破浪，一路前行。这种工具的发明，是人类勇敢与智慧的结晶。这种超越土地限制、跨越大海的活动，是亚洲各国所没有的，就算他们有更多壮丽的政治建筑，他们也是以海为界，中国便是这样的例子。在他们看来，大海是陆地的中断与尽头，所以他们从不与海发生积极的关系。[1]

1-［德］黑格尔：《历史哲学》，王造时译，上海书店出版社 2001 年版，第 134—135 页。

大航海

自从冰河世纪结束以来，在长达数千年的时间里，人类一直生活在相互隔绝而又各自独立的几块陆地上，没人知道地球是方还是圆，每个人都认为自己生活在世界的中心。

正如中国航海者从来没有到过欧洲，欧洲航海者也对中国一无所知。

在 15 世纪以前，欧洲船基本上都只是围着欧洲的海岸线航行，向东最远不会超过黑海，向南最远到达地中海，向西不会超过英吉利海峡和北海，向北则止于波罗的海。

也就是说，直到 1492 年之前，欧洲的船只仍然没能超越欧亚贸易路线的最西端。

很多历史学家将 1492 年视为人类历史的一个分水岭，从此刻开始，真正的世界史开始了。大航海时代的世界才真正地连为一体。

在此之前，大西洋一直是一道欧洲的栅栏和终点；在此之后，它成为一个桥梁和起点。从那时起，往来频繁的海上贸易和征服改变了欧洲，也改变了这个世界的版图。

法国诗人瓦莱里曾经叹息："欧洲只是欧亚大陆上一块小小的海角啊！"弗洛姆指出，从文化上讲，欧洲是人类最幼小的婴儿，却发展了财富和武器，使它几百年来一直是世界其他地区的主宰。

在郑和之后的一个半世纪中，文艺复兴方兴未艾，人的意识开始觉醒。欧洲人对于人类的居住地，以及在宇宙中所处的位置等传统认知，因此发生了巨大的变化。

作为文艺复兴的重镇，威尼斯可算是一个早期版本的海洋帝国，尤其在海外殖民、海权控制、贸易至上等几个方面，可称是葡萄牙、西班牙、荷兰和英国等后来者的祖师爷。威尼斯为后继者（特别是荷兰和英国）提供了一个榜样，那就是小国也可以通过帆船航海来称霸全球。

在威尼斯之后，地中海已经放不下欧洲人征服世界的雄心。

借助帆船，人类的足迹几乎踏遍了所有大洋之滨，文明世界的范围突然间扩大了。欧洲由此成为亚洲、非洲和美洲之间的中心。

虽然欧洲具有临海的地理特点，但促使欧洲人下海的一个重要前提，是造船技术，这使他们更易于开展跨大陆航海探险和跨大陆海战。尤其是西欧，他们可以接触到两套独特的航海造船传统，一套是来自地中海，另一套是来自大西洋、北海和波罗的海。

在 14—15 世纪，葡萄牙人结合了双方的特点，先是创造出小型轻快帆船，之后又创造出卡瑞克帆船，使他们能够沿着非洲海岸远航。

小型轻快帆船借鉴地中海造船技术，尺寸介于桨帆船和大西洋商船之间。卡瑞克帆船体型更大，有更大的空间装载货物，此外还拥有更强的顺风航行能力。

欧洲在经济上的自由主义、在政治上和军事上的多元化以及知识自由的结合，这些因素不断互相作用，最终造成了"欧洲的奇迹"。此外，欧洲有历史悠久的远征传统。在某种意义上，海外扩张只是这一传统的继续。

"欧洲没有一个国王颁布禁令，禁止海外冒险事业；相反，各民族君主国展开了狂热的竞争。"用历史学家彭慕兰在《大分流》中的说法，海外征服本身就是欧洲内部激烈的军事竞争的结果。

但在中国指南针和阿拉伯三角帆技术传入之前，欧洲人是不会到世界"边缘"去冒险的。

13 世纪之后，船尾舵代替了陈旧的、低效率的边舵。此外，欧洲人还发明和改造了诸如罗盘、六分仪、海图、三角帆、三桅帆船等工具或技术，发现了大气环流（季风）系统，特别是虚拟经纬度的创立和三角函数理论的发展，使得欧洲人从思想上超越东方世界，同时也具备了在各种复杂气候条件下进行远航的能力，不再"靠上帝和推测航行"。

在郑和船队第一次进入印度洋时，欧洲刚刚从黑死病的灾难中慢慢恢复过来，古希腊文明的火种照亮基督教世界的天空。

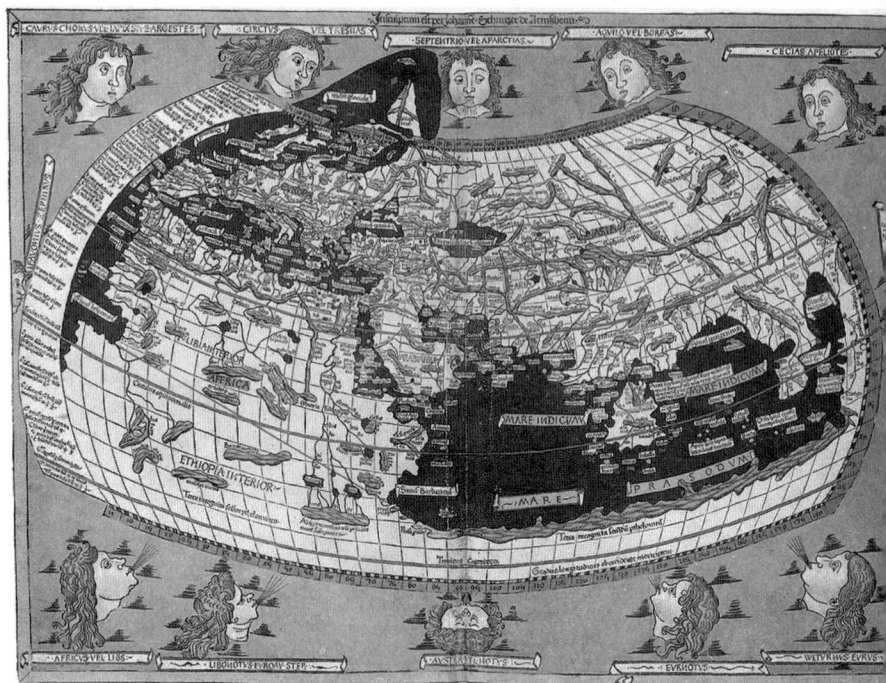

古希腊地理学家托勒密绘制的世界地图

在文艺复兴的大背景下，已经尘封了 1200 多年的《地理学指南》在欧洲引发了一场地理革命——古希腊天文学家托勒密地圆说彻底打消了航海家从地球摔向地狱的忧虑。

以今天的眼光来看，这本著作中由托勒密绘制的世界地图谬误百出。比如，非洲和南极紧紧相连，除欧洲、亚洲、非洲以外，世界是一片漫无边际的海洋，赤道没有动植物生存，等等。

卷五 帆船、海盗与世界

但比起那些神话传说来，它至少提供了一个可靠的地理信息——只要绕过非洲大陆，就可以到达富饶的东方，那里有无数的黄金和香料。

我们现代人看这段历史，最为感到惊奇的，并不是大航海所发现的黄金和香料，而是那种跨越海洋去冒险的狂妄的冲动。

人是陆地动物，即使航海技术已经有了很大的进步，但仍不足以改变一直以来这个残酷事实——远距离的航海，如同一场死亡陷阱里的游戏，这甚至比 20 世纪的月球探险更加危险。

海上探险充满苦难与死亡。除了导航时计算错误而走上死路的风险，还有就是驾船航行万里，船身漏水和索具松脱是家常便饭，就连船锚也容易遗失。

根据葡萄牙官方记录，1580 年至 1610 年，约有 35 艘贸易船毁损。1550 年至 1650 年，葡萄牙因失事或遭敌人攻击，共损失约 130 艘船。同样，1601 年至 1620 年，从英国出发的 81 艘远洋船，最后仅有 35 艘返回英国。

对葡萄牙这样的小国来说，向东方进行远洋探险更是无比艰难。

船队每次出发，都需要根据大西洋和印度洋的季节风向，选择特定日期和行程路线，同时计算好返程时间。一旦错过合适的季风，就可能再等上很长时间。即使一切顺利，往返需要的时间也在一年以上。

打个比方，就像是如今的宇宙飞船，要通过捕捉行星轨道的最近距离，来完成星际航行。

让人们离开熟悉而温暖的土地和家园，挤进狭窄肮脏的船舱，在看不见陆地的大海上，借助海风，向着一个一无所知的地方漂荡，这是一种什么样的精神和决心？然而，在15、16世纪，在西欧就有许多人，他们却将此事当作生命中最有意义的事情。

"为了像所有男子汉都想要做到的那样，为上帝和皇帝陛下服务，将光明带给生活在黑暗中的人们和发财致富"，欧洲征服者驾着帆船出发了。

好望角风暴

历史虽然古老，但在大航海之前，所有的历史都是地区史。大航海不仅改变了人类对世界的认知，也改变了历史本身，超越国家和民族的全球史因此而诞生。

当美国学者斯塔夫里阿诺斯写作《全球通史》时，直接以大航海作为历史分界线，一部世界史，被他分为"1500 年以前的世界"和"1500 年以后的世界"。

好奇心是人的一种本能。大航海的心理动机就是人的好奇心。一个有思想、有理想的人，都会对陌生的土地、从未见过的风景和未知的未来，充满期待和向往。

在这场风帆时代的大航海运动中，位于地中海和大西洋之交的葡萄牙先拔头筹。葡萄牙人率先踏上了这场走向世界的海洋征途，并将探索和征服海外异域的观念扩散到整个西欧。

在郑和从索马里带回长颈鹿并博得永乐皇帝龙颜大悦这一年，即 1415 年，欧洲边缘葡萄牙的国王若奥一世出动战船 200 艘、海军 1700 人、陆军 19000 人，以突然袭击的方式，占领了直布罗陀海峡南岸的休达城，控制了地中海与大西洋的交通咽喉。

休达城战役成为葡萄牙崛起的一个标志，也使清教徒亨利王子一战成名。

终身未婚的亨利王子以十字军骑士的热情，投入航海兴国的宏伟梦想之中。为了探索未知的非洲大陆，亨利亲自参与海船改进，并创建了航海学校。他改进了中国的指南针，创造了大三角帆的卡拉维尔轻帆船。

这种小型轻快帆船长20多米，重达80吨，易于操作，可逆风行驶，适合远洋航行，对于开拓非洲海岸线是理想之选。在未来的日子里，卡拉维尔轻帆船载着葡萄牙人驶向世界。

房龙赞扬他说，真正的伟人同一般的伟人之间的差别，是前者从不仓促促行事，亨利编绘地图就像克莱斯勒拉小提琴。亨利王子花了数十年时间，用骑士团的资金资助了一系列走向世界的航海探险。到1460年亨利时代结束，葡萄牙帝国的商业触角已经延伸到赤道附近的非洲西海岸。

葡萄牙人一登上非洲海岸，立即开始把非洲黑人变成奴隶。所有后来的西欧帝国创立者们都干过这种罪恶的勾当。

在非洲，葡萄牙人用玻璃珠子和镜子换取奴隶和黄金，非洲西海岸变成了黄金海岸、象牙海岸、花椒海岸、奴隶海岸。强大的海权带来的是滚滚的财富，东方的象牙、香料和黄金如潮水般涌入葡萄牙。仅仅数十年间，葡萄牙就依靠航海，从一个传统的农业国，一跃成为欧洲最富有的国家。

在前工业时代，建造大量的海船花费甚巨，但这笔投入对葡萄牙这样国土狭小的国家还是非常划算的。一支舰队所需要的费用可以从政治和经济两方面来获得回报，而陆军最多只具有政治效用。仅从成本比较，海洋帝国对陆上帝国就具有很大的优势。

随着海上贸易的发展，葡萄牙的海军力量迅速膨胀，大西洋上新发现的马德拉群岛、亚速尔群岛和佛得角群岛，陆续并入帝国版图。

自从 1453 年君士坦丁堡沦陷以后，处于欧亚大陆边缘的西欧，被不可逾越的大西洋和可怕的奥斯曼帝国夹在中间，近乎封闭起来。欧洲人失去了通过地中海和波斯湾前往印度及中国的海上通道和陆上通道，不得不去寻找一条新的贸易路线，以获得东方的香料和黄金。

与此同时，印刷术的发明也使古代地圆学说得以广泛传播，促使勇敢的思想家和探险家们梦想绕过非洲，或横越神秘的大西洋，从而到达远东。

1487 年，由三艘小帆船组成的葡萄牙舰队终于率先绕过了非洲的最南端。舰队首领迪亚士将这个可怕的海角取名"风暴角"，若奥二世则认为这是一个"好望角"——终于看到了去东方的海路。

葡萄牙罗卡角的亨利王子纪念碑

在此之前，有不少人认为，从欧洲到东方是没有海上航线可通的。

"陆地在这里结束，海洋从这里开始。"葡萄牙的罗卡角作为欧洲的"天涯海角"，是无数远航者对陆地的最后记忆。很久以来，这里就是"世界的尽头"。如今，这里立着一座船型的纪念碑——"献给亨利和发现海上之路的英雄"。

几乎与郑和船队长达 28 年的航海运动同时，亨利王子的船队也在大海中漂泊了 21 年，最终改变了葡萄牙，也改变了世界。

与中国郑和豪华的混合舰队相比，亨利王子的帆船，无论体量还是数量，都不足前者的 1/10，几乎微不足道。但后者不是为了耀武扬威，而是为了冒险、探索、掠夺、征服、贸易和宗教。如果说前者代表着唯我独尊和王道传统的古代，那么后者就代表着重商主义和殖民主义的近代。

就这样，大航海拉开了近代史的序幕。

从经济史来说，船舶是资本主义形成的重要因素之一。作为投资巨大、技术复杂的机器，一艘远洋帆船就相当于一个车间或者一家工厂。资本家从每一次航行中获得收益，而船员获得工资。

从这一点来说，船员也是工人阶级的先驱。布罗代尔将大航海时期的欧洲称为"无产阶级大陆"是有一定道理的。

除了一些海盗船，一般船员都是经招聘而来的自由工作者。他们生活在狭小局促的空间里，按照不同的分工，进行标准化的操作，同时也受到各种严格的纪律约束和监视。

可以说，从大航海开始，近代资本主义生产模式就已经在海上渐成雏形。

哥伦布的错误

　　当大海被帆船征服之后，陆地反倒成为一种无法逾越的障碍。既然地球是圆的，那么完全可以向西直接到达东方，而不必绕行遥远的非洲大陆。

　　好望角诞生之际，热那亚人哥伦布带着这个"聪明"的航海计划来到葡萄牙。但航海知识极其丰富的葡萄牙学者们认为：向西航行到达东方的距离远远超过绕行好望角。[1]

　　毫无疑问，拥有世界最大海图资料库的葡萄牙人是正确的，但正是这个正确，使葡萄牙王国失去了一次伟大的机遇。

　　天文学家兼地理学家托斯康内利曾告诉哥伦布："通过大西洋到黄金和香料王国，是一条比葡萄牙人所发现的沿非洲西海岸的道路更短的途径。"哥伦布对此坚信不疑，他将地球周

1- 早在公元前205年，亚历山大时代的希腊科学家埃拉托斯特尼就准确地推算出了地球的半径。事实上，从里斯本向东到马六甲的距离超过1万公里，地球的周长为4万多公里，因此从里斯本向西到马六甲的距离就将近3万公里。按照托勒密的计算，从欧洲向西到达中国有2万公里之遥。如果以4节的航速计算，单程就需要4个月以上，对当时欧洲那种续航能力极其有限的小型帆船来说，要活着在海上航行这么久是不可能的。

长估为 27000 公里，欧洲到中国的陆地距离为 2 万公里，按此计算，那么海洋距离就只有 7000 公里。马可·波罗说中国东边 1600 公里是日本，那么欧洲到日本的距离就只有 5400 公里。

实际上，哥伦布估计的只是实际距离的 1/4，如果不是发现新大陆可作补给，哥伦布那个著名的船队必将有去无回。正如 18 世纪法国地理学家让·安维里所说："一个极大的错误导致了一次极其伟大的发现。"

许多历史事件都有一定的偶然性。当哥伦布向葡萄牙国王及其幕僚们热情推销他的伟大计划时，迪亚士恰好从好望角回到里斯本（1488 年）。迪亚士认为印度洋近在眼前，跨越大西洋的方案便被葡萄牙人暂时搁置了。

在葡萄牙碰壁后，哥伦布转而来到刚刚收复格拉纳达的西班牙，与西班牙王室进行了三个月的游说和谈判。最终，哥伦布获得了成功。

伊莎贝尔女王承诺，作为发现地的统帅，哥伦布可以获得发现地所得一切财富和商品的 1/10，并一概免税；对于以后

哥伦布发现新大陆

驶往这一属地的船只，哥伦布可以收取其利润的 1/8。

1492 年 8 月 3 日，"海军大元帅"哥伦布率领三艘小帆船离开帕洛斯港口，被浩荡的东风送向大西洋深处。

与财大气粗的郑和舰队相比，哥伦布岂止一个寒酸了得。其最大的旗舰圣玛利亚号的排水量也不过 250 吨，长 27 米，而郑和宝船则近万吨，长 136 米。即使这样，伊莎贝尔女王为了资助这次前途未卜的航海，甚至典当了自己的首饰；而哥伦布为了证明地球是圆的，将鸡蛋立在了桌面上。

在接下来的日子里，哥伦布的帆船以前所未有的勇气一直向西、向西，开始了看不见陆地也不知道终点的航行。

为了减少船员的恐惧，哥伦布用欺骗的手段，偷偷调整计程仪，故意减少航行里程。即使这样，前途漫漫、毫无所获的船队在两个月后，还是走到了近乎绝望的崩溃边缘。

10 月 10 日，恐惧和愤怒的船员们

以叛乱相威胁，阻止船队继续向西航行。

经过艰苦的谈判，哥伦布最后只得恳请再航行三天，三天后如果还看不见陆地，船队就返航。

在那个年代，越洋远航是一场昂贵的冒险。从一开始，这就是一场伟大的赌博，而哥伦布就是那种传说中的幸运儿。两天之后，那些在两天前还反对他的水手突然在桅杆上高喊："陆地！陆地！"

这一天是 1492 年 10 月 12 日。这一天后来被定为西班牙的国庆日。[1]

从今天的巴哈马群岛开始，哥伦布和他的船员踏上了这块已经与亚欧大陆隔绝了数千年的新大陆。从那一天开始，一个被大海割裂的世界第一次被船连接在一起。

就像这次航行本身就是一场错误一样，哥伦布至死都认为他到达了日本和印度，但他并没有看见皇宫的金顶。

事实上，哥伦布到达的既不是日本，也不是印度，但这块新大陆的居民仍被称为印度人（Indians，即印第安人），而这些岛屿被称为印度群岛。

1-美国人将 10 月 12 日命名为"哥伦布日"，而在墨西哥、阿根廷、智利和委内瑞拉等国，这一天则被命名为"人种日"，意思是印第安人和西班牙人融为一个人种，即美洲人。玻利维亚将这一天命名为"原住民抵抗日"，乌拉圭则将哥伦布发现新大陆的前一天（即 10 月 11 日）命名为"最后的自由日"。

在哥伦布时代的贝海姆地球仪上，属于美洲大陆的位置始终只是一片大海，太平洋是不存在的。在更精确的钟表于18世纪发明之前，航海者根本无法确定经度，即东西方向的位置。

哥伦布航渡美洲在人类航海史上是划时代的，这使郑和以来的大航海发生了质的变化。

这次航行历时220多天，单程达4000多海里，不见陆地的深海航行达30多天。此前的郑和船队和亨利船队基本都是沿着海岸的近海航行，而不是远离陆地的跨洋航行。

郑和曾从斯里兰卡经马尔代夫到达索马里，横渡印度洋的单程不过1700多海里，离陆地最远点不过720海里，同时这些地区均为早先人们已知的文明地区。亨利王子的葡萄牙船队离开海岸最远也只有几百海里。而哥伦布远航离陆地最远达1500多海里，而且横渡大西洋之前，他们对目的地一无所知。

可以说，从哥伦布开始，指南针已经将大航海推进到远离陆地的跨洋时代。这是大航海时代的真正开端。

跨洋航路改变了世界历史的进程。国际贸易由地中海转移到大西洋沿岸。西方世界走出了中世纪的黑暗，依靠风帆时代的海上战争和贸易，新兴的工业文明成为世界经济主流。

据说早在1000年前，中国僧人慧胜就跨越太平洋，到达了美洲的墨西哥；维京人也曾从格陵兰岛到达北美的加拿大。但只有哥伦布的出现，才彻底结束了两个世界彼此孤立的状态。用一位法国历史学家的话说，哥伦布远航的意义并不在于他去了哪里，而在于他回来了。

对新大陆的原住民来说，哥伦布无疑是一个不祥的灾星。哥伦布的到来，为欧洲白人向新大陆扩张和征服铺平了道路。被哥伦布称为印第安人的原始土著遭遇到一场地狱般的灭顶之灾，陷入殖民地的苦难深渊和被屠杀的血泊之中。

哥伦布揭开了探险时代的序幕，欧洲很快就学会了以马基雅维利式的狡诈与恶毒，来征服和奴役数量比他们大得多的原住民。

对哥伦布来说，用2只铃铛换取土著的14只金镯子纯属慈悲。哥伦布的日记让人开始怀疑所谓的"文明与野蛮"——

> 我们给他们的东西很少，且不值钱，但无论给什么，他们都兴高采烈，如获至宝。他们以为我们来自天国，所以对我们非常欢迎。……
>
> 真不敢相信天下会有这样好心好意送东西的人们，他们富于爱心，没有一点贪婪，他们爱别人就像爱自己一样，说话和声细语，笑容可掬。只是不论男女老幼，都赤身裸体，像是伊甸园一般。[1]

1-［意］克里斯托瓦尔·哥伦布：《航海日记》，孙家堃译，译林出版社2011年版，第48、134页。

相遇在古里

从 15 世纪开始，西班牙人和葡萄牙人成为大航海时代的先行者。

对美洲的疯狂掠夺，使西班牙很快成为第一个日不落殖民帝国。在财富的诱惑下，骑士与流氓竞相扬帆远航，大西洋掀起了一场持续三百多年的远航、探险、发现和殖民的浪潮。

1494 年 6 月 7 日，葡萄牙与西班牙签订《托尔德西利亚斯条约》，确定以通过佛得角群岛西边 2200 古海里处的"教皇子午线"为界，非洲和亚洲属葡萄牙，新世界则属西班牙。他们就如同切西瓜一样瓜分了地球。

《托尔德西利亚斯条约》树立了强国瓜分殖民地的榜样，一个全球扩张的时代扬帆起航。

哥伦布的幸运让葡萄牙人后悔不迭，但他们开拓的非洲航线同样获得了极大成功。

1498 年 5 月，经过 2 万多公里的航行，在著名的阿拉伯航海家马吉德"引狼入室"的领航下，葡萄牙航海家达·伽马率领的船队终于抵达印度的卡利卡特港——中国称为"古里"。这里以生产香料而享誉世界。

这是欧洲船第一次光临印度洋。70 年前，这里是郑和船队炫耀中国威仪和财富的地方。

虽然中国人和阿拉伯人都有远洋航海的能力，但却是欧洲人将地球上的各大洋打通并连接在一起，后者因为对海洋的"发现权"而取得了很大程度上的"支配权"。

在西方人到来之前的 1000 年里，作为世界经济核心的印度洋贸易完全是开放的、和平的，没有任何政治势力和军事势力支配，也就是说，贸易与暴力无关。

无论是非洲传统的独桅三角帆船和中国的平底帆船，还是印度和阿拉伯的商船，他们都没有军舰护航。任何一个贸易大港，比如亚丁、霍尔木兹、卡利卡特、布里、哑齐或马六甲，也都是不设防的。然而，达·伽马的到来结束了这一切，印度洋从此进入"武装贸易"和"垄断贸易"时代。

打通大西洋—印度洋的非洲航线，使葡萄牙喜出望外，如同一头饿狼跳进了羊圈。

1502 年 2 月，达·伽马率领 10 艘舰船再次来到印度洋。他们在坎纳诺尔（今印度北部）抢劫了一艘去麦加朝觐的商船"米莉"号，并将船上数百名"异教徒"（包括妇女儿童）全部烧死。"在持续了长时间的战斗之后，司令以残暴和最无人性的手段烧毁了那只船，烧死了船上所有的人。"

从历史来看，不同的文明之间初次相遇，总免不了暴力冲突、武力相向。欧洲人对航海的自信，一方面来自知识，另一方面也来自武力。与阿拉伯海军相比，欧洲海军具有压倒性优势。

达·伽马依仗炮舰之利，在印度洋大开杀戒，将阿拉伯人彻底逐出印度洋，通过殖民香料群岛（今东印度群岛）的小国，彻底垄断了香料贸易。

承平数千年的印度洋，在达·伽马到来之后再无宁日。

一年之后，达·伽马又一次乘着印度洋的东北季风满载而归。这次以暴力掠夺所获的纯利，竟超过总航行费用的 60 倍以上。从 1504 年起，每年至少有 12 艘船从里斯本出发前往东方。

在达·伽马这只野兽肆虐印度洋期间，卡伯拉尔率领一支 13 艘帆船的船队，意外地发现了巴西。不过他们以为这只是一个小岛——"真十字架岛"。

受葡萄牙国王委派，意大利航海家阿美利哥·维斯普西考察了南美洲东北沿海地区，发现这里不是印度，而是一块从未被发现过的"新大陆"。这块被哥伦布发现的新大陆最终以阿美利哥的名字命名，是为美洲（America）。后来这一名称又被美国沿用。

"到 1500 年，中国短暂的印度洋帝国已经不复存在。"[1] 从

1- ［英］艾兹赫德：《世界历史中的中国》，姜智芹译，上海人民出版社 2009 年版，第 222 页。

郑和在古里去世几十年后，达·伽马来到这里

1507 年起，葡萄牙舰队陆续血洗并占领了霍尔木兹、果阿和马六甲等城市，彻底统治了印度洋。

中国对藩邦之政策，完全按照《中庸》中的礼法："送往迎来，嘉善而矜不能，所以柔远人也；继绝世，举废国，治乱持危，朝聘以时，厚往而薄来，所以怀诸侯也。"孔子说："远人不服，则修文德以来之。既来之，则安之。"中国这种传统思想，是文化主义，而不是殖民主义，更不是征服主义。而那时西方帝国主义实行的是殖民政策，这些亚洲弱小国家，相继被其吞并。

马六甲从前是中华帝国的藩属，被称为"满剌加"，此后成为"葡萄牙王冠上的明珠"。

1511 年，葡萄牙占领香料群岛。两年之后，葡萄牙人的船第一次来到中国南海，时值明武宗正德八年（1513 年）。中国人将这些"不速之客"称为"佛郎机"。

中国在汉朝时，就已经拥有了今日的海岸线，2000 多年基本没有太大改变。相比陆地关系，海洋更为开放和流动，更具有多样性和多重性。

从日本海、南中国海到印度洋，这片海洋其实并不太大，最多一个月之内，就能利用季风来往各国，因此各国之间既互相独立，又可以互相影响，而中华帝国无疑是区域内无可争议的主导者，但主导并不意味着统治。

在东方传统中，海洋是共有的，所有人都有权使用。将海洋看成陆地的延伸，并将海洋像陆地那样划分，这完全是西方殖民运动的结果。

自古以来，亚欧大陆的东西方向沟通主要依赖陆路，即所谓的"丝绸之路"，这条跨越中亚腹地和草原地带的陆路通道，几乎是维持亚欧文明交流的生命线。同时，这条商贸主干道带来的财富成为游牧民族发起战争的主要资本，从阿提拉、成吉思汗到帖木儿，他们沿着这条通道东征西战，征服世界，然后依靠垄断这条通道收取"保护费"。

达·伽马代表了一个时代的终结。从欧洲到亚洲的海上通道贯通，意味着这条古老的"丝绸之路"即将废弃和荒芜。

随着世界长途商贸活动转移到海上，曾经作为亚欧大陆中心的草原地带不仅被边缘化，更严重的是失去了主要的财富来源。从此以后，生活在这里的游牧民族再也无力发起战争。

对战争来说，金钱比武器更加重要。更何况，随着火药时代的来临，擅长骑射的游牧民族在武器上也已经远远落伍。

地球是圆的

人类生活于陆地，地理大发现恰恰给了人类一种不同于陆地生活的海洋生活体验。

正是在陆地与海洋的不同地理空间，产生出两种文明图景：海洋—贸易的西方文明与土地—农耕的东方文明。用政治学家的话说，哥伦布航海开辟了人类历史的新时代。此前的人类历史属于亚洲主导的陆地时代，此后的历史是欧洲主导的海洋时代。

因为奥斯曼帝国控制了地中海，在整个 14 世纪和 15 世纪期间，西欧的航海家们只是想完成一件事，就是找到一条舒适而安全的航路，通往中国、日本和香料群岛。从这一点来说，葡萄牙人实现了无数航海家们的梦想。

擅长航海的葡萄牙人与其说是热衷于贸易，不如说是热衷于敲诈和勒索。统治从巴西到澳门的广大地区，几乎耗尽了他们的冒险所得。直到 16 世纪，葡萄牙始终还是个勉强温饱的农业穷国，没有力量提供长期的海上远征。

1544 年（明嘉靖二十三年），葡萄牙船队在中国东南部发现了一个美丽的岛屿——台湾岛，但就商业位置而言，它

16 世纪的澳门

距中国大陆较远。数年之后，葡萄牙人"暂借"了位置更优越的澳门半岛。在以后的日子里，耶稣会、奥斯定会、多明我会、方济各会等修会的传教士陆续来到澳门，寻机进入"没有上帝"的中国。

历史学家张存武评价这一段历史时说："葡人之东来，才是中国数千年来未有之变局。"从利玛窦到意大利传教士郎世宁等，欧洲就这样"发现"了中国。

1513 年，西班牙航海家巴尔波亚从北向南，穿越巴拿马地峡，发现了太平洋。接下来，西班牙国王查理一世委任葡萄牙航海家麦哲伦去开辟前往亚洲的新航道，这实际成为人类第一次环球航行。

1519年9月20日，一支由5艘均为100吨位的帆船组成的麦哲伦船队，从西班牙塞维利亚港启航。横渡大西洋后，船队沿南美洲东岸南下。次年3月31日，到达阿根廷南部的圣胡利安港。在这里发生的一场内乱，使船队中许多人被自己同伴杀害。8月24日，经过休整的船队再次出发，通过"麦哲伦海峡"，进入风平浪静的太平洋。

在以后的80天中，他们只见到两座杳无人迹的荒岛。

一名船员在日记中记述了他们所经受的苦难：

> 我们所吃的饼干不能称为食物，它们只不过是些粉末和吞噬了饼干的蛆虫，而且粉末浸透了耗子尿，散发着叫人无法忍受的臭气。我们不得不喝的水同样恶臭、令人作呕。为了不饿死，我们甚至被逼得吃一张张皮革，这些皮革是遮盖大桅下桁、防止其磨损绳索用的。它们经常受水浸、日晒、风吹，变得非常坚硬，得先在海里泡上四五天才能变软；我们将它们泡软后就煮来吃。实际上，我们经常不得不靠吃木屑过活，就连耗子这种极叫人憎恶的食物，大家都贪婪地寻找，一个耗子能卖得半个达卡金币。苦难不止于此，我们最大的不幸是正遭到疾病"坏血病"的侵袭；

得病后，牙床肿得老大，把上下颌牙齿都包藏起来，使病人无法咀嚼食物。我们有 19 个伙伴死于这种疾病。[1]……除了已经死去的人，我们还有 25 至 30 个水手患病，他们的胳膊、腿和身体其他部位都遭受着可怕的痛苦。[2]

1521 年 3 月 16 日，麦哲伦船队抵达吕宋。在这里，他们船队的向导已经能够与当地居民直接沟通，麦哲伦发现自己终于从西方绕到了东方。

不幸的是，这里也成为这个环球第一人的葬身之地。

在今天菲律宾马克坦岛北岸，有一座奇特的墓碑，墓碑的正反两面，分别镌刻着两位相距半个地球的人物。

1- 现代医学认为，坏血病是维生素 C 缺乏导致的，在欧洲人开辟大航海时代初期的水手中常见此病。郑和舰队很少发生坏血病，有人揣测是因为中国人爱喝茶和吃豆芽，但实际上茶叶和豆芽中的维 C 含量都极其有限，根本不能满足人的正常需要。其主要原因应是沿海岸线航行，可以方便获得新鲜果蔬副食的补给。在西方早期航海史上，如腓尼基人、希腊人和罗马人，也很少出现坏血病，主要也是在目视导航的条件下，沿海岸线航行，船队能及时吃到新鲜食物。但到了大航海时代，以直航跨越大海，航海难度骤然加大，在茫茫大海上动辄数月不靠岸，不仅储藏的食物变质腐败，而且那时候的人也不懂得坏血病与维 C 缺乏有关，这才导致坏血病如魔咒般如影随形。18 世纪中叶，苏格兰医生林德（James Lind）发现了酸柚等水果可以对抗坏血病，通过在海船上大量携带酸柚，海上船员终于摆脱了坏血病的困扰。

2- ［美］劳伦斯·贝尔格林：《黄金、香料与殖民地：转动人类历史的麦哲伦航海史》，李文远译，新世界出版社 2019 年版，第 202—203 页。

1521 年 3 月，西班牙船队到达菲律宾，在那里，他们与原住民发生冲突，
导致麦哲伦被杀

墓碑正面刻着：

　　拉普拉普，1521 年 4 月 27 日，拉普拉普和他的战士们，在这里打退了西班牙入侵者，杀死了他们的首领——费尔南多·麦哲伦。由此，拉普拉普成为击退欧洲人侵略的第一位菲律宾人。

墓碑反面，则刻着另一段文字：

　　费尔南多·麦哲伦，1521 年 4 月 27 日，费尔南多·麦哲伦死于此地。他在与马克坦岛酋长拉普拉普的战士们交战中受伤身亡。麦哲伦船队的一艘船——维多利亚号，在埃尔卡诺的指挥下，于 1521 年 5 月 1 日升帆驶离宿务港，并于 1522 年 9 月 6 日返抵西班牙港口停泊，第一次环球航海就这样完成了。

　　不久之后，麦哲伦殒命的吕宋成为西班牙的殖民地，以西班牙国王菲利普（Philip II，即腓力二世）的名字命名为"菲律宾（Philippines）"。用一个西方人的说法是，"麦哲伦的航行导致了 1521 年对菲律宾的发现"[1]。

1-[英]艾兹赫德：《世界历史中的中国》，姜智芹译，上海人民出版社 2009 年版，第 231 页。

失去麦哲伦的西班牙船队，只剩下一艘"维多利亚"号帆船和幸存的 18 名船员，他们继续向西横渡印度洋，经好望角进入大西洋，于 1522 年 9 月返回西班牙。

他们在三年前出发时，有 257 人，如今只剩 18 人。相比之下，达·伽马船队要"幸运"得多，他们从印度成功返回到葡萄牙时，还幸存有 55 名船员——虽然这个数字仍不到当初起程时船员数量的五分之一，真可谓是"九死一生"。

由此可见，所谓的大航海是多么疯狂和可怕，这些人类冒险家是多么勇敢和壮烈。

麦哲伦这次破天荒的远征，前后共用了三年时间，实现了人类历史上第一次的环球航行，从实践上证明了古希腊的地圆学说，也诠释了"航海"的真正含义。

麦哲伦船队环球航行的成功，结束了人们关于地平、地方与地圆的争论。虽然欧洲天主教会不承认地球是圆的，但还是不得不承认"地球至少在某些地点可能稍有曲线"，而不是《旧约》中说的，像煎饼一样的平面。

麦哲伦船队环球航行的 1522 年，是中国大明嘉靖元年，年仅 15 岁的皇帝朱厚熜刚刚登基。

这一年，"夜晓刻金星犯牛宿""夜昏刻月犯五诸侯星""本夜金星与木星相犯""夜月犯太微垣上将星"等天象记载很多。当时的中国，没有人相信地球是一个大水球。

全球化

正如亚当·斯密所说，美洲的发现、经由好望角前往东印度群岛航道的发现，是人类历史上所记载的最伟大、最重要的事件。仅仅几十年时间，欧洲人对世界的观念发生了颠覆性的改变，地球之岛变成了地球之海。人们原来以为地球就是连片的陆地，如今发现三分之二的地球表面都被海洋覆盖。

地理大发现让欧洲人成为现代世界的征服者和殖民者，成为陆地和海洋的主人，他们将文明和暴力带到了地球的每个角落。

很多年后，当美洲各地举行哥伦布发现新大陆纪念庆祝活动时，一些原住民群体表示抗议。在他们一些人眼里，哥伦布甚至是"人类历史上最大规模的侵略和种族大屠杀的急先锋"。

从现代文明的角度来说，无论哥伦布、达·伽马还是麦哲伦，他们都是惊世骇俗的海盗。或许像当时的任何船长一样，他们不能不野蛮和凶残，因为他们是和一群恶棍和惯犯一起环游世界，这些人是在绞刑架和水手之间选择了后者。早期的海外探险或者说冒险，一般不会是那些彬彬有礼的绅士愿意做的事情。即使在后来的日子里，从美洲到澳洲，也几乎都是欧洲

墨西哥城的哥伦布塑像

罪犯的流放之地。

　　风帆船不需要燃料作动力，但要不断靠岸进行补给，尤其是淡水，必须进入内陆才能得到补给。在早期航海中，西方航海者与原住民邂逅相逢，因为语言不通，免不了误会和敌意，常常大打出手，死亡事件时有发生。

　　麦哲伦和库克这两个著名的航海家，就是因为与原住民发生冲突而导致意外死亡的。

事实上，欧洲殖民者对原住民是极其残酷的。在殖民时代，"没有任何一个政府——无论是葡萄牙还是西班牙、法国、荷兰或英国——对在自己的土地上土生土长的原始居民的权利予以尊重。"[1]

正如房龙所说，西班牙殖民地成为阴谋和贪婪的渊薮。从哥伦布首次登上美洲后的半个世纪中，西班牙将美洲变成新拓的疆土。

埃尔南多·科尔特斯征服了阿兹特克帝国，将阿兹特克首都特诺奇蒂特兰改名为墨西哥城。同样，弗朗西斯科·皮萨罗仅以区区数百人，就轻易征服了古老的印加帝国。

在"枪炮、钢铁和病菌"的摧残下，美洲人"像苍蝇一样死去"。戴蒙德指出，哥伦布到来之后第一个100年里，美洲原住民减少了95%。新大陆在很短的时间内就发生了一次前所未有的种族代换，来自欧洲和非洲的外来移民取代了古老的原住民。

一直到公元1500年，人类不同种族基本上都被相互隔绝在地球的不同地区。大航海时代的西方扩张，改变了人类世界"老死不相往来"的传统格局，它使西欧人控制了外洋航线，能够抵达和征服南北美洲和澳大利亚，并移居到这些人迹稀少的广阔地区。

1- [德] 卡尔·施密特:《陆地与海洋：世界史的考察》，林国基译，上海三联书店2018年版，第48页。

作为欧洲的"创造物"，美洲是欧洲借以显示自身存在的最佳杰作。美洲面积是欧洲的 4 倍，这等于欧洲几乎是突然之间膨胀了 5 倍，从而改变了大洪水以来人类种族的传统地区分布。

在美洲发展起来的种植园是一种新生事物。它运用欧洲的资金和管理、美洲的自然资源以及大量的非洲劳动力（黑人奴隶），制造向全世界销售的商品，如蔗糖、咖啡、烟草、棉花、白银等。这一切之所以实现，是因为欧洲人掌握了横渡大西洋的航海技术。

海洋作为交通障碍被消除了，其意义之深远，几乎可与如今互联网的出现相媲美。

对航海者来说，不管你航行多远，最终结果都必须靠岸，都必须面对当地的军事力量。

中国人发明了指南针，欧洲人将它改叫"指北针"，用它找到新世界；中国人发明了火药，欧洲用它来征服世界。在全球化早期，"欧洲人是好斗的侵入者。他们夺取并保持着主动权，直到渐渐地但不可抗拒地上升为世界各地的主人。"[1]

西方的海军力量不仅控制和垄断着海洋贸易路线，同时还以海上力量威吓他们所遇到的其他国家和社会。用布罗代尔

1- ［美］斯塔夫里阿诺斯：《全球通史：1500 年以后的世界》，吴象婴、梁赤民译，上海社会科学院出版社 1992 年版，第 133 页。

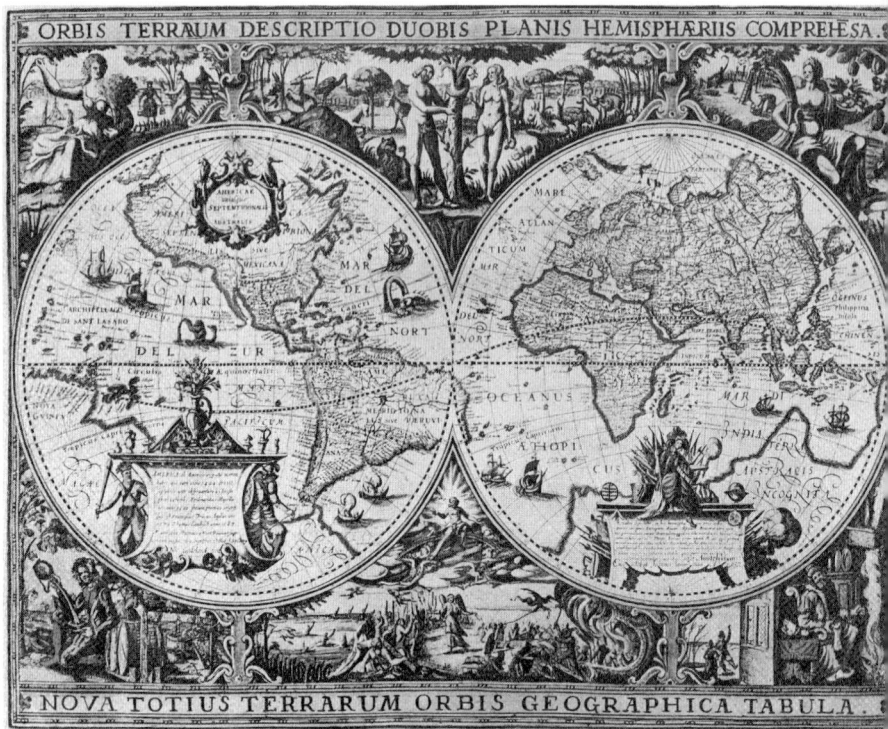

后哥伦布时代的地球

的话说：今天的世界几乎都是由过去造就的，欧洲最大的业绩
仅是发现了大西洋，征服了狂风巨浪，这一胜利为欧洲打开了
世界七大海的大门和通道，从此，世界的整个海洋都为白人
效劳。

　　大航海运动开辟了从欧洲绕过非洲或者南美洲到达亚洲的

两条新航路，世界第一次被连为一体。新航路的开辟，使欧洲人掌控的世界贸易范围空前扩大，西欧与世界各地区各民族之间的联系加强了。

伴随大航海而来的，是一种叫作"现代"的欧洲身份。边疆的向西扩张，使得传统的欧洲身份发生了颠覆性的改变，即从一种旧欧亚大陆的边缘地位上升到新世界的文明中心。在后罗马时代的欧洲，这也引发了东欧与西欧之间的分裂。

所以，有的历史学家说，远洋航行最终造成了现代世界的不平等和不对称。

现代印度之父尼赫鲁曾说："外来政权即使罪恶满盈，至少有一项优点，那就是扩大人们的精神视野，迫使他们从龟缩的硬壳向外看，让他们了解这个世界比想象中的还要广阔且丰富。"

长久以来把人们隔绝开来的海洋，突然之间变成了欧洲人的通衢大道。

在大航海之前，这些都是不可能出现的。一个很小的地区成功地控制世界其余地区，以前从未有过。马镫时代的匈奴和成吉思汗也仅仅是控制了一部分，而不是全部。

海洋时代的影响如此深远，世界完全变成了一个平面化、同质化的统一；人类的眼界前所未有地扩大了，地理知识不再局限于一个地区、一块大陆或半球；整个地球的外形首次被确定并绘入地图，全球化时代终于来临。

后来者居上

　　葡萄牙和西班牙——这两个伊比利亚半岛的国家，既有地中海之便，又有大西洋之利。随着风帆时代的来临，这两个海洋国家在第一时间扬起风帆，欧洲贸易中心由地中海转移到大西洋沿岸，意大利的商业地位逐渐被西班牙和葡萄牙所取代。

　　西班牙和葡萄牙两国进行的海外扩张几乎发生在同一时间，相互之间貌似存在一种竞争关系，但其实双方所采用的方式方法还是有很大差异的。葡萄牙的海外扩张带有更多的商业性质，而西班牙的扩张则带有更多的"征服"性质。

　　究其原因，这是因为葡萄牙去的是亚洲，这里的中国明朝、印度莫卧儿帝国、波斯、日本等国家，在政治、军事等各方面与欧洲差异并不特别大，在武力上也比较接近甚至超过欧洲殖民者，仅靠少数冒险家，根本不可能进行军事征服。相比之下，西班牙发现的美洲大陆基本处于原始石器阶段，印第安人的政治组织方式也比较落后。有了这种巨大的"代差"，征服美洲就比征服亚洲容易多了。而且，曾经打败摩尔人的西班牙帝国本身也比葡萄牙具有更强的军事实力。

　　大致来说，西班牙人热衷于征服和掠夺，葡萄牙人则在各大帝国之间寻找贸易机会。

葡萄牙的舰队沿着达·伽马的航线，赶走了统治印度洋近千年的阿拉伯商人，建立了一个从东非一直延伸到日本的贸易帝国，保障了葡萄牙对东印度群岛丰富的香料贸易的垄断地位。

西班牙暴力征服了墨西哥和秘鲁，竭泽而渔。掠夺使西班牙人"获得了一种致命的权利——懒惰的权利"。

由于 1545 年发现了秘鲁的波托西银矿，西班牙终于看到了哥伦布的成果。在以后的日子里，每年有 50 万磅白银和 1 万磅黄金从美洲流入欧洲。"马尼拉大帆船"将三分之一以上的白银运送到中国，然后满载中国的瓷器、丝绸和茶叶到欧洲。巨量的白银支撑起了第一个全球贸易体系。

大西洋的开放改变了欧洲的地位。在一个海洋时代里，欧洲成为美洲、亚洲和非洲的地理中心和统治中心。在这种历史背景下，大西洋沿岸的低地地区迅速崛起。

《托尔德西利亚斯条约》未能保护西班牙和葡萄牙对新大

陆殖民地的长期独占，因为其他国家并不认为这个条约对它们有约束力。罗马教皇的权威因宗教改革而遭到削弱，那些皈依新教的北方民族甚至将夺取殖民地视为一场宗教斗争。

从后来的眼光看，伊比利亚人犯了一个大错误，他们仍将新大陆看成旧大陆的翻版，坚持重商主义和对殖民地贸易的垄断，这注定了他们以后的一切努力都将以失败而告终。

亚当·斯密指出，西班牙、葡萄牙两国在没有殖民地时已经是工业国了，但自从它们占有世界上最富饶的殖民地以后，反倒失去了自己的工业。

在重商主义的旗帜下，西方主导的世界市场开始形成，帝国主义的幽灵在海洋上游荡。马克思在《资本论》中说："美洲金银产地的发现，土著居民的被剿灭、被奴役和被埋藏于矿井，对东印度开始进行的征服和掠夺，非洲变成商业性地猎获黑人的场所，这一切标志着资本主义生产时代的曙光。"[1]

西班牙和葡萄牙的海上帝国跨越东西两半球，但其海军力量却根本无力保护其不受心怀妒意的荷兰、法国和英国"海盗"蚕食。事实上，这些新教国家的移民运动对新大陆的开发和经营更加成功。

在达·伽马发现绕过非洲到达亚洲的航线之后，北方的英

1–《马克思恩格斯全集》(23)，人民出版社 1961 年版，第 819 页。

国和荷兰试图开辟一条北方航线，可以绕道北冰洋到达亚洲的中国，这样不仅距离更短，而且可以避开赤道的酷热。但经过几次探险之后，北极地区恶劣的气候致使北方航线的开辟行动屡屡失败。这些探险并不是一无所得，意外的收获是发现了土地肥沃、物产丰富的北美。

1606年，英国殖民者在弗吉尼亚登陆，1620年到达新英格兰。

1605年，法国殖民者在阿卡迪亚进行殖民活动，并于1608年建立了魁北克城。

1612年，荷兰人建立了新阿姆斯特丹（今天的纽约）。

在西班牙丧失了其幅员辽阔的"西印度帝国"（即美洲）大片土地时，人口不足百万的葡萄牙更是捉襟见肘。

在16世纪时，整个葡萄牙有10万人下了海，占总人口的10%；或者说，成年男性中有超过三分之一的人流落海外。在当时情况下，海外贸易风险极大，不仅各种瘟疫疾病、沉船事故和海盗袭击，也可能随时遭遇土著的敌意和谋杀。这些去海外进行殖民冒险的人大多都客死他乡。经过一个世纪的消磨，以葡萄牙"小国寡民"的人口规模，想要维持一个在全球进行扩张的殖民帝国就越来越难，走向衰落是必然的。

1641年，荷兰人从葡萄牙人手中夺走马六甲；1658年，占领锡兰。1623年，荷兰人从葡萄牙人手中夺去了印度尼西亚，从西班牙人手中夺去了中国台湾。在1621—1654年，荷兰甚至蛇吞象地企图夺取巴西。

荷兰人以极其低廉的价格，从印第安人手里买下曼哈顿，取名为新阿姆斯特丹

在西欧人忙于扩张殖民时，北方的俄罗斯人为了夺取出海口，同时向东西南三个方向发起扩张，并于16世纪时向南到达里海，17世纪到达远东的太平洋。

17世纪末，彼得大帝锐意进取，大力发展海军，他们从奥斯曼帝国手中夺取了亚速海的出海口。18世纪初，经过长达21年的战争，沙皇终于从瑞典虎口夺食，取得了波罗的海东部的芬兰湾，在此修建了著名的彼得堡。很快，这座新建的沿海城市成为沙皇帝国的首都。

但俄国人并没有因此停下扩张的脚步。一方面是为了海洋征服，同时也为了猎取珍贵的毛皮，他们不仅将相当于月球表面积的整个西伯利亚[1]纳入帝国版图，甚至跨过白令海峡，占领了高寒而广袤的美洲大陆阿拉斯加。然后他们沿着太平洋海岸一路驾船向南，最后在温暖的加利福尼亚，遇到北上的英国人和西班牙人。

18世纪下半叶，叶卡捷琳娜二世再次发动战争，从奥斯曼帝国手中夺取了黑海出海口和高加索周边地区，并获得了达达尼尔海峡的通行权，从此可以自由出入地中海。

进入19世纪，俄国继续"向海狂飙"行动，但在克里米亚战争中遭到英国的遏止。失之东隅，收之桑榆，数年之后，俄国乘人之危，从清朝手中骗取了太平洋不冻港符拉迪沃斯托克。

随着俄国势力对阿富汗的不断渗透，他们下一个目标就是夺取印度洋出海口，但在此又遭遇到殖民印度的大英帝国……

1- 西伯利亚属于冻土沼泽地带，人烟稀少，有大量森林和草原，交通极其不便，但这里密布着许多河流湖泊，如鄂毕河、叶尼塞河、勒拿河、科雷马河和贝加尔湖。通过"水路动脉"，可以迅速跨越广大地区，而且能够携带大量武器辎重，在河口地带修建要塞。后来在黑龙江修建的尼布楚要塞引发了清朝与俄国的冲突，最后双方签署《尼布楚条约》。

第七章　海盗帝国

海盗的民主

16 世纪的世界是一个垄断的世界，西班牙联合葡萄牙，完全封锁了他们的地理发现。他们不仅控制了美洲大陆，还控制了太平洋、印度洋和大西洋，严禁一切他国船只的来往，比如英国船甚至连太平洋都没有见过。

受哥伦布发现的鼓舞，英国也试图从东北航线和西北航线到达中国。1553 年，休·威洛比爵士率领一支由三艘帆船组成的远征队，带着一封爱德华六世的信，这封信写给"居住在靠近强大的中华帝国的世界东北地区的国王、君主及其他统治者"。因为北冰洋封冻，这些"信使"后来全部冻死在巴伦支海。

当伊比利亚人饕餮美洲金银大餐时，找不到新航线的英、法、荷等国，也寻求分一杯羹。

西班牙人对美洲大陆的阿兹特克帝国和印加帝国展开大肆抢劫，后来的荷兰人和英国人则抢劫西班牙人，这种"黑吃黑"的游戏就这样开始了。

尼德兰的"乞丐革命"[1]期间，西班牙与尼德兰处于战争状态，尼德兰人对西班牙珍宝船的抢劫达到最高潮。如果没有半打以上的军舰护航，西班牙商船根本不敢在公海上航行。即使这样，战争期间，尼德兰海盗抢劫了550多艘西班牙商船，掳掠的财富将近4千万盾。尼德兰海盗皮埃特·海恩曾经一次就斩获了1500万美元，这对他来说是一笔重要的原始资本积累。

　　英国人最早的原始积累来自黑奴贸易。他们将非洲人贩卖到新大陆的西班牙殖民地，以填补其劳动力的不足。

　　1562年，英国人约翰·霍金斯从西非贩运黑人到西印度出卖，一趟即可获纯利1万多英镑。[2]当时一艘载重90吨的小

1- 指1566年爆发的尼德兰低地地区反抗西班牙统治的革命，因西班牙人称尼德兰人为"乞丐"而得名。1581年尼德兰脱离西班牙，组成"荷兰联省共和国"。1609年，西班牙承认荷兰独立。——编者注

2- 当时有许多英国帆船从事霍金斯开创的欧美非三角贸易：运送欧洲的工业品到非洲，再从非洲运送黑奴到美洲，然后将美洲的金银、砂糖、烟草和棉花运回欧洲。一个航程周期为两个月，如此周而复始，为英国带来了不可限量的利润。

船，常常要运载 390 名奴隶。在一个多月的海上航行中，有三分之一到一半的奴隶死去。死亡奴隶如此之多，以至于每条贩奴船后面都跟着一群鲨鱼。根据黑人学者杜波依斯估计，从 16 世纪到 19 世纪，大约有 1500 万黑人被贩卖到美洲，而死于捕猎和贩运过程中的黑人则是其 5 倍左右。

这种奴隶贸易其实就是人口走私，而且比海盗行为更加罪恶。

对于深受维京文化影响的英国人来说，从奴隶贸易到成为海盗，这完全是顺理成章的事情。如果说中世纪的维京海盗曾经改变了欧洲的话，那么近代早期的英国海盗则影响了整个世界。

很多人想不到的是，由一群"恶人"和"坏人"组成的海盗，往往是具有民主精神的团体，这与传统王权的专制主义完全相反。虽然海盗们常常会哗变、内讧和自相残杀，但很少有人能单枪匹马靠打斗成为船长。正像帕斯卡尔说的，人们会选择一个出身"高贵"的人做国王，但却不接受一个出身高贵的人做船长，而宁愿要一个驾船技术更专业的普通人。

美国学者彼得·里森发现，"一人一票"是海盗民主运作的基础，船长一职的人选由大多数人的选票决定。最新获选的海盗船长将致力于"每一件有助于为大家带来好处的事情"，作为回报，同伴们承诺将服从他的所有"合法"命令。

为了可以民主地监管他们的船长，海盗们要求拥有不受约束的权利，让他们能够以任何理由罢免他们的船长。例如，有一伙海盗，在某趟航程中换了13个船长；还有一伙海盗，罢免他们船长的原因是他"拒绝攻打和劫掠英国船只"。

海盗船就像是一家"漂在海上的股份制公司"，依据"章程"，所有船员都享有平等自由的权利。当正常社会的黑人还被视为奴隶时，海盗船上的黑人成员却已经有了自由身份，和白人海盗享有同等的权利。

"正是贪欲驱使海盗们创立了先进的组织形式，并且有了一些先进的实践行动；也正是贪欲使得海盗内部的宪法式民主得以出现。"[1]有人说西方民主制度出自海盗规则，这不是没有道理的。作为海盗发源地的西北欧，后来也成为践行现代世界西方式民主的文明地区，这或许不是一种巧合。

海盗袭击大都是群狼战术，很少孤军奋战。他们之所以能够发展成为有巨大影响的暴力组织，在某种程度上正是体现了庄子说的"盗亦有道"精神。[2]

1- [美]彼得·里森：《海盗经济学》，傅西西译，万卷出版公司2011年版，第84页。
2- 《庄子·胠箧第十》：跖之徒问于跖曰："盗有道乎？"跖曰："何适而无有道耶？夫妄意室中之藏，圣也；入先，勇也；出后，义也；知可否，智也；分均，仁也。五者不备而能成大盗者，天下未之有也。"在盗跖看来，具备智圣勇义仁方能成为大盗。偷窃之前，判断是否可行，为智；能获知房屋财物的所在，为圣；行动之时，身先士卒，为勇；盗完之后，最后一个离开，为义；把所盗财物公平分给手下，为仁。盗跖认为，强盗如果要发展壮大，成为大盗，成就一番大事，就必须采取圣人之道，否则，就只能成为蝇营狗苟的鼠辈小贼。

对西班牙殖民者来说，被海盗船掠去的财富不可胜数

英国是个四面环海的岛国，自古以来便倚重海军。

早在9世纪的阿尔弗雷德大帝时期，英国就建立了正规的海军，以抵御维京海盗的入侵，但最后还是没有避免被丹麦人和诺曼人征服。海盗的基因就这样成为英国精神的一部分。

在整个伊丽莎白时期，海盗带回的赃物竟达1200万英镑，英国海盗每年使西班牙殖民者损失达300万杜卡特（一种金币）。海盗是如此可怕，以至于每次当来自美洲的船队平安到达西班牙时，神圣罗马帝国的皇帝查理五世（兼西班牙的查理一世）都会喜极而泣。

实际上，与海上风暴造成的损失相比，海盗袭击的危害要小得多。

英国人和荷兰人常常为自己的海盗辩解，因为从法律和道义角度来说，西班牙越洋船满载的金银属于印第安人，是西班牙人偷窃和抢劫的赃物，英国和荷兰海盗对其的劫掠行为只是剥夺了本不属于西班牙人的东西而已。

海盗行为不仅使英、荷两国获得了大量的财富，也同时削弱了西、葡两国的势力。作为大英帝国的"接生婆"，东印度公司的海盗行为几乎摧毁了葡萄牙人的东方殖民体系。

更重要的是，海盗带来的充足资金促进了英、荷两国的造船业发展，年轻人也因此学会了航海和海战，这些最终都将转化为国家力量。

英国的伊丽莎白女王曾秘密资助霍金斯的贩奴贸易和海盗活动。一艘700吨的"卢贝克耶稣"号大帆船被折合成4000

英镑，外加 3 艘小船，以此作为女王的合作股份，不久又增加两艘大帆船，这使霍金斯成为英国最富裕且最有权势的人，女王自然也获得了不菲的分红。

据说当西班牙人向伊丽莎白提出指责时，女王的回答是："我不认识这些海盗，如果他们抢劫了你，那你应该去找他们。"

1567 年 10 月，霍金斯第三次航行，女王又借给他 2 艘皇家海军战船，结果这次贩奴贸易遭到西班牙舰队的沉重打击。

这次冲突让英、西两国关系到了一个临界点，海上和平既然不可能，战争就成为最后的选择。

海盗许可证

作为哥伦布最早的发现地，加勒比地区也最早成为英国海盗的游猎之地。

1572年，英国人德雷克偷偷横渡大西洋，又通过巴拿马地峡横穿了美洲大陆，总算第一次见到了传说中的太平洋。

德雷克在南美丛林里埋伏了一个月，从西班牙人那里成功地抢劫到了价值5万英镑的黄金和白银，还有几艘大帆船。回到英国的德雷克马上就成为民族英雄，并受到女王的召见和嘉奖。

在16世纪，供养一支海军比供养一支陆军更费钱（其实现在也是如此）。海军首先需要建造舰只，要建造舰只，就要先修建船厂和港口；还需要一大批技术专家和工匠，而他们的工资远比一般人要高。

西班牙发现了美洲白银，便轻松地建造了一支"无敌舰队"。但英国就没有这么幸运，为了筹钱，权宜之计便是发放"特许证"。

当时英国王权受到议会严厉限制，既不能增税，又无钱发展海军。野心勃勃的女王发现了前景不错的"海盗事业"。

为了对西班牙实行海盗掠夺，英国成立了由国家特许的股份制海盗公司，伊丽莎白女王本人就是这些海盗公司的股东之一。她给大大小小的海盗船长们颁发了"海盗许可证"，政府授权本国民船在战争期间可以攻击和劫掠敌国商船，这些海盗船也叫"私掠船"。

1580年，德雷克绕道麦哲伦海峡，洗劫了美洲西海岸，一次就掠获了150万英镑的金银，相当于英国王室3年的总收入。当德雷克环绕地球一周返回普利茅斯时，女王亲自来到港口迎接，并授予他骑士勋章和普利茅斯市市长的职务。作为回报，伊丽莎白女王当然也大大地分了一杯羹，得到了劫掠所得的三分之一。

比黄金白银更有价值的，是德雷克为英国开辟了一条新航路。此后，太平洋不再是西班牙的内海。

在16世纪中叶时，西班牙与英国尚在蜜月期，西班牙国王腓力二世还通过与玛丽结婚，坐上了英国的王位。1558年"血腥玛丽"去世，新女王伊丽莎白断然拒绝了腓力二世的求婚，再加上海盗、宗教和海上霸权等矛盾，到1587年，积怨已久的英、西两国终于剑拔弩张，一场大战不可避免。

当时英国皇家海军仅有34艘风帆战舰，根本不是西葡联军的对手。

危难之际，德雷克的25艘海盗船挽狂澜于既倒，他大胆地主动出击，一举击沉36艘西班牙补给舰，又在加的斯港击沉 33 艘西班牙战舰，其中超过 1000 吨的大帆船就有 6 艘。

德雷克甚至长途突袭里斯本，攻占了葡萄牙西南端的圣维森特角要塞，扼住地中海的咽喉。即使在返回途中，德雷克还不忘打劫西班牙国王的皇家运宝船，意图以这种方式"烧焦国王的胡子"。

德雷克的突袭扰乱了西班牙的计划。西班牙只好将战争延后，但仍时时担惊受怕，没法摆脱海盗船的噩梦。

一年后战争爆发。英国在这场大海战中，真正由女王支付饷钱的皇家海军战舰只占英国战舰总数的五分之一，其余几乎都是海盗船、渔船、商船和各种临时改装船。但就是这样的乌合之众却取得了胜利。

随着无敌舰队折戟沉沙，西班牙一蹶不振，反过来，英国依靠海盗成为新的海上霸主。德雷克成为民族英雄，被封为英格兰勋爵，书写了海盗史上最荣耀的一页。

除了霍金斯、德雷克，还有摩根、芬顿、奇德、卡尔狄希等，海盗精神几乎成为英国的国家气质，以至于"海盗"牌香烟一度成为英国的名片，而拿破仑则干脆将英国称为"海盗国"。彭慕兰在《贸易打造的世界：社会、文化与世界经济》一书中说："英国水手都是从海盗角色演化出来的，没有海盗，英国水手就不可能最后成为海上霸主。"[1]

1-［美］彭慕兰、史蒂夫·托皮克：《贸易打造的世界：社会、文化与世界经济》，黄中宪、吴莉苇译，陕西师范大学出版社 2008 年版，第 188 页。

当暴力的海盗遇见道义的王权，海盗的个人利益与英国的国家利益达成了最广泛的共识。海盗的合法化也使国家走向海盗化，英国迅速完成了原始积累。从 1500 年到 1600 年的一个世纪中，英国财富增加了三倍。

当海盗的商业模式被运用到企业管理，就诞生了东印度公司。所谓东印度公司，其实也是执有女王特许状的一个大型海盗集团，其主力也都是海盗船。

1600 年 12 月 31 日，伊丽莎白女王批准成立东印度公司，其正式名称为"从事和东印度之间贸易的伦敦商人们的代表和集团"，说它是一家海盗股份公司也不为过。

作为"代表"支配东印度公司的首任负责人托马斯·史密斯，不仅是一位因掌管海外贸易而闻名的资本家，也是一个大海盗。可以说，这些成立东印度公司的权势阶层都同时持有"冒险商人"和"海盗"两张不同面孔。

历史总是辞旧迎新。守旧的中世纪已经崩塌，功利主义和去道德化为资本主义的到来铺上了红地毯。

美貌多才的伊丽莎白终身未婚，她说："我已经献身于一个丈夫，这就是英国。"她倾其一生，成就了一个辉煌的伊丽莎白时代（1559—1603 年），使英格兰从蕞尔小国逐步发展为海上强国。

伊丽莎白如同一个高明的船长，凭借自己高超的航行技术，在惊涛骇浪险滩暗礁之中驾驶着英格兰号，最后到达广阔

手扶地球仪的伊丽莎白一世

的世界海域，为"日不落帝国"奠定了基础。她大胆地将海盗作为英国解决政治和经济困境的利器，一举瓦解了西班牙的商业霸权和海洋霸权，因此被称为"海盗女王"。

在大航海时期，欧洲大陆诸国均是为了贸易而下海，唯独英国是为了进行海盗活动。可以说，正是被伊丽莎白称为"我的海狗"的英国海盗，造就了一个蒸蒸日上的"伊丽莎白时代"。

英国传记作家斯特莱切将伊丽莎白比作一只老母鸡——

这只凶狠的老母鸡一动不动地蹲着，孵育着英吉利民族，这个民族初生的力量，在她的羽翼下，快速地变成熟，变统一了。她一动不动地蹲着，但每根羽毛都竖了起来。[1]

1-［英］里顿·斯特莱切：《童贞女王：伊丽莎白一世》，郑海娟译，国际文化出版公司 2005 年版，第 29 页。

修昔底德陷阱

　　随着火药时代的来临，火炮于 1380 年首次被西方人搬上战舰。但在此之后的两个世纪中，古老的接舷战术仍然是海战的基本模式。

　　直到 16 世纪中期，欧洲的风帆战船还像希腊－罗马时代的桨帆战船一样，常常作为载运士兵的浮动堡垒或战台，基本战术仍是撞船和跳帮。当对方战船进入弓箭或加农炮的射程后，开始射击，然后撞击，最后攻上敌船，并将敌人杀死或俘获。

　　但随着火药革命的迅速发展，海战开始全面进入火器时代，"远距离作战"成为可能。在海战中，再也不需军舰靠近、撞击，进而短兵相接了，延续了 2000 多年的接舷战和桨帆时代，无可挽回地步入尾声。

　　在欧洲，英国最先放弃了冷兵器时代的接舷战模式。

　　16 世纪的亨利时代，英国就建造了世界上第一批装备了舷侧炮的风帆战舰。最有名的"玛丽·罗斯"号，装载大小火炮 60 多件，舷侧配有重型舰炮，战力堪称十分强大。

　　亨利七世时，英国海军仅有 5 艘战船，亨利八世时，已经增加到 40 艘战舰。在伊丽莎白女王时代，英国又建造了大批盖伦式风帆战船。

至此，"皇家海军"已经成为一支令人胆寒的海上力量。

与卡瑞克船相比，盖伦船的船身更长，这大大降低了海水阻力，有利于迎风航行和提高航速，从而提高了机动力和适航性。同时，船首尾楼的降低，也大大降低了船的重心。

1587 年在德普福德港下水的"皇家方舟"号，排水量达800 吨。与"玛丽·罗斯"号一样，"皇家方舟"号也是一艘四桅战舰，但其适航性比前者已大大提高，火力也更加凶猛。战舰两舷的两层甲板共装备 38 门重型舰炮，这使得"皇家方舟"号看上去更接近日后标准的风帆战舰。[1]

16 世纪的西班牙帝国，坐拥地中海与大西洋之利，成为大航海时代的第一代海上霸主。它不仅对海外展开疯狂扩张和殖民，也试图对欧洲实行掠夺和专制统治。

当时，西班牙海军游弋于地中海和大西洋，西班牙步兵方阵横扫欧洲，葡萄牙和意大利南部也先后被并入西班牙版图。曾经非常繁荣的意大利北部和尼德兰的城市经济遭到严重打击，哈布斯堡王朝一时之间几乎成为欧洲公敌。

在西班牙称霸欧洲和海洋的大部分年代里，不列颠诸岛正

1-1937 年，英国将一艘刚刚下水的航母命名为"皇家方舟"号。这艘全新设计的航母开创了现代航母的新纪元。以往皇家海军的舰队航空母舰都是由其他军舰改装而来，而"皇家方舟"号则是第一艘专门设计和建造的舰队航空母舰。

西班牙无敌舰队

处于伊丽莎白一世的统治之下。

　　随着羽翼渐丰，一直韬光养晦的英国开始在海洋霸权、宗教改革、美洲大陆以及荷兰"乞丐革命"等一系列问题上，与西班牙进行明争暗斗。

　　修昔底德有一个著名的论断："由于雅典力量的日益壮大以及这种力量在斯巴达造成的恐惧，使得伯罗奔尼撒战争无可避免。"所谓"修昔底德陷阱"，是指一个新崛起的大国必然要挑战现存大国，而现存大国也必然会回应这种威胁，最终会酿成战争冲突。

在伊丽莎白后期，英国和西班牙的敌对状态达到了高潮，最终导致了一场争夺海上霸权的战争。

从亨利八世时代开始，英国就组建了世界上第一支完全由风帆战舰组成的、在当时算是最先进也最强大的舰队，而西班牙落后了整整 70 年，直到 1609 年才完全进入风帆时代。

虽然说 1588 年爆发的英西海战直接导致西班牙失去海上霸主地位，但其实早在战争爆发前它就已经落伍了。

从一定程度上来说，英西之战成为传统战术的豪华葬礼。此战中，西班牙的三桅风帆战船跟希腊 – 罗马的桨帆战船一样，在吃水线上方有一个撞角，用来冲撞敌船。

虽然勒班陀海战已经过去了 17 年，但西班牙的每艘战船仍然满载步兵，准备进行一场接舷战，而火炮只被看作是辅助性武器。在很大程度上，西班牙船只并不是皇家海军战舰，而是不得不从私商那里租来的商船。

和当时其他地中海国家的海军一样，西班牙舰队中仍充斥着为数众多的桨帆船。这种战船极其不适合在波涛汹涌的大西洋上作战。事实上，后来大多数桨帆船都在巨浪中倾覆。

16 世纪中晚期，新式的盖伦船还未完全取代老式的卡瑞克船，但英国海军却是最早实现"盖伦船化"的一支海上劲旅。

英军人数连西班牙一半都没有，但装备的火炮数量却占有绝对优势。

英方的作战意图很明显，他们已经由冷兵器时代的接舷格斗，转变为热兵器时代的远程炮击。英军装备的小口径长炮射程较远，这与西班牙海军的大口径短炮形成鲜明对比。

一个最重要的细节是，英军的战舰大多数是盖伦船，灵活性大大强于西班牙装备的卡瑞克船。

此战中，西班牙国王腓力二世投入巨资组建了一支庞大的舰队，命名为"无敌舰队"。舰队高扬着绣有十字架的船帆和圣母玛利亚图案的旗帜，发誓要进行一场新的勒班陀战役。在这场战争爆发前，曾经指挥过勒班陀海战并担任这次远征总司令的圣克鲁兹侯爵突然病故，腓力二世只好将舰队委任给一个毫无海战经验但出身显赫的贵族——梅迪纳－西多尼亚公爵。

西班牙舰队包括 6 个风帆战舰分队、1 个划桨战舰分队和 1 个补给分队，共有 134 艘船和 30000 多人。其中舰队水手 8700 余名，划桨奴隶 2000 余名，士兵 22000 余名。风帆战舰的船楼上配有 2430 门大小火炮。这是有史以来世界最庞大的一次海上兵力集结。

英格兰舰队也全部都是帆上绣着十字的风帆战船，共有 197 艘，总人数 15000 人，其中只有 5000 名士兵，不及西班牙的四分之一。但英格兰舰队装备了 6500 门火炮，数量几乎是西班牙的 3 倍。

从战术策略上，英国采用的是灵活机动的舰队炮击战术，而西班牙则仍采用古老而传统的接舷战术。

在战斗中，笨拙的西班牙卡瑞克船根本无法接近英国的盖伦船，反而在英舰远程炮轰击下损失惨重。"无敌舰队"共发射了十万多发炮弹，竟没有损坏一艘英国舰船，最后仓皇逃回西班牙。[1]

1- 布罗代尔在《15至18世纪的物质文明、经济和资本主义》中认为，西班牙的这次失利与国都从沿海退居内陆有关："腓力二世于1580年征服葡萄牙，把政府搬到里斯本，在那里住了将近3年。里斯本濒临大海，是进而控制和统治世界的理想场所，国王和政府迁来这里更使它身价倍增。……1582年离开里斯本，也就等于放弃了控制海外经济的一个哨所，从而让西班牙的力量困守马德里。这是犯了多么荒唐的错误！由此造成了1588年无敌舰队的覆灭。"

日不落帝国

在英西海战的前一年，即 1587 年，是中国明朝的万历十五年。

在此之前，西班牙将吕宋变成了东方殖民地——菲律宾，这个名字来自西班牙国王腓力二世。当时，一份来自菲律宾的《征服中国方案》摆在了腓力二世的面前，腓力二世除了想征服英国，还想派一支远征军征服中国。

该方案很简单，只需组建一支 12000 人的西班牙远征军，沿着麦哲伦航线进驻菲律宾，以此为基地，再征募一些葡萄牙士兵。当时腓力二世兼任葡萄牙国王，且葡萄牙人已经占据澳门逾 30 年，对中国国情很熟悉。除此之外，还可再招一些菲律宾人、印度人和日本人。

按照计划，远征军将分为四路从中国沿海登陆，这个古老而富庶的东方帝国将像印加帝国一样，成为西班牙帝国的新版图……这份方案甚至对征服中国之后如何进行统治提供了思路。

很可惜，中国不是印加，西班牙的无敌舰队在小小的英吉利海峡翻了船。

英西海战之后，桨帆船和卡瑞克帆船都被现实淘汰，而盖伦船以其优异的性能最终取代卡瑞克船，成为风帆船的主流。盖伦帆船的进一步发展，最终成就了一个标准风帆战舰时代。

从卡瑞克船到盖伦船，乃至以后3个世纪的标准风帆战舰，主要的改进，仍是不断地缩减上层建筑，以获得更好的稳定性，同时增加船的尺寸，以搭载更多的舰炮。这些改进使帆船的适航性越来越好，且火力越来越猛。

英国与西班牙发生的这场英吉利海峡之战，是历史上少有的具有决定性意义的重要海战。它宣告了三个时代的终结，即西班牙海上霸权时代、划桨船时代和接舷战术时代；同时亦宣告了三个时代的开始，即英国海上霸权时代、帆船时代和舰队炮击战术时代。新式的帆船在这场战役中成为当仁不让的主角。

有历史学家指出，无敌舰队实际上只损失了44艘船，败绩并没有传说中的那么严重。此战之后，西班牙依然拥有强大的海军，依然是当时世界上最强大的国家。但此次战争显示出，海军舰队的造船技术和炮火技术及相关训练，以及背后的财政支持等，是多么重要。

在很大程度上，英国依靠其在帆船发展上的技术领先赢得了战争，并赢得了海上霸权。可以设想，如果是无敌舰队获胜，那么今天作为"世界语"的，或许将是西班牙语，而不是英语。

对于今天的人们来说，永远无法想象历史事件发生时当时人们的心情。

据说当无敌舰队从西班牙出发时，整个英格兰陷入一片惊恐。霍布斯就在这时候降生到人世间。

打败了无敌舰队，英国并没有从此就过上太平日子。霍布斯一生，见证了残酷的内战和国王被杀，他在流亡中度过了十年，终生未婚。当他84岁时，仍在回忆那可怕的时刻——"谣言在我们镇上四处流传，说无敌舰队的入侵将意味着这个国家的末日。我母亲那时惊恐万状，所以生下了孪生子——我和恐惧。"

对霍布斯来说，恐惧和活命是他的哲学前提，他心目中的理想国要像海怪"利维坦"那样强大，能够保障每个公民的安全。

不管怎么说，此役之后，西班牙的黄金时代一去不复返。

1639年，西班牙舰队在唐斯海战中再次被荷兰击败，这标志着西班牙海上力量的最终衰落。

虽然接下来英国与荷兰进行了三次大规模的海上争夺战，但在1688年，信奉新教的荷兰统治者奥兰治亲王威廉和他的英国妻子玛丽联手推翻了玛丽的父亲、信奉天主教的英国国王詹姆斯二世，和平地接管了英格兰，这就是"光荣革命"。

此后的英国基本上一帆风顺，二百多年持之以恒的海上进击战略，最终使其成为地跨五大洲的"日不落帝国"——从英伦三岛到冈比亚、纽芬兰、加拿大、新西兰、澳大利亚、马

依仗风帆战船击败西班牙后，英国成为风帆时代的"日不落帝国"。

后来英国通过风帆商船垄断全球贸易，并在全世界发展其殖民地

来亚、新加坡、缅甸、印度、乌干达、肯尼亚、南非、尼日利亚、马耳他以及无数岛屿，在地球上的 24 个时区，均有大英帝国的领土。

在相当长的时期，英国皇家海军的军舰驶遍了五大洋的每一个角落，全世界三分之一的商船挂着英国的"米"字旗帜。

技术文明从来都是日新月异，不进则退。

当初西班牙正是凭借着先进的帆船技术击败了奥斯曼帝国，征服了新大陆乃至整个世界，建立了令人瞩目的海上霸权，然而仅仅不到百年，它却因为同样的原因被后起的英国击败，从此走向没落。

"西班牙舰队的失败就好像一个耳语一样，把帝国的秘密送进了英国人的耳朵，那就是在一个商业的时代，赢得海洋要比赢得陆地更为有利。"[1] 在整个 17 世纪，英国商船总吨位翻了两番还多，军舰数量和总吨位增长了 5 倍以上，人员超过45000 人。

正像帆船对于早期的西班牙一样，一个新的风帆时代，几乎与英国海上霸主时代相伴始终。

深得伊丽莎白女王芳心的沃尔特·雷利勋爵曾说："谁控制了海洋，谁就控制了贸易；谁控制了世界贸易，谁就控制了世界财富，最终也就控制了世界。"

1-［英］富勒：《西洋世界军事史》(二)，钮先钟译，中国人民解放军战士出版社 1981年版，第 37 页。

这与思想家培根"英雄所见略同"。

1597 年，弗朗西斯·培根将他精心写作的《随笔集》献给英格兰海军大将巴金汉公爵，其中有一段写道：

> 能否取得海上的霸权地位，是决定一个世界帝国能否建立的关键。……1571 年勒班陀海战，导致了土耳其舰队的覆灭，并导致了这个骄横帝国的衰落。历史上许多次战争都是以陆战开始，而最后以海战结束。所以这是一个重要的教训：谁控制了海洋，谁就控制了世界。至于内陆的霸权，总是局面有限的。就当代而论，英格兰已经赢得了海上的优势，这就使我们不仅可以通过海岸线控制全欧洲，而且可以向富饶的东、西印度群岛进一步开拓。[1]

1- ［英］培根：《论强国之术》，《培根人生随笔》，何新译，人民日报出版社 2007 年版，第 116 页。

第八章　荷兰世纪

海上马车夫

就像当初伊莎贝尔与费尔南德通过联姻成立西班牙王国一样，100 年后，一场政治联姻使尼德兰成为"西班牙神圣不可分割的一部分"。尼德兰人并没有反对西班牙国王腓力二世重新划分荷兰的行政区域和派来新总督，但当他们被要求缴税时，被西班牙人称为"乞丐"的尼德兰人愤怒了。

1566 年，尼德兰低地地区爆发了一场反抗西班牙统治的"乞丐革命"。这场革命引发了一场长达数十年的"荷兰独立战争"。

一开始，西班牙的国王军轻而易举就粉碎了尼德兰人的抵抗。6 年的时间，就有 15 万尼德兰人死于非命。但是一旦加尔文教的尼德兰人联合起来，力量的天平就立刻发生了变化。可以说，这样一来整个西欧都站在尼德兰一边。与西班牙作战的尼德兰军队包括英国联队、法国联队、苏格兰联队和德国联队，简直就是一支"多国部队"。

1581 年，来自尼德兰各地的市民代表在海牙宣布废除西班牙国王的统治权，并成立荷兰联省共和国。这是世界上第一个"赋予商人阶层充分的政治权利的国家"，也是世界上第一个现代意义上的民主共和国。

　　布罗代尔指出，荷兰共和国的出现是旧城市国家的结束，预告了现代民族国家时代的来临。荷兰裔历史学家房龙赞扬道：

　　　　在为政治自由所做的巨大斗争史中，这是一件极为重要的事件，比起以签订大宪章结束的英国贵族起义来走得更远。这些自由民说："在国王与臣民之间有一种默契，双方既应履行某些责任，又应尽某些义务。若一方破坏这一合约，另一方可认为是合约的终止。"在 1776 年，英国国王乔治三世的美洲臣民也得出了类似的结论，但他们与统治者之间相隔着有3000 英里的海洋。荷兰国民议会是在西班牙的枪声中，并且在恐惧西班牙舰队将作出报复的情况下作出决定的。[1]

1-［美］亨德里克·威廉·房龙：《人类的故事》，刘缘子、吴维亚等译，三联书店 1988年版，第 288 页。

为了镇压荷兰独立运动，西班牙的军事支出几乎将殖民所得挥霍一空，再加上30年战争和无敌舰队的覆灭，西班牙帝国的太阳终于日薄西山。

荷兰通过挑战和击败强大的西班牙，赶在英国之前，率先取得世界范围内的海上霸权。

1603年，荷兰在新加坡掳获了一艘葡萄牙商船，船上的香料、瓷器等商品在荷兰拍卖了300万荷兰盾。在荷兰东印度公司的授意下，格劳修斯撰写《海洋自由论》，论述了这一掳获行为的合法性，并阐述了一种崭新的现代公海以及贸易自由概念：根据国际法，任何人可以自由航海至任何地方；荷兰人航海至印度并与印度人进行贸易是合法的；任何国家到任何他国并与之贸易都是合法的。

"如果说英格兰是为大海所吸引的话，荷兰却是被赶向大海的。没有大海的存在，英国或许会一蹶不振，而荷兰则会败亡。"[1] 荷兰具有得天独厚的地理优势，面朝英国和大西洋，占据斯海尔德河、马斯河和莱茵河的入海口，这使荷兰拥有欧洲最好的天然良港。

17世纪上半叶，荷兰的海外投资比英国多15倍，舰船数量多10倍。如果单一国家构成世界格局的说法能够成立的话，

1- [美] 马汉：《制海权》，李剑、王永成译，海潮出版社2014年版，第28页。

此时的荷兰无疑已经取代了葡萄牙、西班牙，而重组了世界体系，并成为世界"第一个现代经济体"。

> 荷兰成功的关键在于高超的造船技术，特别是浅吃水的船体设计，能让船队在北海和浅港顺利航行。自 16 世纪 50 年代起，英格兰人开始建造高速、牢固的舰船，同时荷兰人也在开发更易操控、运载量更大、所需操作人员更少的航船，以便降低航行成本。这些帆船名叫"福禄特"，它的出现为商业用船树立了一个新标杆。[1]

徐继畬在《瀛寰志略》中批评西班牙"富而无政"，对荷兰倍加赞赏，"荷兰为欧罗巴泽国，与鱼鳖错处，受水患最甚，享水利亦最优。"[2]

荷兰包括整个尼兰德（Nederland，意为低地）地区。与葡萄牙一样，荷兰当时人口不足百万，土地极其匮乏，而且三分之一的国土位于海平面以下，五分之一的荷兰人依靠下海捕捞小小的鲱鱼为生。

1- [英] 彼得·弗兰科潘:《丝绸之路: 一部全新的世界史》, 邵旭东、孙芳译, 浙江大学出版社 2016 年版, 第 215 页。

2- 徐继畬（1795—1873），晚清名臣、学者,《纽约时报》称其为东方伽利略，是较早"睁眼看世界"的中国政治家。

如果说葡萄牙和西班牙主要靠暴力掠夺获取财富，那么荷兰则更擅长通过贸易来积累财富。"上帝造海，荷兰人筑堤"，荷兰人是天生的中间人、代理人、加工者和推销商。

荷兰依靠运河建立了欧洲第一个定期可靠的运输体系，这要比火车时代提前整整两个世纪。在代尔夫特和鹿特丹之间，每天有16艘船只往返。除了在河流封冻季节，运河上的船只能够像火车一样定期开行。它不受风力影响，也不像陆路交通一样受路面状况影响。

荷兰资本主义以商业和水上运输业为主，商业霸权以炮舰为后盾。依靠风力和水力的巨大动力，在蒸汽机出现之前，

现代复原的巴达维亚帆船。其排水量达1200吨，在17世纪时，这样的巨舰在亚洲如鹤立鸡群，罕有匹敌者

荷兰造船厂就已经实现了高度机械化，几乎一天就能生产一条船。

1637 年，荷兰制造出排水量高达 1500 吨、装有 100 门大炮的三层甲板的战舰"海上君主"号。到 1644 年，荷兰拥有 1000 多艘战舰，以保护 1000 多艘大型商船进行海上贸易。此外还有 6000 多艘小型商船和渔船，并拥有 8 万多名世界最为优秀的水手。到 1650 年，荷兰已经拥有商船 16000 艘，堪称全球最为庞大的船队。

当时荷兰航船总吨位相当于英、法、西、葡四国之和。荷兰人不仅垄断了欧洲所有的海运贸易，还垄断了世界贸易的中介和转运。五大洲的各个角落，都少不了荷兰船的帆影，因此被称为"海上马车夫"。

在世界历史上，1598 年（明万历二十六年）并不是多么令人瞩目。

这一年，统治着西班牙和葡萄牙的国王腓力二世下葬。他生前给自己选作棺材的，不是什么珍贵的黄金或水晶，而是当年葡萄牙驻印度果阿总督的座舰"基督五伤"号的柚木龙骨。

这一年，邓子龙、李舜臣率领中朝联军 800 艘战舰，一举歼灭日本军 500 艘战船，史称"露梁海战"。

也是这一年，霍夫曼率领一支 249 人的荷兰船队来到中国南海，这是荷兰船队第一次来到中国。在他们的船上，带着一本畅销书《旅行日记》，作者林索登是第一个到过中国的荷兰人。

> 九月间，有二夷舟至香山澳，通事者亦不知何国人。人呼之为红毛鬼。其人须发皆赤，目睛圆，长丈许。其舟甚巨，外以铜叶裹之。入水二丈，香山澳夷虑其以互市争澳，以兵逐之。其舟移入大洋后为飓风飘去，不知所适。（王临亨《辛丑年记事》）

荷兰人在世界各地的出现，意味着一个新时代的开始——17 世纪被叫作"荷兰世纪"。

荷兰人不仅创造了"国家"，还创造了"公司"——"东印度公司"成为世界第一家成熟的股份制公司。[1]

荷兰东印度公司首先是一个殖民组织和军事组织，其次才是一个经济组织。东印度公司由六个荷兰的城市共同组成，他们拥有强大的船队和贸易能力。东印度公司不只拥有从好望角到麦哲伦海峡、整个印度洋和太平洋的贸易垄断权，而且拥有

1- "东印度"指的是从非洲大陆南端的好望角以东，直到南美麦哲伦海峡的广阔地域，这里有一望无际的印度洋和太平洋。当时欧洲各国将从印度洋到太平洋的广阔地域称之为东印度。印度洋、红海、波斯湾、安达曼海、东南亚海域、南海、东海、太平洋和如此广阔的东印度之间的直接贸易，都属于东印度公司，而且独此一家。

在这广大地域独立地建立统治、征兵、宣战、缔结和约乃至铸造货币的权力。

荷兰议会还授予了东印度公司没收其独占区域内任何外国船只的权力，也就是说，他们可以自由攻击在印度洋和太平洋航行的非荷兰籍船只，只要他们认为这些船只干扰了他们的"独占贸易权"。

荷兰东印度公司刚刚成立，就劫获了两艘葡萄牙船——"圣亚戈"号和"圣卡塔琳娜"号。他们将船上数十万件中国瓷器运抵阿姆斯特丹拍卖。几日之内，所有货物就被一抢而空，甚至吸引来了法国国王亨利四世和英国国王詹姆斯一世。

据简·迪维斯在《欧洲瓷器史》中记载，"拍卖这一船瓷器，商人获纯利 350 万盾"。因为这两艘葡萄牙商船都属于老式的卡瑞克帆船，所以荷兰人乃至整个欧洲都将这种中国白瓷称为"卡瑞克瓷"。

这一事件将欧洲的目光吸引到远东的中国，"中国热"和"瓷器热"因此风靡一时。

"发现"台湾

从马可·波罗时代开始，东方中国就成了欧洲人心中遍地是黄金的天堂。荷兰人怀着这个梦想来了。

荷兰东印度公司在它成立的第一年，仅仅依靠中国生丝贸易，就赚取了365万荷兰盾，这相当于公司原始资本的56%。当然这些生丝和那些卡瑞克瓷一样，是他们从葡萄牙人手里抢来的。对荷兰人来说，他们"认为垄断是绝对必要的，这纯粹是中世纪的观念"，人人均可分一杯羹。

与信奉天主教的葡萄牙和西班牙不同，信奉新教的荷兰人更关心的是贸易而不是上帝，他们更像一个纯粹的商人。

17世纪初，热衷于传教的葡萄牙人被逐出日本（甚至遭到斩首）后，见风使舵的荷兰人立即独占了日本的进出口贸易。当1637年日本发生天主教起义时，荷兰人毫不犹豫地提供大炮，帮助日本领主屠杀了3.7万起义者。

与此同时，荷兰舰队在马六甲击败西班牙和葡萄牙的利益联盟，建立了一个全新的东方殖民帝国。《明史·和兰传》记载："和兰，又名红毛番。……（万历）二十九年驾大舶，携巨炮，直薄吕宋。吕宋人力拒之，则转薄香山澳。"

"为了取得对华贸易，我们有必要借上帝的帮助占领澳门，或者在最合适的地方，如广州或漳州建立一个堡垒；在那里保持一个驻地，以便在中国沿海保持一支充足的舰队。"明天启二年（1622 年），荷兰东印度公司的巴达维亚总督库恩派遣雷耶斯佐恩，率领 16 艘战舰（内有 4 艘英国船）和 1024 名士兵进攻澳门。结果荷兰人在这场登陆战中铩羽而归，136 人阵亡，126 人受伤，40 多人被俘。

无奈之下，他们只好选择了更远的澎湖。

1622 年 7 月 11 日，雷耶斯佐恩率荷兰舰队在澎湖登陆。在接下来的时间里，荷兰人按照一贯的殖民精神劫掠了 600 多艘中国船只，将 1500 多名中国人卖为奴隶。天启四年，被激怒的明朝政府动用了超过 1 万名的士兵和近 200 艘战船奔赴澎湖。大明水师在澎湖遍设火船，攻击荷兰战舰。经过 8 个月的海战，大明帝国总算挽回颜面。

22 年前，澎湖也发生过一场海战，不过那时大明水师的对手是倭寇。

万历三十年（1602 年），澎湖水师统帅沈有容清剿倭寇，特邀陈第相助。陈第曾跟随戚继光参与平倭，戚继光死后，他解甲归田，藏书写作，自称"野史氏"。他们率领 24 艘战船，一路追逐倭寇，从澎湖到达台湾岛。

因为船只被台风损坏严重，他们不得不在台湾进行修整。在此期间，陈第他们得以亲眼观察台湾当地居民的生活。后来陈第以此写成 1400 字的《东番记》，"大员"（台湾古称）即出于此。

澎湖海战失败后，荷兰人走投无路，大概是出于同情，明军派遣一个翻译告诉荷兰人，他们可以去不远处的"大员"停泊。

这个翻译名叫何斌。从某种程度上，正是他将无处落脚的荷兰人带到了台湾；很多年后，又是他带路，帮助郑成功赶走了荷兰人，真可谓是成也萧何、败也萧何。

荷兰人到台湾之后，从西南的安平湾一带起步，在海岸修筑了台湾城（热兰遮城）和赤嵌城（普罗文查城），以之作为贸易根据地。两年后，西班牙紧跟来到，占据了台湾北部的鸡笼（今基隆）和淡水。经过 15 年的战争，荷兰人赶走了西班牙人，于 1641 年（明崇祯十四年）彻底独占了台湾岛，从而控制了前往中国、日本和东印度群岛的商业航线。

除了建设大员等贸易货站，荷兰人还对台湾全岛进行了详细勘查和统计，远至淡水、宜兰，下达台东、小琉球。全岛有记录的当地居民村舍达 300 多个，当地居民有 10 万人，包括17 个语言族群。

台湾原来是亚欧大陆的一部分，在冰河期结束时，因为海平面上升而与大陆分隔。台湾海峡宽度是英吉利海峡的好几倍，超过 140 公里（相对而言，琼州海峡宽度仅 30 公里左右）。

> 台湾岛比流求约大四十倍，而且距大陆更近，但中国直到十四世纪，还没有把它发掘出来，只知道有这么一块陆地，陆地上有生番而已。在航向流求途中，有时可以望见台湾的山峰，所以遥称台湾为小流求，但始终没有觅出一条航路。我们想到的原因是：台湾海峡只有南北海流，而无东西海流。只有南北季风，而无东西季风。帆船时代，很难横断航行。即令船舶损坏，失去控制，也只会北漂到流求，南漂到越南，不容易漂到台湾。[1]

随着郑和下西洋引发的南洋移民浪潮兴起，来自福建和广东沿海的移民对台湾沿海平原开始了农业开发。

1- 柏杨：《中国人史纲》，中国友谊出版公司 1998 年版，第 532 页。

荷兰殖民者在台湾沿海建造的要塞

17世纪的东南亚风云激荡，占有地缘优势的台湾岛成为东方世界的财富中心和风暴角。

荷兰东印度公司依仗无可匹敌的战舰，纵横印度洋和西太平洋，仅用了20年时间，就从葡萄牙人手中夺走了香料群岛和斯里兰卡，建立了从日本、中国台湾、巴达维亚、斯里兰卡到阿巴斯港的远东商业链条。台湾岛是荷兰东印度公司对中国、日本、韩国与东南亚各据点的重要枢纽，荷兰人据此垄断了美洲白银和日本白银输往中国的货币贸易。

对大明王朝来说，正是这个"海上马车夫"，维系着帝国脆弱的生命线：他们从台湾岛载着砂糖、鹿皮、鹿肉和鹿角到日本[1]，从日本满载着黄金、白银和铜到中国，以支持帝国的金融体系；又从中国装满茶叶、瓷器和丝绸运往印度，换成棉布后返回香料群岛，在这里经过精心挑选，将最好的丝绸、香料、黄金和瓷器，经好望角运回阿姆斯特丹。

对荷兰来说，这条用 200 艘帆船打造的贸易链条，如同一部永不停息的印钞机，为其创造了源源不断的财富。

1- 台湾本土商品以鹿皮为主，在 17 世纪 30 年代，荷兰人每年从台湾岛收购的鹿皮就达 10 余万张。

帝国海盗

无论在西方还是在东方，最令热衷贸易的荷兰人头疼的，仍然是海盗问题。

继倭寇海盗组织溃解之后，李旦、颜思齐和郑芝龙等新海盗集团又崛起于东亚海域。颜思齐的海盗集团野心勃勃，一度试图发动叛乱，征服日本。在天启四年（1624年）起兵倒幕失败后，颜思齐逃往台湾，被称为"开台王"。颜思齐的旧部郑芝龙随后在日本平户崛起，成为海盗集团的新首领。

郑芝龙堪称17世纪前半期纵横东南亚的传奇人物，他懂葡萄牙语和荷兰语，信奉天主教，还给荷兰人做过翻译。他不仅打着荷兰东印度公司的旗号在海上劫掠，还全部使用欧洲的舰船和装备，"其船器则皆制自外番，艨艟高大坚致，入水不没，遇礁不破，器械犀利，铳炮一发，数十里当之立碎"。

崇祯初年的官方报告称："郑芝龙之初起也，不过数十船耳，至丙寅（明天启六年，1626年）而有一百二十只，丁卯遂至七百。今并诸种贼计之，船且千矣。"

天启七年（1627年），基于共同的秩序和利益，明朝水师联合昔日的对手荷兰舰队，一起围剿这个海盗集团。

令人惊奇的是，荷兰舰队和明朝水师几乎全军覆没。荷兰舰队"司令到达该处后，遭受海贼火船猛烈攻击，只好率领维蕾德号、伊拉斯莫斯号，不发一炮，逃往爪哇"。

崇祯元年（1628 年），明朝改变策略，采取招安模式，册封海盗首领郑芝龙为"海上游击"，并可以继续合法拥有自己的武装集团。

崇祯六年（1633 年），荷兰商人普特曼斯率领 13 艘荷兰战舰从台湾岛出发，对南澳和厦门长途奔袭，重创明朝水师和郑芝龙舰队。台风季节过后，郑芝龙下战书，邀请荷兰海军决战。

到了约定日期，荷兰舰队联合另一个不肯接受招安的中国海盗刘香老舰队，与明朝海军在台湾海峡的金门料罗湾展开一场海上决战。

为了这次决战，郑芝龙在厦门造船厂专门仿造了一批荷兰式两层甲板战舰，每艘战舰装载了三十到三十六门重炮。可惜这些战舰在战前被荷兰人偷袭焚毁。不得已的情况下，郑芝龙只好拼凑了一批普通商船，以传统火攻术迎战。

荷兰人的《热兰遮城日记》记录了当时的战况：

> （中国）官方舰队分成两队，约有 140 到 150 艘戎克船，其中约有 50 艘特别大的战船……他们分别向我们靠过来，有三艘同时钩住快艇 Brorckerhaven 号，其中一艘立刻点火燃烧起来……快艇 Slooterdijck 号被四艘戎克船钩住，他们跳进船来……我们率领 Bredam 号、Bleyswijck 号、Zeeburch 号、Wieringen 号与 Salm 号费尽力气摆脱非常多的火船，向外逃去……因为这场战败，我们的力量已经衰弱到在中国沿海不能再有任何作为了。

据福建巡抚邹维琏奏报的战绩：

> 计生擒夷众一百一十八名，馘斩夷级二十颗，焚夷夹版（板）巨舰五只，夺夷夹版（板）巨舰一只，击破夷贼小舟五十余只，夺盔甲、刀剑、罗经、海图等物皆有籍存。而前后铳死夷尸被夷拖去，未能割级者，累累难数，亦不敢叙。闽粤自来红夷以来，数十年间，此举创闻。

这场毫无悬念的海战中，中国海军完全以多胜少：荷兰仅有 9 艘战舰，且大多是轻型快艇，载炮不超过 10 门；相比之

17世纪荷兰称霸世界的风帆战列舰

下，郑芝龙的闽粤水师有 150 艘"戎克船"，从数量上是荷兰
舰队的十多倍。

最终荷兰海军战舰被击沉 5 艘，被俘获 1 艘，只好败归
台湾。

六年后的崇祯十二年（1639 年），荷兰中校朗必即里哥率
9 艘荷兰战舰卷土重来。郑芝龙遣人携带盛满火药的竹筒泅水
攻击，一连焚毁 5 艘，荷兰再次完败。

海盗班底的明朝海军终于从荷兰人手中夺回了西太平洋海
权。郑芝龙从此完全控制了台湾海峡的制海权，东南沿海商船

"不得郑氏令旗，不能往来"。一面令旗售三千金，连"海上马车夫"的荷兰商船也不得不购买令旗，荷兰东印度公司不得不每年向郑芝龙缴纳2万法郎的保护费。

用欧阳泰先生的话说，当初，郑芝龙协助荷兰人把台湾这座岛屿发展为荷兰帝国"王冠上最美的一颗珍珠"，荷兰人则协助郑芝龙成为强大的海盗，而他也利用这个地位积攒了大笔财富，收入甚至超越了荷兰东印度公司。由于郑芝龙的财富与权势大致上都遗留给了他的儿子，因此也可以说，荷兰东印度公司其实协助造就了后来打败他们自己的人。[1]

郑芝龙早年在日本时，曾娶妻田川松，并生下两个儿子：福松和田川七左卫门。福松7岁后来到中国，恢复中文名字"郑成功"。在其父郑芝龙护荫下，郑成功长大后，成为郑氏武装集团的新首领。他以厦门和金门为基地，逐渐发展成拥有18万军队和数千战舰的武装力量。

作为被永历皇帝赐姓的"国姓爷"，身负国恨家仇的郑成功（朱成功）对清政权进行了长达15年的抵抗战争，最终以失败而告终。其间，郑成功曾多次派人向日本借兵，最后一次，日本终于大举兵，结果在海中遭遇风暴，"舟不得前，乃

1- 欧阳泰：《1661，决战热兰遮：中国对西方的第一次胜利》，九州出版社2014年版，第16页。

回师"。[1]

郑成功眼见大势已去，厦门和金门也恐将不保，不得不将眼光投向海峡那边的台湾。"本藩矢志恢复，切念中兴，恐孤岛（指厦门金门）之难居，故冒波涛，欲辟不服之区，暂寄军旅，养晦待时，非为贪恋海外，苟延安乐。"[2]

恰在这时，翻译何斌带着台湾地图来投，极力劝说郑成功取台湾作为"根本之地"。何斌形容台湾说：

> 沃野千里，实霸王之区。若得此地，可以雄其国；使人耕种，可以足其食。上至鸡笼、淡水，硝磺有焉。且横绝大海，肆通外国，置船兴贩，桅舵、铜铁不忧乏用。移诸镇兵士眷口其间，十年生聚、十年教养，而国可富、兵可强，进取退守，真足与……抗衡也。[3]

1- 韦祖辉：《海外遗民竟不归：明遗民东渡研究》，商务印书馆 2017 年版，第 69 页。

2- 江日升：《台湾外记》。转引自杨友庭《论郑成功的军事思想》，《厦门大学学报》（哲学社会科学版），1992 年第 3 期。

3- 天下杂志记者：《发现台湾》，重庆出版社 2017 年版，第 37 页。

台湾海战

南明永历十五年（清顺治十八年，1661 年），郑成功亲率由 350 多艘战舰和 25000 名士兵组成的舰队，展开对台湾岛的争夺。

在整个 17 世纪，仅仅百万人口的荷兰勉强维持着这个横跨全球三大洋的海上帝国。

1648 年，荷兰结束了与西班牙的 8 年战争，《威斯特伐利亚和约》代表荷兰正式独立。仅过了 4 年，战火再起，荷兰又与资产阶级革命后崛起的英国发生战争。

1651 年，英格兰议会通过了《航海条例》，要求外国商品出入英格兰及其殖民地时，不得使用外国商船，这对以海上运输为命脉的荷兰来说，如同当头一棒，遂引发了战争。这场战争的双方都没有考虑去占领对方领土，完全是为了海上运输的自由。为了打赢这场战争，英国专门出台了《战争条例》。

为了捍卫来之不易的全球海上霸权，荷兰人为这场旷日持久的战争付出了几乎全部物力和人力。1660 年以后，荷兰倾力建造大型战舰，以备战第二次英荷战争。到郑成功出兵收复台湾的 1661 年，虽然荷兰海军拥有 70 艘装备火炮 50 门以上的大型战舰，但这些战舰必须留在欧洲，以对付虎狼之心的英国人以及趁火打劫的法国人，根本无力支援台湾。

在这种艰难的背景下，孤立无援的远东荷兰海军只能独自面对实力强大的郑成功舰队，虽然他们的兵力只有郑军的十分之一。

九年前，荷兰当局依靠火器优势，在台湾当地居民的帮助下，曾成功镇压移民郭怀一领导的中国人暴动，但郑成功远非郭怀一可比。

郑成功舰队的主力为"三桅炮船"，属于大型福船，三根主桅高四丈，船长二十丈，舱五层，船面设楼，高如城楼，可容 300 人，装备红夷炮 8 门和千斤佛郎机（一种火炮）40 门。除了三桅炮船，郑成功还有大量的"龙熕船"，前后各安置一门龙熕炮（千斤佛郎机）。

从战法上，郑成功的水师比较依赖弓箭手，常以小船配合火箭进行混战，将荷兰海军传统的线形队列分割成几段，然后用火箭焚烧船帆，用轻巧的快船架设重炮进行舷射，最后抓住机会登上敌船进行肉搏。

荷军在火力上比郑军强大，船只也更大，但台湾水文状况险恶，暗礁丛生，水浅航道窄，荷兰的大船反倒行动不便。海上混战中，拼的是兵力，郑军明显占了上风。

1661年5月1日的海战中，郑成功仍采取"多船胜寡船，以多铳胜寡铳"的狼群战术，以60艘各装有2门大炮的帆船围攻荷兰舰队。

郑军迎着枪弹奋勇前进，悍不畏死，用荷兰人的说法，"仿佛家里还有一副躯体可供使用一样"。在付出1000多人的伤亡代价后，郑军炮火引发荷舰火药库失火爆炸，击沉了荷军主舰"赫克托"号，又用火船焚毁"格拉弗兰"号。荷军平底船"白鹭"号和"马利亚"号见势不妙，分别逃往日本和巴达维亚。

虽然郑成功损失了近一半战船和兵力，但最后还是以数量优势，夺得台湾海峡的制海权。[1]

郑成功仍然选择了当年荷兰人的入台路线，即从鹿耳门登陆。

在海上道路已经断绝的危局之下，驻守台湾的荷兰总督揆

1- 从台湾海战中逃跑的"马利亚"号船于1661年6月驶抵巴达维亚，向东印度公司报告了荷军在赤嵌城战败和台湾城被围的消息。为挽救台湾，巴达维亚总督又派海军统领科布·考乌，率领10艘战舰和752名士兵前去增援，结果仍大败于郑成功。

一只好依托热兰遮棱堡负隅顽抗。经过半年多的抵抗，最后弹尽粮绝，揆一以"和谈"的方式，将台湾让给郑成功。

郑成功经过将近一年的战争，结束了荷兰人在台湾38年的占领。时值南明永历十五年十二月二十日，西历1662年1月14日。

许倬云先生在《台湾四百年》中说：

> 郑氏孤忠，得遗民人心，不是为了朱家天下，而是为了维护华夏文化的一脉香火，所以郑氏和清政府屡次谈判，可以称臣，但是坚持不剃发，不改衣冠，只是为了保留华夏文化的象征。这一立场，乃是为了文化的归属。[1]

从很多方面来说，郑成功虽然生在古代中国，但却颇具国际视野和现代思想。作为郑成功"反清复明"的政治遗产，"洪门会"（天地会、三合会）对近代中国影响甚著，为洪秀全的起义等提供了精神源泉。

很早以前，阿姆斯特丹的政治家们就发现，葡萄牙在东方的衰落，是因为它将力量和资本消耗在领土征服上。为了避免

1- 许倬云：《台湾四百年》，浙江人民出版社2013年版，第22页。

重蹈覆辙，荷兰公司看重的是贸易的垄断，而不是领土的扩张。

"海上马车夫"荷兰放弃已经苦心经营数十年的台湾岛，撤往巴达维亚。在他们看来，这并不是荷兰人的失败。但揆一还是受到了审判。[1]

需要指出的是，虽然当时荷兰海军已达到了风帆时代的巅峰，但其火器技术并没有压倒性的优势。因为中国也装备了同样的"红夷大炮"，在舰炮的射程、射击精度、杀伤力和发射频率等方面，双方差距有限。

当荷兰海军遭遇中国水师时，中国人仍然采用传统的火攻战术，再加上以多击寡，常常令敌方铩羽而归。

在郑和时代，中国确实建造过

中国古代常用火攻战术来进行水战

1- 揆一（1615—1687）回到巴达维亚后，立刻因为投降而受到审判。之后被软禁于班达群岛，1674 年在威廉亲王特赦下回到荷兰，以后住在阿姆斯特丹。1675 年出版《被贻误的台湾》一书为自己辩护，谴责东印度公司高层玩忽职守，贻误时机，才使他失去台湾。

许多体量超大的风帆巨舶，但到了 16 世纪，欧洲舰船都要比中国大得多。明朝官员形容说，"红夷之造巨舰大如山，而固如铁，坚不可破……终莫能当之者，纵横海外不患破损"。再加上复杂的缆索和侧舷炮系统，使其威力在海战中显得十分强大。

中国人曾经接受并迅速学会了仿造佛郎机和红夷大炮，但除了郑芝龙曾经建造过一批西式战舰（又被焚毁），似乎再也没有人像接受红夷大炮那样去学习仿造西式战舰，包括郑芝龙后来也是以小船火攻来对付荷兰人。

中国水师对阵西方舰队时，常以超过十倍的数量优势，迫使其难以应付。明将俞大猷曾说："海战无他法，在知风候、齐号令、以大舟胜小、以多胜寡耳。""一贼所恃者，龙头划然，贼不过一二十只，我兵用则七八十只，以多制寡，何患不取胜？"（明·俞大猷《正气堂集》）

俞大猷还说："一战贼大船，必用火攻。"

与西方跳帮撞船战术不同，中国传统的水战和海战，常常是互射火箭，或顺风漂送火船，以此焚毁敌舰。火器出现之前如此，火器出现以后仍如此，从屯门海战、澎湖海战到台湾海战，中国无一不是以火攻取胜。

这种胜利往往是以巨大的人员牺牲换来的，这也是军事技术落后的代价。

第九章　激荡太平洋

天路历程

英国哲学家培根在 1620 年写到，"遍及整个世界的迁移"，包括陆地占领与海上航行，既是"学识进步"的结果，也是一个"被天意命定"的年代。

社会学与物理学风马牛不相及，但都"拒绝真空"。

对农耕时代后期的旧世界来说，处于石器时代的新大陆，就是一个巨大的真空，等待着人们去填满。

在哥伦布之前，大海几乎是一种不可逾越的屏障；在哥伦布之后，大海成为一个最便捷的通道。大海既是强梁的征服之路，也是异端的再生之路。

苛政猛于虎，如果远方有伊甸园，即使千里迢迢，为了免受专制权力的奴役和迫害，人们也会义无反顾地前往。只要前方没有贫穷、没有腐败、没有不公，那么大海就是通向新世界的康庄大道。

在后哥伦布时代，大西洋成为欧洲人的新地中海，新大陆其实就是一个新欧洲。帆船从欧洲的港口驶出，满载着欧洲移民，返程时，装载着来自新大陆的黄金、白银、蔗糖、烟草和棉花。

自发现它的那一刻起，大西洋就深刻影响着欧洲的文明。在西方中心主义者看来，欧洲文明也是人类文明的主要构成。

　　1957 年，世界第一颗人造地球卫星发射成功。当时一位美国历史学家写道："哪怕我们在太空中建了一个卫星站，或者我们登上了月球，大西洋也还是人类世界的中心。"

　　人类在创造国家之前，就已经创造了社会，或者说，国家是社会的产物。就如同"天路客"在登上新大陆之前，就已经签署了《五月花号公约》。

　　法国历史学家托克维尔在《论美国的民主》中说：

　　　　考察一个民族的成长，应当追溯它的过去，应当考察它在母亲怀抱中的婴儿时期，应当观察外界投在他还不明亮的心智镜子上的初影，应当考虑他最初目击的事物，应当听一听唤醒他启动沉睡的思维能力的最初话语，最后，还应当看一看显示他顽强性的最初奋斗。只有这样，才能理解支配他一生的偏见、习惯和激情的来源。[1]

历史往往有一种连锁反应，比如波澜壮阔的大航海时代就为宗教改革提供了一个契机，新教运动席卷西北欧地区。

在英国，亨利八世借口离婚，发起宗教改革，脱离罗马教会，成立英国国教会。随着加尔文教义的传播，"世界就是我们的修道院"，一些英国人又脱离圣公会（英国国教会），成为分离派清教徒。

这场宗教分离主义遭到伊丽莎白的严厉镇压和迫害，大批清教徒由此逃亡荷兰共和国，或者转入地下活动。

16世纪70年代，领导荷兰独立运动的沉默者威廉一世深感战争和政治的罪恶，他建议人们离开欧洲去新大陆："在一个遥远大陆的荒原上享受自由，比在不和睦家园的安逸中忍受奴役要强得多。"

从那时起，就有无数勇敢的人们，携妻负子，背井离乡，北美新大陆出现了被称为新英格兰的移民聚居点。

伊丽莎白时代的英国，对内实行残酷的宗教镇压，对外展开帆船殖民扩张运动。根据西方传统，新大陆的土地所有权是谁先发现谁先得到。在热那亚人哥伦布第二次从美洲返航的那一年，即1496年，威尼斯人卡波特率领的英国船队率先发现

1－［法］托克维尔：《论美国的民主》，董果良译，商务印书馆1991年版，第30页。

并探测了北美洲。16 世纪末 17 世纪初，北美许多海岸地带就这样变成了英国的新领土。

伊丽莎白将这些新领土授权给某个人或某个公司经营管理。在 1607 年，英国就在北美开拓了第一块殖民地，殖民者在这里成功度过了冬天。为了讨好"童贞女王"伊丽莎白，将这块殖民地取名为弗吉尼亚（Virginia，意为处女）。

"不自由，毋宁死"，为了摆脱国内的宗教压迫，一些清教徒与弗吉尼亚公司签订移民合同，决定迁居北美。

1620 年 9 月 16 日，35 名清教徒和一些破产者、流浪者及其他"契约奴"[1]，搭乘一条本用来捕鱼的小船，悄然离开英国普利茅斯，前往遥远的新大陆。这艘三桅盖伦船名叫"五月花"号，长 27 米，排水量仅 80 吨。

"五月花"号上的乘客共计 102 人，包括 3 名孕妇，船员不到 30 人。每人只有不到一平方米的容身空间，一些人甚至睡在救生艇里。船上也没有厕所。所以旅途生活非常不舒服，也极不卫生。

因为错过了最佳出航时间，他们几乎是在惊涛骇浪中冒死

1-17—18 世纪在英属北美殖民地一种役使的白人劳动力，亦译契约佣工，俗称"白奴"。多为英国与欧洲大陆的劳苦大众。由于贫困或政治、宗教的原因，只得前往新大陆寻找较好的机会。但由于付不起路费，他们与船主或雇主订立契约，以 4～7 年无偿劳役抵偿船资。

一群清教徒搭乘"五月花"号渔船来到新大陆

渡洋。一位清教徒差点被吹到海里，幸亏危急时分他抓住了一条缆绳。

这次航行没有留下航海日志，大海带来的恐惧与彼岸带来的希望交织在每个清教徒心中。

冬季的大西洋海浪滔天，有时候连一张帆都撑不起来。"五月花"号上的所有人都被迫躲进底舱，一连好几天。船上又湿

又冷，没有一块干燥的地方。人多船小，拥挤不堪，通风也很差。底舱没有照明，饮水也不够，到处弥漫着呕吐物和海水的味道。人们每天都在和自己内心深处的恐惧感以及身体的不适作斗争。

或许是上帝恩赐，或许是"五月花"这个美好名字的魔力，在危险而艰难的旅程中，"五月花"号上只有一个人死去，同时又有一个婴儿降生。这样算来，当他们到达北美的科德角时，船上还是102人。

风帆时代的海上旅途极其漫长，对"五月花"号来说，这样风雨如晦的日子一直持续了66天。11月11日，船长根据海水颜色的变化以及西边云彩的大致轮廓判断，美洲大陆就在眼前了。

这次航行本来是一次商业行为，但他们到达的却不是英国当局管理的弗吉尼亚，而是一个陌生的地方。也就是说，在这片处女地上，还没有出现政治和法律，也没有国家。

更为严酷的是，冬天已经来临。如果登陆后作鸟兽散，那么谁也无法在严寒贫瘠的新大陆度过这个冬天。

但有一点，这些"天路客"与那些西班牙殖民冒险家不同，这里没有黄金，他们来这里也不是为淘金发财，而是要在一个新"理想国"里，开始自力更生、高尚纯洁的新生活。"他们之离开舒适的家园，是出于满足纯正的求知需要；他们甘愿尝尽流亡生活的种种苦难，去使一种理想获致胜利。"

为了建设一个新家园，这些反对暴政压迫、主张自由平等的"天路客"，决定共同签署一份书面约定。除了几个被雇到船上工作还不到一年的海员和几个实在病得无力书写的人，船上的41名成年男子都参加了签署。

这就是著名的《五月花号公约》——

为了上帝的荣耀，为了增强基督教信仰，为了提高我们国王和国家的荣誉，我们漂洋过海，在弗吉尼亚北部开发第一个殖民地。我们在上帝面前共同立誓签约，自愿结为一民众自治团体。为了使上述目的能得到更好的实施、维护和发展，将来不时依此而制定颁布的被认为是这个殖民地全体人民都最适合、最方便的法律、法规、条令、宪章和公职，我们都保证遵守和服从。

《五月花号公约》

真正的历史，常常是许多不确定因素的叠加。阅读历史的乐趣在于，历史的细节之处总是充满太多的惊喜和意外。

我们总是无法想象，美利坚民族竟是由这样一群天真的"书呆子"，用一份写在羊皮纸上的书面合同开创的；就如同我们无法想象，他们在建立国家之前先建立了大学。

这批异教徒以他们先前在英国教堂里采用的社会契约为样本，确立起一种"民间团体政治"，用来设计一种"为了殖民地总体利益而须实行的公平之法，以及相关的法规、条令、宪章与公职"。

《五月花号公约》树立了一个典范，即人民可以通过自己的公意来决定集体行动，从而以自治的方式管理自己的生活；任何人行使统治，必须经过民众的同意；人民可以通过公议的契约建立秩序，而不是由人民之上的暴力和权力强加。

所谓"自治"，意味着一切公共事务，必须征得全体自由民的意见，由此开创了一个自我管理的社会，这标志着"政府需经被统治者的同意"这一文明原则得到认同和实现。

可以这么说，《五月花号公约》孕育了民主政治的许多理念与理想。

早在《五月花号公约》出现之前一个世纪，马基雅维利就用春秋笔法揭穿了君主权力的画皮。

《君主论》以无情的现实主义拒绝任何道德制约，从而将政治从宗教和哲学中分离出来。"世界上有两种斗争方法：一种是运用法律，另一种是运用暴力。第一种是属于人类特有的，第二种则是属于野兽的。"[1]

在 1604 年，英国国会的平民院就向国王詹姆斯一世宣布："我们的特权和自由是我们的权利和遗产，正如我们的土地和财产一样不可剥夺。"在启蒙时代来临之前，王权与神权并行统治，《五月花号公约》的出现，暗示了民主政治的基本理念，它以理性主义否定了由来已久的君权神授思想，否认了统治权无须平民认可的现状。

"美洲殖民始于这样一种思想，一个社会里的公民可以自由结合，并同意通过制定对大家都有益的法律来管理自己。"[2]《五月花号公约》是此后无数自治公约中的第一个，它所呈现出的依法管理、民众自治理念，成为许多居民点和后来殖民地竞相效仿的模式，对《独立宣言》和美国宪法都产生了巨大的

1-［意］尼科洛·马基雅维里：《君主论》，潘汉典译，商务印书馆 1986 年版，第 83 页。
2-［美］戴安娜·拉维奇：《美国读本》（上），林本椿、陈凯等译，三联书店 1995 年版，第 3 页。

签订《五月花号公约》

影响。

　　可以说，《五月花号公约》不仅树立了"美国精神"，也标榜了文明尺度和国家道德，这在人类历史中是划时代的。这告诉人们，人与人之间除了基于暴力的杀戮、征服和奴役，还有一个选择，就是基于契约的合作。

一个"理想国"

从圣劳伦斯湾到墨西哥湾，到处都覆盖着将近 20 米厚的树叶地毯，除了森林和野生动物，这里几乎没有什么资源。虽然北美生活着 1000 多万石器时代的土著居民，但他们并没有建立起阿兹特克人和印加人那样的城市文明。

从踏上新"普利茅斯"的那一刻起，36 名"天路客"清教徒和 66 名"教外之人"就面临着严峻的生存危机。在上岸不到 3 个月的时间里，就已经有半数人冻饿而死。

食物严重缺乏，没有御寒的衣物和房屋，这是 17 世纪大多数新大陆移民的普遍困境。许多移民点在第一年就陷于失败和崩溃，甚至发生人相食的惨剧。特别是早期到这里的人们，只迷恋于寻找黄金和白银，这些人既无才干，又无品德，酿成了数不清的悲剧。

最早计划建立北美殖民地的是沃尔特·雷利，他于 1587 年发动 117 名移民在北卡罗来纳州罗阿诺克岛登陆，但当雷利的船两年后再次来到时，却没有找到一个活着的移民。这就是"失落的弗吉尼亚"。1609 年，詹姆斯敦移民点的 220 名英国人，其中只有 60 人活到了第二年春天。一个幸存者在日

感恩节

记中写道："没有任何英国人留在外国，像我们留在新发现的弗吉尼亚那样悲惨。"

相对而言，这些自愿到来的"五月花"号移民要幸运得多。

在青黄不接的最艰难时节，他们得到了土著印第安人的热心救助。这些石器时代的古老部落非常慷慨地送给可怜的"新人类"许多生活必需品，还教授他们种植玉米、捕鱼和饲养火鸡。

一年之后，新移民和原住民的餐桌上摆满了玉米、南瓜和火鸡，他们共度了一个盛大的"感恩节"——感谢原住民的救命之恩。

1621 年 4 月 7 日，当"五月花"号再度起锚时，侥幸活过严冬的移民中，没有一个人愿意返回英国。20 多年后，清教徒推翻英国专制体制，查理一世被共和政府处死。

感恩节很快就过去了，印第安人没有圣诞节，古道热肠的患难之情经不住冷酷现实的折磨，"新英格兰人竭力消灭那些曾经欢迎过并拯救过他们先祖的土著人，同时也消灭了他们先祖的生活方式"。

这一段始乱终弃的历史可以被归结为两条船：

1620 年 9 月，"五月花"号从英国普利茅斯港起程，横渡大西洋，为美洲带去 102 名移民，他们将新世界的落脚点同样起名为普利茅斯。

55 年后的 9 月，一艘名为"海上花"号的帆船从美洲的普利茅斯起程，乘客是 178 名印第安土著，目的地是加勒比海种植园。

虽然都是乘坐帆船、背井离乡，但前者的 102 名"天路客"是要在新土地上建立自己的人间天国，而后者却是战败后被贩卖做苦役的奴隶。

"五月花"号在北美大陆的登陆是一个标志性的事件，它成为美国民主政治传统的精神来源，甚至制造了一个"上帝特选国家"的神话。

从《五月花号公约》到《独立宣言》，一叶扁舟漂泊而来的美利坚作为一个现代国家，其诞生的历史也是关于这两个文本的

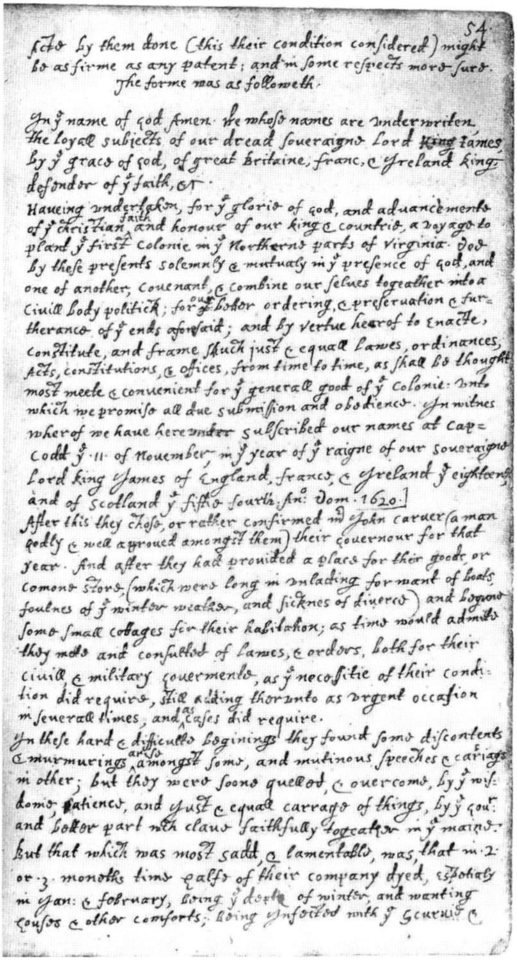
54

ecte by them done (this their condition considered) might be as firme as any patent; and in some respects more sure.

The forme was as followeth.

In ye name of God Amen. We whose names are underwriten, the loyall subjects of our dread soveraigne Lord ~~King~~ King James by ye grace of God, of great Britaine, Franc, & Ireland king, defender of ye faith, &c.

Haveing undertaken, for ye glorie of God, and advancemente of ye christian faith and honour of our king & countrie, a voyage to plant ye first colonie in ye Northerne parts of Virginia. Doe by these presents solemnly & mutualy in ye presence of God, and one of another, covenant, & combine our selves togeather into a civill body politick; for our better ordering, & preservation & furtherance of ye ends aforesaid; and by vertue hearof to enacte, constitute, and frame shuch just & equall lawes, ordinances, acts, constitutions, & offices, from time to time, as shall be thought most meete & convenient for ye generall good of ye colonie: unto which we promise all due submission and obedience. In witnes wherof we have hereunder subscribed our names at Cap-Codd ye .11. of November, in ye year of ye raigne of our soveraigne Lord King James of England, France, & Ireland ye eighteenth and of Scotland ye fiftie fourth. Ano: Dom. 1620.

After this they chose, or rather confirmed mr John Carver (a man godly & well approved amongst them) their governour for that year. And after they had provided a place for their goods, or comone store (which were long in unlading for want of boats, foulnes of ye winter weather, and sicknes of diverce) and begune some small cottages for their habitation; as time would admite they mette and consulted of lawes, & orders, both for their civill & military governmente, as ye necessitie of their condition did require, still adding therunto as urgent occasion in severall times, and as cases did require.

In these hard & difficulte beginings they found some discontents & murmurings arise amongst some, and mutinous speeches & carriags in other; but they were soone quelled, & overcome, by ye wisdome, patience, and just & equall carrage of things, by ye Gov: and better part wch clave faithfully togeather in ye maine. But that which was most sadd, & lamentable, was, that in 2. or 3. monoths time halfe of their company dyed, espetialy in Jan: & February, being ye depth of winter, and wanting houses & other comforts; being infected with ye scurvie &

《五月花号公约》原文

历史。

180 多年后，在当年"天路客"登陆的普利茅斯，美国总统约翰·昆西·亚当斯深情地说："这份积极向上的、富有创意的社会公约在人类历史上或许是绝无仅有的。……这个社会的每个个体都一致认可这个团体，并最终发展成为一个国家。"

在早期移民马萨诸塞州的清教徒当中，仅牛津和剑桥的毕业生就超过 100 个，当时的马萨诸塞州可称是"世界上教育程度最高的社区"。他们到达新大陆第六年，虽然还没有解决基本的生存问题，就先期建立了哈佛学院。

《五月花号公约》的意义并不在于契约本身，而在于对契约的信任和遵守，从而实现了政治的文明。"更为重要的是，这个文件奏效了；因而，西方的新理想国成立了。"如同一个美丽的童话，一艘小船满载着梦想，最后带来了一个国家，这或许是清教徒奉献给那个悲惨世界的最伟大的礼物。"五月花"号开创了一次改变世界的航行，并留下一份感动人类的文件。从某种意义上讲，他们开辟了一个新世界。

大唐时代的日本

如果从地理上将亚洲与欧洲进行比较，中国就如同法国，而日本则与大不列颠极其类似。

房龙把英国的地理位置比作蜘蛛网中的蜘蛛，因为从那儿到地球上任何其他地方的距离几乎都相等。与蜘蛛网不同的是，它周围的海域可以确保它不易受外敌的侵扰。英吉利海峡的宽度仅21海里，但隔绝日本与亚欧大陆的海面宽度达115海里。日本在地理上的孤立地位，使它在现代以前一直处于与亚洲大陆的政治隔绝状态，其程度远远超过了大不列颠与欧洲大陆的政治隔绝状态。

中国的面积当然比法国大得多，几乎相当于整个欧洲。李鸿章称日本为"蕞尔小国"，其实日本的面积要比英国大很多。但是国家的大小，不能简单地以面积大小论。

在世界史上，英国是最早实现工业化的西方国家，而日本也成为最早实现工业化的东方国家，而且这两个分别位于亚欧大陆两端的岛国，都以和平的君主立宪方式实现了现代民主。这无疑是人类文明发展进程中一个令人拍案惊奇的巧合。

如果说英国是欧洲的例外，那么日本也是亚洲的例外。自从大洪水之后，日本就孤绝于亚欧大陆的主流世界。

大约一万年前，日本列岛从亚欧大陆完全分离出来，冰河期结束后，冰层融化，海平面上升，其结果形成了日本海，于是形成了今天的日本列岛。公元前 3 世纪左右，在中国正是秦始皇统一国家的时期，大概是长江流域哪个小国的遗民逃亡到日本列岛，带来了水稻农业。

直到 6 世纪左右引进汉字，日本才结束没有文字的史前时代。

古时候，对大陆型的中国来说，日本始终是遥不可及的，但对朝鲜来说，日本则近在咫尺。在历史上，日本与中国发生过多次战争，几乎每一次都与朝鲜有关。最早的一次是唐朝的白江口海战。

唐朝高宗总章元年（668 年），唐军攻入平壤，高句丽灭亡。在此之前，隋唐两代与高句丽进行了很多年的战争，付出了极大代价，甚至隋朝因此而加速了灭亡。究其原因，高句丽作为农业帝国，有极其发达的城池防守体系，再加上严寒气候，让隋唐军队劳师远征，困于坚城之下，难以作为。后来唐军发挥海军优势，才彻底扭转了被动局面，因为高句丽几乎没有水军。

百济位于高句丽的南方，唐军越海攻百济，形成对高句丽南北夹击的态势。百济也无水军，只得向日本求援。

高宗龙朔三年（663年），唐军在白江口与前来支援百济的日本海军发生了战争。

当时率领唐军的是名将刘仁轨。日军人数和船只数量都比唐军大得多，但唐军的武器装备、战船技术和作战水平明显比日军强太多，以致于唐军只用火箭一通狂射，就把日军打得一败涂地。

《旧唐书·刘仁轨传》的相关记载只有寥寥数笔："仁轨遇倭兵于白江之口，四战捷，焚其舟四百艘，烟焰涨天，海水皆赤。"

白江口之战和怛罗斯战役一样，对唐朝而言根本不值一提，但对于日本，它的历史意义却非常重大。

中国古语说，见贤思齐，知耻而后勇。战争失败，引发了日本历史上持续很长时间的"唐化"运动。当时日本还停留在原始的飞鸟时代，由此借用汉语，进入文字时代。后来的数百年间，日本派出大量"遣唐使"，不仅学习中国的诗词歌赋和佛教，还引进了全套的政治、经济和文化制度，甚至连服装、建筑和地名都照搬不误，京都就完全仿照长安修建。

唐朝对日本的影响是如此巨大，直到千年后的明朝，日本还称中国为"大唐"。实际上，"日本"这个名字也是那一时期出现的，意思是"太阳升起的地方"，而这无疑也是来自中国的视角，因为日本在中国的东边。

蒙古人在统一中国后，曾经发起了一场颇具规模的征服日

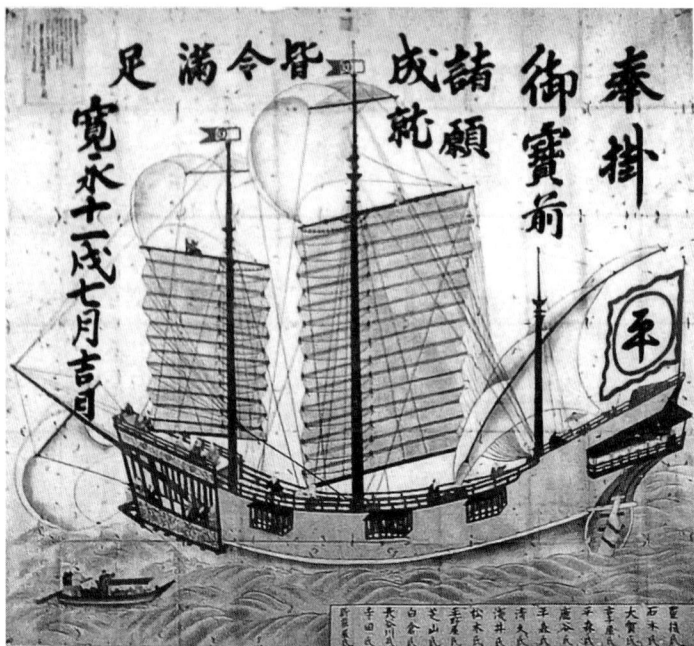

日本朱印船

本的战争，但最后损兵折将，倒是给日本留下了"神风"的英雄传说。

在风帆时代之前，或者说在 16 世纪欧洲人来到时，日本基本属于亚洲大陆的一个边缘文明区。海洋构成的天堑，既阻止了来自大陆异族对日本的征服，也使日本文明与大陆文明产生了极大的疏离和差异。在中国生活过很多年的马可·波罗，竟然以为日本人是白种人，并且离中国非常远，"拥有不计其数的黄金"。

虽然日本对亚欧大陆来说无足轻重，但大陆对日本则不可或缺。对孤悬的日本来说，船运或者说海运几乎就是他们连接文明和世界的脐带。

从早期的遣唐使开始，到了 15 世纪前后，日本海船的运载量已经达到了千石左右。16 世纪中叶，持有幕府"朱印状"的日本商人有百名以上，其船达 300 余艘。一艘海船平均载重是 300 吨左右，而最大的已经达到了 800 吨。

明嘉靖三十八年（1559 年），活跃于中日之间的海盗汪直被明朝设计诛杀，日本也被逐出中华帝国的朝贡体系。此后的万历年间，中日关系进一步恶化。随着国际海盗势力在西太平洋崛起，明朝的海禁政策趋于严厉，这进一步激发了走私贸易的发展，形成了"倭寇"现象。明朝皇帝遂停止了一切与日本有关的贸易活动。

虽然时断时续，时松时紧，但总体上来说，中国与日本之间紧张的贸易关系一直延续到晚清。[1]

1- 亚当·斯密在《国富论》中写道：当时的中国人不重视国外贸易。当俄国公使兰杰来北京请求通商时，北京的官吏以惯常的口吻对他说，"你们乞食般的贸易！"除了对日本，中国人很少或完全没有由自己或用自己的船只经营国外贸易。允许外国船只出入的海港，亦不过一两个。所以，在当时的中国，国外贸易被局限在狭窄的范围，要是本国船只或外国船只能比较自由地经营国外贸易，这种范围当然就会大得多。

最后的幕府

在德川家康出生的那一年，即 1543 年，一艘失事的葡萄牙商船漂泊到日本的一个小渔村，这就是著名的"种子岛"事件。

日本从葡萄牙人这里得到了枪械和火药的制造技术，使持续百年的战国时代迅速走向尾声，也使日本传统的贵族政治土崩瓦解。

1592 年（明神宗万历二十年），丰臣秀吉倾举国之兵，发起征服朝鲜和中国的壬辰战争。在一系列海战中，日本舰队不敌李舜臣率领的朝鲜龟甲战船，从而丧失了制海权，使陆军陷入困境。丰臣秀吉临死还念念不忘："勿使我十万兵为海外鬼！"

毫无悬念，这场火器时代的国际战争以露梁海战而告终，日本大败。

在很长的时间里，东方诸国尤其是朝鲜人、日本人和中国人确实曾经经历过一个来自汉唐的传统，可以称为一个"文化共同体"。但是，从丰臣秀吉侵朝到明清易代之后，文化上的分道扬镳，已经使得几个

日本闭关时代，荷兰人通过长崎出岛保持着对东南亚的贸易垄断

民族、文化和国家之间渐行渐远，使得各自通过对
方，看到了彼此细微却深刻的不同。[1]

德川幕府将日本带入长达200多年的闭关锁国时代。
在此期间，传教士和天主教遭到残酷镇压和清洗，葡萄牙
人和西班牙人被毫不留情地赶出日本，只有专注贸易的荷兰人
和中国人得以在长崎港的出岛暂居，且受到严厉甚至屈辱的管
制。这一孤立主义政策同时严禁日本人出国，也禁止制造大船

1- 葛兆光：《想象异域：读李朝朝鲜汉文燕行文献札记》，中华书局2014年版，第25页。

和对外贸易。

作为一个岛屿国家，日本并未像英国一样对海洋世界进行冒险和探索。从文化上，德川时代的日本似乎更接近于大陆国家而非海洋国家。

按照"文明的生态史观"[1]，日本与中国江南较为相似。由于喜马拉雅山脉的自然屏障造成的季风影响，中国从西南地区沿着长江一直到江南一带，形成相似的自然生态，也形成了独特的文化生态。日本列岛实际上也受到这股季风的影响，其植被呈现出类似的特点，如竹子、茶树等，其文化也不例外。

但海洋的隔绝，使日本的文明开化要晚于位于大陆的中国，因而一衣带水的日本深受中国文化影响。虽然中日同样深受儒家文化濡染，但在近世的几个世纪中，中国长期处于北方游牧民族统治之下，相比之下，日本并无类似的经历。[2]

中国在宋朝和明朝先后覆亡于北方游牧民族的铁蹄之下，两度出现了大规模的难民潮。这些江南地区的帝国遗民跨海移

1- 可参阅［日］梅棹忠夫：《文明的生态史观》，王子今译，上海三联书店1988年版。

2- 日本国学派创始人贺茂真渊指出："中国在过去多年间一直受各个不同王朝的统治，而日本则忠实于万世一系的天皇。"对后发的日本来说，从未间断的天皇神权与周期性更迭的军人统治，形成了一种统一文化下的多元政治，复杂断裂的岛国地形也加强了氏族传统下的地区自治。商人阶级和武士军人阶层构成日本社会的主流势力，他们从经济上和政治上主导了日本的发展步伐和历史轨迹。

民日本，使中华文化进一步融入日本文化。[1]

海洋对于中国和日本，有着完全不同的历史记忆。

在倭寇之前，中国几乎从未遭遇海上威胁，倭寇加剧了中国对海洋的恐惧和对贸易的排斥。相对而言，忽必烈时期的中国第一次跨海征服日本遭到惨败，丰臣秀吉的日本第一次跨海征服中国同样遭遇惨败，结束战国纷争的日本之所以选择自闭，含有铸剑为犁、休养生息的意味，甚至连火器也一概禁绝。天主教的盛行对天皇神权构成挑战，这成为锁国制度最根本的原因。[2]

中国几次锁国高潮都是为东南海盗之患所迫。与中国相

1- 宋末的陆秀夫和文天祥在日本被树为武士道的英雄。"东莞李竹隐先生，当宋末，使其婿熊飞起兵勤王，而身浮海至日本，以诗书教授，日本人多被其化，称曰'夫子'。"明末黄宗羲、朱舜水等传统士人纷纷赴日"乞师"，特别是朱舜水，在 15 年间多次出入于日本和安南。日本为朱舜水打破"四十年不留唐人"之禁例，使其于 1659 年"归化"日本。在历史小说《北京法源寺》中，李敖借谭嗣同之口说："宋朝末年，日本人靠中国人李竹隐和中国和尚祖元的帮忙，才有了抵抗蒙古的精神动力；明末时候，靠中国人朱舜水的帮忙，才有了以后王政复古以至明治维新的精神渊源。"

2- 早在利玛窦使大明帝国礼部尚书徐光启皈依基督教之前一个世纪，方济各会和耶稣会的传教士们就已经从欧洲来到日本传教，并且取得了罕见的成功。到丰臣秀吉时代，日本天主教徒已达 15 万。1597 年，一艘西班牙商船在日本搁浅，船长拜见了丰臣秀吉，拿出一个地球仪，介绍了西班牙的海上帝国版图。第一次看见地球仪的丰臣秀吉惊讶于西班牙何至于如此庞大，得意的船长说，他们主要用基督教同化各地土著，使其归化西班牙。丰臣秀吉如梦方醒，当即处死 26 名天主教徒。丰臣秀吉死后，天主教迅速扩张，教徒达到 70 万。

比，日本的闭关锁国制度要多一些主动。德川幕府为了表示闭关的决心，甚至将葡萄牙外交使团集体斩首，葡萄牙人只好彻底死心。在两个多世纪里，荷兰人长期被限制在长崎港口小小的出岛上，这个岛宽 82 步，长 236 步。

中国的智者老子认为，所谓理想的世界就是"小国寡民，使有什伯之器而不用，使民重死而不远徙。虽有舟舆，无所乘之；虽有甲兵，无所陈之。使民复结绳而用之。甘其食，美其服，安其居，乐其俗。邻国相望，鸡犬之声相闻，民至老死，不相往来"（《道德经》）。

然而世易时移，树欲静而风不止，中华帝国也罢，日本幕府也罢，它们的自闭，并不能改变人类世界发展和开放的大趋势。

19 世纪成为欧洲的世纪，占世界 20% 人口的欧洲，控制了 70% 的世界贸易，而被哥伦布发现的美洲则成为一个放大版的新欧洲，南美人说着西班牙语和葡萄牙语，北美人说着英语。

大清天朝遭遇到鸦片和战争的羞辱后不久，风帆时代就已经落幕，海洋世界进入一个工业化的蒸汽－钢铁时代，从而引发了一场全球范围内的贸易革命和军事革命。

1807 年，美国人富尔顿建造的"克莱蒙特"号轮船，在哈得孙河上逆流而上，取得了轮船航行的首次成功。

"克莱蒙特"号以钢铁为新型造船材料，以蒸汽机为新的动力系统，开创了造船史的新纪元。"克莱蒙特"号标志了帆船时代的结束，汽船时代的开始。

1819 年，美国制造的世界第一艘蒸汽驱动的邮船"萨凡纳"号，经过 26 天，成功跨越大西洋。1843 年，美国海军"普林斯顿"号蒸汽船下水，这是世界第一艘螺旋桨战舰。

蒸汽时代的来临，使人类摆脱了对季风的依赖，海洋似乎突然间缩小了一半。工业革命造就了现代，也造就了美国，不到百年时光，它就已经羽翼丰满。

沉迷自闭的东方世界对工业革命几乎一无所知，虽然日本也对清朝在鸦片战争的遭遇感到震惊，但绝没有想到这个噩梦很快就降临到了自己的头上。

曾经担任清国驻日使馆参赞的黄遵宪写有一首《樱花歌》：

>············
>
>承平以来二百年，不闻鼙鼓闻管弦。
>
>呼作花王齐下拜，至夸神国尊如天。
>
>············
>
>芙蓉毒雾海漫漫，我自闭关眠不动。
>
>一朝轮舶炮声来，惊破看花众人梦。
>
>············

黑船来航

1839 年，英国学院派画家透纳创作了一幅"英国最伟大的油画"——《被拖去解体的战舰无畏号》。在画面中，巨大的帆船"无畏"号被一艘体量小得多、吐着浓烟的小蒸汽船拖往海斯港，进行解体。在 1805 年的"特拉法尔加海战"[1] 中，装备着 98 门船炮的"无畏"号曾为英国的胜利立下了汗马功劳。

这幅油画历史性地记录了老式风帆战舰在蒸汽动力出现之后迅速没落的情景。

在 1840—1842 年的鸦片战争中，英国出动了 14 艘蒸汽

1- 特拉法尔加海战是最后一场木质帆船间的海战，也是 19 世纪规模最大的一次海战。1805 年 10 月 21 日，英法双方舰队在西班牙特拉法尔加角外海面发生决战。法国和西班牙联合舰队有战列舰 33 艘，还有 7 艘巡洋舰，舷炮 2626 门，官兵 21580 人；英国有 27 艘战列舰和 4 艘巡洋舰及 2 艘辅助船，舷炮 2148 门，官兵 16820 人。战斗持续 5 小时，英军战术得当，以少胜多，法西联合舰队主帅维尔纳夫和 21 艘战舰一起被俘。富勒在《西洋世界军事史》中评价说："它把拿破仑征服英国的梦想完全击碎了。一百年来的英法海上争霸战从此宣告结束。它使英国获得了一个海洋帝国，这个帝国维持达一个世纪以上。"

轮船，跨越大半个地球奔赴中国。林则徐在写给道光皇帝的奏折中将其称为"火轮船"——"以火焰激动机轴，驾驶较捷"。

"复仇女神"号蒸汽战舰是一艘纯粹的铁舰，载重量为700吨，配备了两门可发射32磅炮弹的大炮。它拥有一台120马力的蒸汽机，吃水却只有1.5米，这意味着它可以进入内河，从而可以轻易地直接攻击广州、上海和南京等城市。

面对这个工业革命的奇迹，清朝不得不屈服。

据说战争结束之后，清廷高官耆英、伊里布和牛鉴等，受邀亲自登上英国蒸汽战舰参观，都对英舰不用划桨就能在海中驰骋感到不可思议。闽浙总督怡良承认自己"无从测其端倪"。两江总督牛鉴对于战舰用什么作为动力大胆揣测——"疑机器发动系借牛力"。

1842年（清道光二十二年）8月29日，中英两国在南京城下的英国蒸汽战舰"康华丽"号上签订《南京条约》。

11年后，即1853年（清咸丰三年），洪秀全在南京建立太平天国。这一年也是日本嘉永六年，美国海军准将马休·佩里率领的美国东印度舰队来到日本，史称"黑船来航"。

法国历史学家布罗代尔说："日本位于人类世界的末端。"[1]
美国的诞生意味着日本不再"孤单"，隔着太平洋，它有了一
个新邻居。

然而日本并不认识这个新的邻居。

美国独立之后，紧接着就是不断扩张，先后从俄国和法国
手中购买了阿拉斯加和路易斯安那。之后通过战争，美国打败
墨西哥，吞并了得克萨斯、加利福尼亚等新土地，将国土一举
从大西洋扩张到太平洋。这几乎囊括了整个北美大陆最适宜人
类居住的土地。

用恩格斯的说法，美国由此获得了"太平洋的统治权"——
"由于加利福尼亚的发展，必须建立完全新的世界交通线""自
从有了这种全世界海洋航行的必要的时候起，地球才开始成为
圆的"。[2]

对美国这个刚刚形成国界线的国家来说，因为没有任何关
税，远距离海外贸易极其繁荣，很快就在西海岸出现了一批类
似旧金山这样的新兴港口。随着远洋蒸汽船的出现，美国迫切
需要在远东太平洋地区设立燃料站。

1837 年，美国捕鲸船"莫里森"号试图在横滨靠港补给，
结果遭到日本的火力攻击。当时佩里还是布鲁克林造船厂厂

1-［法］费尔南·布罗代尔:《文明史:人类五千年文明的传承与交流》，常绍民等译，
  中信出版社 2014 年版，第 304 页。
2-《马克思恩格斯全集》(7)，人民出版社 1961 年版，第 507—509 页。

长，正在监造富尔顿蒸汽战舰。

佩里出身名门贵族，参加过英美战争和墨西哥战争，因为力主海军发展蒸汽战舰，被称为美国"蒸汽战舰之父"。佩里认为，美国处于欧洲和亚洲之间，是真正的"中央帝国"——"我们已强大到足以征服任何国家。我不是指以武力胁迫、攻击或占领的方式，而是用我们的力量帮助或保护他们，严谨公正地、绅士般友善地对待他们，用事实和诚意令他们心服口服。如此，我们便能无往不利。"

1852 年，佩里就任东印度舰队司令。鉴于数年前美国海军少将比德勒前往日本谈判失败，佩里受命再次进行"日本开国"谈判。"此次美国远征日本，并不仅仅是为了美国自身取得商业上的利益，最重要的目的是让日本开放。"

当年 11 月，他以"密西西比"号巡洋舰为旗舰，带领舰队从美国诺福克港出发。[1] 虽然这些蒸汽铁甲战舰拥有强大的毁灭力，但他被禁止开炮。

佩里舰队经由加那利群岛、开普敦和新加坡，于 1853 年 4 月 6 日到达香港。在这里，他邀请"汉学家"卫三畏[2] 担任

1- 为了完成这次重大的使命，佩里进行长达半年的准备工作，走访学者、查阅资料。除了菲尔莫尔总统的亲笔信，佩里还带着大量的美国工业产品，包括葡萄酒、香槟、香水、工艺品、电报机、银板式照相机、望远镜、西式军刀、半自动步枪和新式火器等。

2- 卫三畏（1812—1884）是最早来到中国的美国传教士，是美国第一位重要的研究中国问题的专家，被称为美国"汉学之父"，著有《中国总论》。

日本人绘制的美国蒸汽船，即"黑船"

他的日文翻译。

1853年7月8日，佩里舰队经过琉球和上海，终于到达此行的目的地，即德川幕府咽喉要地江户湾相州浦贺海面（今东京湾神奈川县南部）。日本人从未见过这种冒着浓浓黑烟的蒸汽船，因而惊恐地称之为"黑船"。

当天夜里，信鸽就将"黑船"到来的消息送到京都。孝明天皇唯一可做的，就是亲自前往神社，连续祈祷了17天，乞求神灵攘斥夷类，保佑皇祚久长。

浦贺地区总督户田氏荣令手下中岛三郎传话，请这些不速之客前往长崎，这是日本唯一接待外夷的窗口。三百多年来，荷兰人在长崎默默忍受着屈辱的贸易管制。

但美国不是荷兰，佩里以强硬态度，要求由一名日方高级官员接受美国总统的亲笔信。信的开头一句就饱含深意："你们知道，美国的领土已经从大西洋延伸到了太平洋。"

在气氛越来越紧张的僵持之后，日本做出妥协。德川幕府的首席老中（日本江户时代的职位名）阿部正弘同意先接受美国总统的国书，待美舰队撤离后，再研究对策。

7月14日上午8时，在浦贺南面约3海里的久里浜的接待馆里，盛大的美国总统信函交接仪式开始，这是日本开国的历史性一刻。美方400人，其中50名官员，50名乐手；日方1500名士兵，50名官员。井户弘道代表日方接受了美国总统的正副两份亲笔国书，以及佩里本人写给德川将军的信。

佩里也接受了日方的接受书："日方不得不违背国法，在当地接受美国总统的国书。"佩里最后告诉日方："我们打算明年春天四五月份来日本，希望到那时能得到你们的正式答复。"

卫三畏评价道："这是一次东方与西方的会晤，是国际交往史上的一大盛事，也意味着美国参与亚洲事务的开始。"

脱亚入欧

在前往日本之前，卫三畏已经在广州生活了二十多年。

1860年（清咸丰十年），卫三畏成为美国驻华公使馆（北京）临时代办，1876年退休后回到美国，受聘担任耶鲁大学汉学教授。卫三畏成为美国第一个汉学教授，西方汉学由此发端。

成功送达菲尔莫尔总统的信后，佩里舰队离开日本。7月17日，佩里舰队经琉球返回上海。

上海和香港，原本不过是中国两个名不见经传的小渔村，海洋时代到来之后，它们成为东方最早的现代城市。

因为缺乏一种平等的观念，东方世界的难题在于，战争或者贸易，二者必居其一，它再也无法一概拒绝。

在佩里离开10天后，征夷大将军德川家庆驾鹤西游，群龙无首的德川幕府暂由阿部正弘主持局面。他向各藩征求意见：是开战还是开放。

根据大多数地方势力的意见，日本做出了无奈的历史选择，维持了"两百年太平之梦"的锁国政策就此寿终正寝，日本的大门徐徐打开。

翌年2月21日，佩里如约归来，他率领着由9艘战舰组成的庞大舰队（旗舰为"波瓦坦"号），通过浦贺海面，驶入可以望见江户市的羽田海域。

谈判从3月10日开始，历时3个星期。3月31日，双方缔结了《日美神奈川条约》，给予美国以最惠国待遇。据卫三畏的记载："在举行签字仪式时，日方特使带来了三份日文本的条约，一份荷兰文译本，还有一份中文译本。我们则带来了荷兰文和中文译本各一份，英文译本三份。"

作为双方交好的象征，日本人送给美国人的礼物是一把武士刀，美国人的礼物则是一辆蒸汽火车头模型。

佩里回到美国后受到了英雄般的欢呼，著名诗人惠特曼歌颂道："因为美国的开拓者到达了太平洋，一个黄金时代开始了。"

佩里和他的船员们一致认为，日本是"所有东方国度中最有道德、最有教养的国家"，这个判断影响了美国人近一个世纪，直到二战的爆发。

佩里登陆日本，开启了明治维新

"黑船来航"成为日本历史的分水岭。

40 年后，在当年佩里的"黑船"登陆处，竖起一座"北米合众国水师提督佩里上陆纪念碑"，碑文由当时日本首相伊藤博文亲笔手书。纪念碑旁边是佩里公园，这里每年都要举行纪念日本开放的"黑船祭"。

1860 年，为了批准《日美通商条约》，胜海舟等乘 250 吨的"咸临丸"号横渡太平洋，这是日本人第一次驾驶轮船。

这距离他们第一次看见轮船仅仅七年。

1861 年，幕府即派人远赴荷兰学习海军。

前所未有的开放，立即引发了地方保守势力的愤怒，萨摩、长州、服前和土佐四藩即"萨长集团"，发起"尊王攘夷"的倒幕运动和排外运动。

1867 年（日本庆应三年），第十五代将军德川庆喜奉还大政，16 岁的明治天皇即位，内乱终于被平息，同时也终结了数百年的幕府体制。"攘夷"最终变成了拥抱西方的"夷狄"。重归权力中心的明治颁布了《五条誓文》，进一步明确了西方化和现代化的新日本道路。这就是著名的"明治维新"[1]。

明治天皇在一群改革派大臣鼓动下，改头换面，发式和服饰一律改成西式，以表示其全盘西化的决心。"国内无论朝野，一切都采用西洋近代文明，不仅要脱去日本的陈规旧习，而且还要在整个亚洲中开创出一个新的格局。其关键所在，唯'脱亚'二字。"

日本是岛，但不是船，不可能从亚洲漂移到欧洲去。所谓"脱亚"，无非是摆脱中国的影响，使日本成为东亚的新霸主。在维新三杰之一大久保利通的带动下，大臣们也通通剪去了长发。上行下效，日本朝野很快掀起了西化风潮。

1-"明治"取自《易经》中的"圣人南面而听天下，向明而治"，"维新"取自《诗经》中的"周虽旧邦，其命维新"。

日本武士西乡隆盛有一句遗训："有两种机会，一种是偶遇，一种是创造。在非常艰难的时候，我们一定要自己创造机会。"明治四年，即 1871 年，明治天皇派遣以大臣岩仓具视为首的日本使团出访欧美，"求知识于世界"。

对近代中国人来说，日本最大的变化，或许是结束传统的封建武士体制，建立起亚洲第一支现代化军队，特别是海军。"耀皇威于海外，非海军而莫属，当今应大兴海军"，魏源的《海国图志》在当时的中国早已被人遗忘，在日本却成为上至天皇、下至士兵的必读书。

1878 年，日本自己生产的军舰"清辉"号完成了首次欧洲远航，博得世界好评。当时的英国《先驱论坛报》赞扬道：

> 只要看一看"清辉"号军舰，就足以推测日本国文明开化的程度。日本人用自己建造的军舰，在无一个欧洲人帮助的情况下进行远洋航海，实在令人赞叹。尤其是舰长精通自己的业务。……与英国舰相比，"清辉"号毫不逊色。

19 世纪中期以后，西学在日本已经迅速成为整个社会关注的热点，但在中国，这种现代文化始终被限制在沿海的通商口岸之内，除了一些办理"洋务"的官员，大多数上层精英仍然生活在传统士大夫的精神世界里。[1]日本的改革是非常激进的。

日本民权运动先驱福泽谕吉扬起社会达尔文主义大旗，针对弱肉强食的海洋世纪提出"脱亚入欧论"——

> 我日本国土地处亚洲之东陲……然不幸之有邻国……以吾辈视此二国，在今文明东渐之风潮中，此非维护独立之道。若不思改革，于今不出数年，必亡其国，其国土必为世界文明诸国分割无疑。

日本另一个著名的政治学家加藤弘之发表了《人权新说》和《强者的权利竞争》，鼓吹国家主义和军国主义，从此日本走上了"失之于欧美，取之于近邻"的扩张主义道路。

在丰臣秀吉的壬辰战争过去整整300年之后，历史又一次重新上演，大明换成了大清，幕府换成了天皇，这次失去朝鲜和制海权的不再是日本，而是清朝。

从唐朝白江口海战、忽必烈两伐日本，再到壬辰战争，中日之间的争斗由来已久。大海即是战场，谁能控制海权，谁就握有战争的主动权——拥有制海权，进可攻退可守；失去制海权，只能被动挨打。

1-[美]费正清：《剑桥中国晚清史1800—1911年》（下卷），中国社会科学出版社1985年版，第272—273页。

第十章　东方的较量

马戛尔尼

　　虽然是西班牙和葡萄牙以及荷兰最早发起大航海运动，但最后享受其丰硕成果的却是英国。

　　大英帝国的崛起，在很大程度上依赖于全球贸易，而不仅仅是工业革命，甚至可以说工业革命本身也是全球贸易的一种结果。曼彻斯特的纺织厂所用的棉花不是来自印度，就是来自美国。

　　按照西方流行的地理决定论，英国崛起始于它从海岛国家向海洋国家的转型，由此海盗精神与新教伦理结盟，让英国人获得了一种流动意识，即可以像一艘船一样，到达地球任何一个地方。在这种海洋思维中，"地球"变成了"水球"，英伦三岛不再是孤悬大陆边缘的海岛，相反成为横跨亚欧大陆与美洲大陆的世界帝国的中心。

　　工业革命能够发生在英国，也与航海密不可分。对航海者来说，跨越大洋的海船本身就是具有极高科技含量的工业机器，尤其是将他们的船与农耕民族的房屋相比时。包括指南针和火药的四大发明在中国这样的大陆国家早已出现，但这些科技只有在海洋国家才能获得真正的"解放"。

西方世界与中国大明王朝发生一系列海上摩擦时，正值欧洲的风帆－射击时代从诞生走向成熟。等到鸦片战争时期，面对欧洲的船坚炮利，清朝的科技和军事实力已经难以望其项背。

1788 年（清乾隆五十三年），一位法国军官在写给法国海军部的信中宣称："用四艘战舰和几只补给船在吕宋岛供给，就可把中国海军击垮。"受雇于英国东印度公司并在中国沿海作过考察的郭士德也在报告中说："全中国一千只师船，不堪一只西方兵舰一击。"

1793 年（清乾隆五十八年），英国以马戛尔尼为"大不列颠国王向中国皇帝派出的特命全权大使"，率领由"狮子"号、"印度斯坦"号和"豺狼"号等三艘大型帆船、100 多名专家组成的庞大舰队，跨越大西洋和印度洋，访问中国。

这可能是有史以来中国与欧洲的第一次官方和平对话。整个航行共用了九个月时间。

马戛尔尼不同于哥伦布，也不同于郑和，他提出互派外交使节和签订通商条约等要求。"十全皇帝"乾隆以"不可更张

马戛尔尼的外交船队

定制"为由，便将"英夷"打发走了。所谓"定制"，其实就是郑和的朝贡体系。

马戛尔尼距离郑和时代近 400 年，距离郑成功时代近 150 年。此时的中国貌似退出了海洋世界。但实际上，海洋没有真空，官方的退出使海洋成为海盗的乐园。

1683 年，清廷以 300 艘帆船攻下台湾，并从此封锁台湾，禁止外国人和本国人进入。清代虽有广州等几处开放口岸，但从事远洋贸易的无一例外都是西洋商船。禁锢之下，海上非法活动便成为常态。

西方研究者发现，清中期拥有数百上千艘帆船和成千上万的中国海盗，如蔡牵、张保仔、郑一嫂带领的海盗帮，其数量和规模比世界其他地方的海盗都显得更大。[1]

在福建、广东沿海一带的海上，生活着著名的"疍家"族群，他们世代代以船为家，靠海生活。郑一嫂和张保仔都出身疍家。郑一嫂和张保仔领导的海盗有三四万人，千余条船。他们不仅进行海上走私和劫掠，也会开垦无人岛屿，发展农业。

明清两代的海洋观都以陆地为根基，将海平面以外肉眼看不到的地方视为化外之地。但海盗总归还是需要栖身之地，大陆不够安全，远离大陆的海岛就如同山寨一样，成为海盗的根据地。但凡岛屿较多的海域，如温州、台州、厦门、香港等，往往也是海盗出没之地。

当时，海盗船远比清军水师所用战船高大，船上装的都是几千斤的大炮，一颗炮弹有十三四斤重，而清军炮弹只有一两斤重。

沿海地区常常遭受海盗侵袭，清军也屡屡对海盗进行围剿，但无论作战装备还是士气，清军只能甘拜下风。不得已的情况下，最后祭起招安大旗。张保仔投降后被清廷封为"千总"，正六品，后来因为帮助清军围剿海盗有功，十年内从千总升为都司，再升为副将，从二品。郑一嫂也成为诰命夫人。

<hr>

1- 可参阅［美］穆黛安：《华南海盗：1790—1810》，刘平译，商务印书馆 2019 年版。

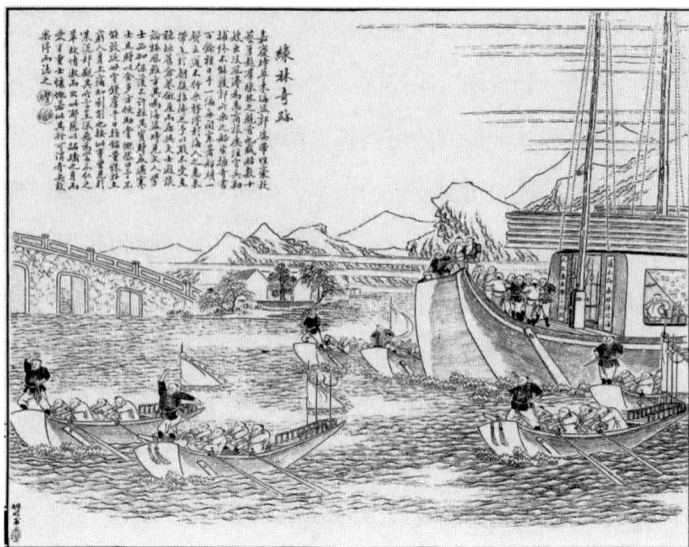

点石斋画报之《绿林奇迹》，描绘的就是海盗郭婆带的船。船上有一副对联："道不行乘桴浮于海；人之患束带立于朝。"当时招安的清朝官员都感到很惊讶，说"此海盗非常人也"

正如明代的倭寇，海盗仍是海禁的产物。

清初海禁极其严厉，到康熙年间，曾经一度取消海禁，"许江南、浙江、福建、广东沿海民人用五百石以上船只出洋贸易"，但仍然有"不得超过双桅，梁头不得超一丈八尺"的严格限制。当时苏州每年制造的海船超过1000艘，但这些海船大多都卖给外国商人。

清朝的海禁政策使中国造船技术和航海技术陷于停滞，更不用说战舰水平早已经远远落后于工业革命后的西方世界。

时人赵翼曾将西洋船与中国船进行过一番对比：

西洋船之长深广，见余所咏番舶诗，而其帆尤异。桅竿高数十丈，大十余抱，一桅之费数千金。船三桅，中桅其最大者也。中国之帆上下同阔，西洋帆则上阔下窄，如折扇展开之状，远而望之几如垂天之云，盖阔处几及百丈云。中国之帆曳而上只一大缆着力，其旁每幅一小缆，不过揽之使受风而已。西洋帆则每缆皆着力，一帆无虑千百缆，纷如乱麻，番人一一有绪，略不紊。又能以逆风作顺风，以前两帆开门，使风自前入触于后帆，则风折而前，转为顺风矣，其奇巧非可意测也。红毛番舶，每一船有数十帆，更能使横风、逆风皆作顺风云。（《檐曝杂记》卷四）

乾隆年间制定的战船标准一直维持到鸦片战争后，"为了保持水师战船对民船的某种优势，清朝又反过来规定民船的大小尺寸，限定民船出海时火器、粮食、淡水的携带数量。这么一个循环，严重滞碍了中国的造船业、航海业的进步。……中英舰船水平的悬殊差距，使得清军在鸦片战争中根本不敢以水师出海迎战英军舰队，迫使清军放弃海上交锋而专注于陆地。这种由装备而限定的战略决策，实际使清军丧失了战争的主动权。英军凭借其强大海军，横行于中国海面，决定了战役战斗的时间、地点、规模。"[1]

1- 茅海建：《天朝的崩溃：鸦片战争再研究》，三联书店 2005 年版，第 40 页。

"耆英"号帆船

柏拉图常常用船来作为国家的隐喻。刘鹗在《老残游记》第一回中，也借海上一艘遍体鳞伤、即将倾覆的破船，来象征危机四伏的清朝。

眼看大船要沉没，老残焦急万分，急忙驾着自己的渔艇追上来，向船主送上罗盘和六分仪，以拯救破船出此险境。但是满船人的回报却是"汉奸"的咒骂，还一起动手砸沉了他的小渔艇。

马戛尔尼也毫无新意地将中国比作"一艘破烂不堪的疯狂战舰"。在他看来，这艘破船"即使不会马上沉没，也是像残骸一样随流东西，最终在海岸上撞得粉碎，而且永远不可能在旧船体上修复"。

当时英国使团"惊奇地发现中国的帆船很不结实，由于船只吃水浅，无法抵御大风的袭击"，他们由此得出的判断是"中国船的构造根本不适应航海"。马戛尔尼发出过这样的感叹："中国人首次看见欧洲的船只，至今已经有 250 年了，他们毫不掩饰对我们航海技术的赞赏，然而他们从未模仿过我们的造船工艺或航海技术。他们顽固地沿用他们无知祖先的笨拙方法，由于世界上没有一个国家能比中国更需要航海技术，因而中国人这种惰性更加令人难以置信。"[1]

对于工业革命为什么出现在英国而不是中国，一直是令人着迷的"李约瑟难题"。

有学者从海洋观念上提出了一种解释，认为现代科技完全是海洋"空间革命"的产物。在陆地作为人类主要的生存空间的时代，我们并不需要海洋性科技，而当人类需要将海洋作为自己的生存空间而非生存空间的边界时，一场生存空间的革命开始了，取得这场革命胜利的国家或者说征服海洋的国家，需要具备先进科技水平，这是空间革命引发的科技发展需要。英国率先回应了海洋的召唤，其完成了空间革命之后，便改变了欧洲政治经济格局，最终促成近代以来的东西两大阵营的差异

1-［法］佩雷菲特：《停滞的帝国：两个世界的撞击》，王国卿译，三联书店 2007 年版，第 58 页。

与隔阂。[1]

曾跟随马戛尔尼访问清朝的"小斯通",到鸦片战争时,已经成为举足轻重的斯通爵士。他在英国议会关于战争议案的表决中说:"中国听不懂自由贸易的语言,只听得懂炮舰的语言。"

其时,30岁的达尔文刚刚结束环球旅行,正在伦敦思考他的进化论。很久以前,修昔底德在谈到雅典人征服米洛斯岛时,曾经说过一句名言:"强者做强者该做的事,弱者只有领受的份。"

当年,有人问拿破仑:如果英国进攻中国会怎么样?拿破仑说了那句名言:"中国是一头睡狮,当它醒来,世界都会为之发抖。"拿破仑还说,中国会从法国、美国甚至伦敦找到工匠,建起自己的舰队,只需要一些时间,就能击败英国。

对清朝来说,马戛尔尼的万里来访,最终不了了之,似乎毫无意义,但历史的展开,却从这样的草蛇灰线开始,伏脉长达百余年。

拿破仑说的似乎没错,但中国走向现代化的时间,远比拿破仑料想的要漫长得多。

鸦片战争时期,英国已经有了蒸汽战舰。在对中国的战争

1- 可参阅〔德〕卡尔·施密特:《陆地与海洋:世界史的考察》,林国基译,上海三联书店 2018 年版。

清朝军机处奏折中的同安梭船图。同安梭船是嘉庆、道光年间清军水师的主力战舰

中，这些蒸汽战舰发挥了不可估量的作用；对中国人来说，则完全改变了人们对海战的认识。

在中国，战船与民船区别不大，海船与江船也基本类似。船一般分大和小，大船称为舰、舶，小船称为舸、艇。对中国传统的风帆船来说，要进行海战，就要受到很多自然条件的限制，不是你想打就能打。

嘉庆十一年（1806 年），福建水师提督李长庚追剿海盗不力，被夺去花翎顶戴，江西巡抚清安泰调查后认为，李长庚并无过错，失利主要是自然条件造成的，因为中国的海战"全凭风力，风势不顺，虽隔数十里犹数千里，旬日尚不能到。是故海上之兵，无风不战，大风不战，大雨不战，逆风逆潮不战，阴云蒙雾不战，日晚夜黑不战，飓风将至、沙路不熟、贼众我寡、前无泊地，皆不战。及其战也，勇力无所施，全以大炮轰击。船身簸荡，中者几何？我顺风而逐，贼亦顺风而逃，无伏可设，无险可扼，必以钩镰去其皮网，以大炮坏其舵身篷胎，使船伤行迟，我师环而攻之，贼穷投海，然后获其一二船，而余船已飘然远矣"（《清史稿》卷三百五十八）。

中国自古以来，外患大都来自擅长骑射的北方游牧民族，即所谓"胡人"。如今清朝立国，北方再无外患，然而南方的海洋却变成"危险的边疆"，来自海上的"洋人"取代持弓的"胡人"，成为帝国的心腹之患。

实际上，面对远道而来的英国舰队，清朝并没有与其进行海战，完全依靠沿岸炮台来进行抵抗。但即使陆战，清军也不是英国海军陆战队的对手。

道光二十二年（1842 年），清廷贵族耆英作为朝廷钦差大臣，在英军旗舰"康华丽"号上签署了著名的《南京条约》。四年之后，英国人花高价买到了一艘中国商船，将其命名为"耆英"号。

中国古代似乎没有给一条船取名字的习惯，而西方人这一习惯最早可以追溯到古希腊时代。

"耆英"号是一艘传统的中国三桅帆船，长 50 米，宽 10

"耆英"号中国帆船

米,载重 750 吨。它由英国船长和 30 名中国水手驾驭,从香港出发,跨越太平洋,绕过好望角,先后造访了圣赫勒拿岛、纽约、波士顿,仅用 21 天就跨越大西洋,最后到达伦敦。

这艘中国帆船每到一地,都引来万人空巷的轰动,甚至连英国女王维多利亚也慕名前来。著名作家查尔斯·狄更斯在参观后感叹:"第一艘中国帆船就照此型建造,几千年过去了,最新下水的中国帆船依然如是,真有负千年时光。"

在郑和航海过去整整 440 年之后,"耆英"号的旅程再次证明，中国传统帆船的跨洋远航及抗风暴能力，丝毫不亚于欧洲帆船。

"耆英"号和它 100 天的处女航成为历史细节里的惊鸿一瞥。伦敦的展览结束后不久，"耆英"号即被肢解，它的木头被制成两艘渡轮和一些纪念品出售。再后来，耆英本人也被咸丰皇帝赐了自尽。

其时，寓居伦敦的马克思对君主制的普鲁士，也在说着与马戛尔尼同样的话——

> 国家是十分严肃的东西，要它演什么滑稽剧是办不到的，满载傻瓜的船只或许会有一段时间顺风而行，但是它是向着不可幸免的命运驶去，这是因为这些傻瓜根本就没有料想到这一点，这命运就是即将来临的革命。[1]

1- 出自马克思于 1843 年写的一封书简《致阿·卢格》。《马克思恩格斯全集》(1)，人民出版社 1961 年版，第 408 页。

北洋水师

清同治十三年（1874年），19岁的同治皇帝在重病中奄奄一息，23岁的日本明治天皇以草创的海军大举侵占台湾。清朝最终以50万两白银赎回了台湾，但清朝藩属琉球却被日本更名为冲绳。

此次惨败直接刺激清廷开始建设海军，清王朝与现代日本展开一场海上军备竞赛。

1875年，日本海军兵临汉城，逼迫朝鲜签订《江华条约》。围绕朝鲜问题，日本与中国的对立进一步激化。

此前一年，身为直隶总督兼北洋大臣的李鸿章，在给皇帝的奏章中对海洋时代的到来倍感忧虑——

> ……江海各口，门户洞开，已为我与敌人公共之地。……防无可防矣。……东南海疆万余里，各国通商传教，来往自如……一国生事，诸国构煽，实为数千年来未有之变局。轮船电报之速，瞬息千里；军器机事之精，工力百倍，炮弹所到，无坚不摧。水陆关隘，不足限制，又为数千年来未有之强敌。

清光绪三年（1877年），美国内战英雄格兰特卸任总统后周游世界来到中国，李鸿章请他斡旋中日冲突。

格兰特后来从日本写信给李鸿章说："中国大害在一弱字，国家譬如人身，人身一弱则百病来侵，一强则外邪不入。"他建议李鸿章和清政府"仿日本之例而效法西法""广行通商""国势必日强盛，各国自不敢侵侮"，否则，"日本以一万劲旅"，可"长驱直捣中国三千洋里"。17年后，格兰特的预言成为现实。

纽卡斯尔是英国东北部一个著名的"煤港"，这里也是世界许多国家海军的摇篮。

在19世纪与20世纪之交，一艘又一艘蒸汽铁甲战舰从阿姆斯特朗公司的船台上滑入大海，从这里驶向拉丁美洲的智利、阿根廷和巴西，驶向地中海沿岸的意大利、奥匈和土耳其，也驶向远在欧亚大陆另一端的古老东方国家——中国和日本。

到甲午战争前，大清国一共从海外订购军舰27艘，其中15艘来自纽卡斯尔。北洋水师的"超勇""扬威""致远""靖远"等军舰就诞生在这里。同样，日本海军的"吉野"号战舰也从这里出发驶往日本。当时，距离甲午开战只有一年，距离"致远"号和"靖远"号战舰下水已经六年。

在稍早一段时间，中日之间发生了一场不大不小的长崎事件。

在李鸿章十年如一日的苦心经营下，北洋水师渐成规模。因为装备了当时世界最好的钢铁战舰，仅从军事装备上，清朝暂时超过了日本。光绪十二年（1886年），北洋水师访问日本，一些水师官兵醉酒闹事，结果被日本当局扣留，北洋水师要人不果，直接以大炮相威胁，逼迫日方放人。

这一事件让日本人在震惊之余，看到在海军装备上的差距，忍气吞声放了肇事者。[1] 此后，举国上下奋发图强，致力于海军建设。日本明治天皇颁发敕令："立国之务在海防，一日不可缓"，并带头拿出自己的私房钱三十万日元用于购买军舰之用。

鉴于丰臣秀吉之悲剧，日本将制海权视为征服朝鲜乃至中国的重要前提，一场争夺东亚海上霸权的中日甲午战争就此开始。

光绪二十年，日本明治二十七年，夏历甲午年，公元1894年，日本陆军轻而易举就占领清国藩属朝鲜，俘获了朝鲜国王李熙。

与此同时，日本海军在丰岛击沉清国运兵船"高升"号，另一艘战舰"济远"号挂起日本旗逃回。

从鸦片战争起，农业时代的清朝开始遭遇到工业时代的

1- 据说在长崎事件期间，清朝制造电报密码的方法泄露，使日本能在后来甲午中日战争时破译清朝电报，这是清朝的一个重大损失。

西方世界从海上发出的威胁。作为一种应对，清朝上下普遍认为，西方世界所依仗不过是"船坚炮利"，于是先以高达八十万两白银的总预算买下了整整一支阿思本舰队，台湾一役败于日本后，再下血本，花费两千多万两白银，用了二十多年时间，打造起一个号称世界第七的"北洋水师"，以为这样就可以制服英法诸夷。

借助西方现代工业体系，清朝水师几乎一夜之间就跨入"蒸汽－钢铁时代"。

仅仅半个世纪前，迎击英国"复仇女神"号战列舰的清军，所装备的不过是一些小帆船和木筏，战术还停留在古老的"火攻"阶段。

从近身火攻到远程射击，从小木筏到巨型蒸汽铁舰，这一大跨越，就连明治维新的日本都赞叹不已。

因为工业基础薄弱，中日两国海军装备基本都是从欧洲购买的最新式蒸汽铁甲战舰，并效仿西方，给这些战舰一一都取名字，如"定远""镇远"等。不可否认，当时中日都以对方为假想敌。

从中日双方海军军舰总吨位来看，北洋水师为 35346 吨，日军舰队为 40840 吨，日方占优。

从佩里登陆到甲午海战，仅仅 40 年时间，日本已经不是从前那个日本，与清朝传统的水师体制相比，日本联合舰队完全是一支现代意义上的海军。[1]

> 伏查战舰以铁甲为最，快船次之。北洋现有定
> 远、镇远铁甲二艘，济远、致远、靖远、经远、来
> 远快船五艘，均系购自外洋，平远快船一艘，造自
> 闽厂。前奏所云战舰，即指此八艘而言。此外，超
> 勇、扬威二船，均系旧式，四镇蚊炮船，仅备守口，
> 威远、康济、敏捷三船，专备教练学生，利运一船，

1- 当初北洋水师初成军时，号称亚洲第一世界第四，其实力远超日本海军；随着颐和
园的修建，便未再添置一舰一炮。相反，日本每年都添置最新式的战舰，天皇不惜
节省宫中费用，"从内库中提取三十万元，聊以资助"，甚至一天宁可只吃一餐，也
要建立强大海军。此举带动了日本政府议员主动献出四分之一薪俸用作造舰。此消
彼长，到甲午海战时，日本舰队的吨位与数量、航速与火力都大大超过北洋舰队。
中日海战胜负早已判定。从 1891 年到 1894 年，正是世界海军装备更新换代的一个
关键时期，从军舰的主机、锅炉、装甲到火炮，各种技术都出现了重大进步。日本
人紧跟时代步伐，几乎每年都购进新舰，同时他们制造出"高千穗""千代田"等
巡洋舰，在战争爆发前，又从英国购了当时世界上航速最快的巡洋舰"吉野"号。
在战争之前，俾斯麦就断言："中国和日本的竞争，日本必胜，中国必败。因为日
本到欧洲来的人，讨论各种学术，讲究政治原理，谋回国做根本的改造；而中国人
到欧洲来的，只问某厂的船炮造得如何，价值如何，买了回去算了。"费正清在
《剑桥中国晚清史》中认为，这是一场中国必然失败的战争，因为"战争的一方日
本这时已成为一个现代国家，民族主义使它的政府和人民在共同的目标下团结起来
对付中国；而作为另一方的中国，它的政府和人民基本上是各行其是的实体。日本
的战争努力动员了举国一致的力量，而中国人民几乎没有受到冲突的影响，政府几
乎全部凭借北洋水师和李鸿章的淮军"。

鸦片战争中的中国战船

专备转运粮械……历考西洋海军规制，但以船之新旧、炮之大小迟速分强弱，不以人数多寡为较量。自光绪十四年后，并未添购一船，操演虽勤，战舰过少。……北洋海军可用者，只镇远、定远铁甲船二艘，为倭船所不及；然质重行缓，吃水过深，不能入海汉内港；次则济远、经远、来远三船，有水线甲、穹甲，而行驶不速。致远、靖远二船，前定造时，号称一点钟行十八海里。近因行用日久，仅十五、六海里。此外各船，愈旧愈缓。海上交战能否趋避，应以船行之迟速为准：速率快者，胜则易于追逐，败亦便

卷五 帆船、海盗与世界

于引避；若迟速悬殊，则利钝立判。[1]

从这些写给清廷的奏章中可以看出，李鸿章对战胜日本并无信心，"今日海军力量，以之攻人则不足，以之自守尚有余"。

如果说硬件方面差之毫厘的话，在战术训练和协调指挥等软件方面，清军与日军则是差之千里。对清朝上下来说，没有人真正地关心国家兴亡，人们只想捂紧自己的钱袋，或者去中饱私囊。帝国已经庞大到使每个人都无足轻重，因此每个人都与帝国失去关联。

与清廷被动应付相反，日本完全是咄咄逼人的主动进攻，日军大本营明确指示海军："搜索清军北洋舰队而击破之，以达到控制海权的目的。"

1- 转引自陈悦：《沉没的甲午》，凤凰出版社 2010 年版，第 60 页。

甲午海战

在文化上，日本同属于汉字文化圈，可能都深受孙子兵法侵染的缘故，这场中日海上对决，以不宣而战的方式开始。

李鸿章本是派北洋海军去为前往朝鲜的步兵护航，结果在黄海遭遇等候多时的日本海军。日本人并不是要阻止清军登陆朝鲜，而是要消灭北洋水师。就这样，黄海海战以遭遇战的形式，成就了一次改变东亚势力格局的大海战。

1894 年 9 月 17 日，日军舰队提前 1 小时 40 分钟发现清朝舰队。世界上第一场蒸汽铁甲时代的大海战开始。北洋水师在转眼间就落花流水，"经远""致远""超勇"被击沉，"扬威""广甲"自毁；其余"定远""镇远""来远""济远"和"靖远"等舰中弹后逃回中国。

北洋舰队 10 艘主力战舰全部参战，日军只动用了海军联合舰队的一半战力。日本海军获得全胜，日军大本营"决定立即占领中国辽宁省金州半岛"。不久，日军不费一枪一弹占领大连，接着攻占旅顺和威海。

大连沦陷的这一天，正好举国同庆，为慈禧老佛爷过六十大寿，有人讽刺道："一人庆有，万寿疆无。"

1895 年 2 月 4 日，中国人正在过年，日本海军以鱼雷艇突袭北洋水师的威海卫，北洋水师的旗舰"定远"舰[1]遭到重创。

　　"苟丧舰，必自裁"，"定远"舰管带刘步蟾炸毁"定远"舰后自尽，北洋水师的提督（总司令）丁汝昌服毒自尽后，其部下盗用他的名义，向日本海军举起降旗。

　　北洋水师的 11 艘军舰悉数被日军掳去，摇身一变而成为日本联合舰队的有生力量。清朝重金打造的北洋水师从此成为一个远去的传说。

　　所谓"中体西用""洋务运动""自强运动""同光中兴"等，

1- 被称为当时"亚洲第一巨舰"的"定远"舰是中国海军史上第一艘现代意义的主力舰，由德国伏尔铿厂建造，1880 年下水，舰长 94.5 米，排水量 7400 吨，航速 14.5 节。"定远"舰作为当时东亚地区最强大的战舰，其 305 毫米主炮空前绝后。甲午战争前，日本最流行的儿童游戏就是"打沉定远"。甲午战争后的很长一段时间，中国海军再也没有过如此吨位的主力战舰。

说白了就是在维护清朝旧体制的前提下缝缝补补。一场遥远的海上战争,让这些冠冕堂皇的皇帝新装彻底破产。

对于甲午海战的失败,长期担任中国海关总税务司的英国人罗伯特·赫德(官正一品)指出,海军对于一个国家来说,就像是树上的花朵,倘若树木有问题,你又怎么能苛责花不够鲜艳?

据说清朝的水师学堂设在皇家花园,就如同火器工场设在太和殿。不管是以水师学堂的名义建设颐和园,还是以颐和园的名义修建了水师学堂,反正这笔巨大的建设费用来自海军军费。[1]直到甲午战争,这个水师学堂或者说颐和园的扩建工程一直未停。

还有一个历史细节,战争前夕,广东水师的"广甲"舰[2]奉命北上,其特殊使命竟然是"遵例解运岁贡荔枝进御"。这让人想起一千多年前的名句:"一骑红尘妃子笑,无人知是荔枝来。"

战争失败后,北洋水师的缔造者李鸿章唉声叹气,他自己只是个"裱糊匠"。"我办了一辈子的事,练兵也,海军也,都

1- 中国历来的皇朝都有皇室和政府财库分开的习惯,只有在清代,皇室可以任意支用政府的库存。

2- "广甲"舰的舰长是曾就读瑞萨莱尔理工学院的第三批"留美幼童"吴敬荣,帮带大副是曾就读麻省理工学院的宋文翙。这是清朝海军中唯一一艘舰长和大副都是"留美幼童"的舰只。(可参阅钱钢、胡劲草:《大清留美幼童记》,当代中国出版社2010年版。)

是纸糊的老虎，何尝能实在放手办理？不过勉强涂饰，虚有其表，不揭破犹可敷衍一时。如一间破屋子……但裱糊匠有何术能负其责？"

> 在李执政以前，中国早已变得像一艘漏水严重的船，罗盘摇摆不定，水手也显得胆怯。李利用他驾驭的技巧，不止一次的，他把这艘大船驶过险海中的暗礁与浅滩而航向安全地停泊；不止一次，鸿章寻找人员与方法去填补漏水的船身，修整被击碎的帆桅。[1]

甲午战争成为"明治维新"的一次大考，不到 30 年时间，日本就通过现代化改革，一举超越了凌驾东亚长达数千年的中央帝国。

正如康有为所说，日本在明治以来"二十年间，遂能变法大备，尽撮欧洲之文学艺术而熔之于国民，岁养数十万之兵，与其十数之舰，而胜吾大国，以蕞尔三岛之地，治定功成，豹变龙腾，化为强国"。

日本海军总司令官中将伊东佑亨在写给北洋海军提督丁汝昌的劝降书中说：

1- 英国记者布兰德所著《李鸿章传》。转引自王龙：《天朝向左，世界向右：近代中西交锋的十字路口》，华文出版社 2010 年版，第 69 页。

清国而有今日之败者……盖其墨守常经，不通变之所由致也。夫取士必以考试，考试必由文艺，于是乎执政之大臣，当道之达宪，必由文艺以相升擢。文艺乃为显荣之梯阶耳，岂足济夫实效？当今之时，犹如古昔，虽亦非不美，然使清国果能独立孤往，无复能行于今日乎？前三十载，我日本之国事，遭若何等之辛酸，厥能免于垂危者，度阁下之所深悉也。当此之时，我国实以急去旧治，因时制宜，更张新政，以为国可存立之一大要图。今贵国亦不可不以去旧谋新为当务之急，亟从更张，苟其遵之，则国可相安；不然，岂能免于败亡之数乎？与我日本相战，其必至于败之局，殆不待龟卜而已定之久矣。

日本的崛起

法国学者瑞恩科特曾形象地把中国传统文明称为"太阳文明",而把吸收中国传统文化的日本文明称之为"月光文明"。

在近代之前,中日两国都经历过漫长的闭关自守时期,最终日本率先以明治维新进入现代。此后,日本迅速成为东方的"太阳",而大清国则沦落为一片黯淡的星光。

"我们清国人遵守法度,而日本人崇尚武力。"清朝总理大臣恭亲王奕䜣只能以这句话来聊以自慰。

在 1904 年爆发的日俄战争这场瓜分蛋糕的游戏中,"俄国与日本为争夺属于中国人民的土地而导致了一场战争"[1],清统治者将自己祖先当年的龙兴之地让出来作为战场,然后充当"局外中立"的看客。

发生在清光绪三十年的这场大战的双方,是在现代化过程中崛起的两个老牌帝国——日本和俄国,争夺的则是中国东北、朝鲜以及远东的霸权。

1-［美］亨德里克·威廉·房龙:《人类的故事》,刘缘子、吴维亚等译,三联书店 1988 年版,第 491 页。

英国历史学家汤因比曾说，彼得大帝的改革是肤浅的，他只引进了西方的技术和军事，而没有引进西方的文化和政治，这使俄国无法从根本上强大。

老沙皇亚历山大三世（1881—1894年在位）生前，曾梦想建立一个庞大的"俄罗斯－中华帝国"，到了新沙皇尼古拉二世时代，这个宏伟的梦想遇到了日本的威胁。

当时俄国海军拥有200余艘战舰，其中太平洋舰队拥有60余艘作战舰艇（总排水量19.2万多吨）；日本海军有战舰约80艘（总排水量26万多吨）。作为俄国太平洋舰队的海军基地，旅顺成为双方争夺的焦点。

日俄战争中，双方投入兵力各达百余万人，是世界近代史上规模最大的战争之一。烈性炸药、手榴弹和自动武器第一次被使用，战争的残酷程度前所未有。从各方面来说，日俄战争已成为第一次世界大战的预演。

随着旅顺陷落和俄国太平洋舰队被歼，日本获得完全的制海权。沙皇政府不得不从波罗的海舰队和黑海舰队抽调兵力，编组成"太平洋第二舰队"和"太平洋第三舰队"，开往远东增援。

这50艘战舰组成的增援舰队，跨越大半个地球，日夜兼程3万公里，刚刚遭遇以逸待劳的日本海军，就一触即溃。除3艘战舰逃往符拉迪沃斯托克之外，俄国太平洋第二和第三舰队全军覆没，舰艇损失总计达27万吨，比1916年英德之间

日本绘画中的日俄海战

爆发的日德兰海战双方损失总和还大。相反，日方只损失了3艘鱼雷艇。

俄国海军的失败与清朝北洋水师的失败有一个相似的原因，就是训练水平和士气都很低下。蒸汽动力的现代战列舰需要高度复杂的操作培训，没有长时间、大强度的学习演练以及编队实战，根本无法形成有效的战斗力。仅仅看装甲厚度、火炮口径和数量、马力和航速等这些硬件指标，只能是纸上谈兵。

俄国对日本的失败，直接导致了后来的俄国革命。

在对马海战中，俄国海军的"波将金"号和"阿芙乐尔"号巡洋舰落荒而逃。不久之后，"波将金"号宣布起义；十多年后，"阿芙乐尔"号炮轰冬宫，宣告"十月革命"开始。

虽然日本对这场战争的军费开支达 17 亿日元，而且没拿到一分钱赔偿，但对于蒸蒸日上的日本来说，对俄国的胜利远比 10 年前对清朝的胜利更有历史意义。

1905 年 9 月，双方签订《朴次茅斯和约》，亚洲再次成为亚洲人主导的亚洲，日本代替俄国入主中国东北和朝鲜。

正如《朝日新闻》所称，10 年内连续两场战争的胜利，使"日本对其军事实力变得极其自信，最终走上了军事帝国的行列，疯狂地对外扩张"。

明治维新后的日本迅速崛起，作为经历工业革命的唯一的非西方国家，它先后击败清朝和沙皇俄国，成为远东与太平洋地区的大国。这意味着欧洲统治世界 400 年的达·伽马时代宣告结束。

> 这场战争是远东历史乃至世界历史的一个重要转折点。毫无疑问，它确立了日本的强国地位，改变了远东地区的力量对比。但更有意义的是，历史上第一次一个亚洲国家战胜了一个欧洲国家，而且是一个大帝国。……

半个多世纪以来，西方世界依靠"船坚炮利"，对东方世界一直保持着暴力优势。这对华夷观念根深蒂固的中国人来说，形成了挥之不去的精神阴影。日俄战争虽然发生在中国国土上，但中国只是一个不幸的看客。

一艘军舰的现代史

当现代世界的浪潮从西方波及东方时，俄国、清朝与日本虽然都选择了开放，但却因为程度不同而结局殊异。

相对而言，日本的改革更加彻底，从上到下都积极地参与其中；而俄国和清朝则只是依靠上层精英的勉强推动。

俄国太平洋舰队的覆没，使罗曼诺夫王朝四面楚歌。清朝的情况也是如此。列宁和孙中山酝酿着一场前所未有的革命浪潮。对沙皇俄国和大清帝国来说，朝三暮四的所谓改革维新已经为时太晚，一场颠覆一切的共和革命在所难免。

"日俄之役，非军队之竞争，乃政治之竞争。卒之日胜而俄败，专制立宪，得失皎然。"在日本人出洋考察35年之后，清朝终于派出了官方考察团，第一次踏上"取经"之路。他们第一站就是日本，君主立宪成为大清王朝的一个新枕头，以继续一个黄粱美梦。

清朝正在走向自己的末日，立宪改良与共和革命展开了一场限时赛跑。"我中国以四五千年破坏旧船，当此过渡时代，列强之岛石纵横，外交之风波险恶，天昏地暗，民智未开，莫辨东西，不见口岸。何幸一道光明从海而生，立宪上谕从天而降，试问凡我同舟，何等庆幸！"[1]

郑观应在《盛世危言》中，一遍又一遍地发出警告："天生民而立之君，君犹舟也，民能载舟，亦能覆舟。"

在当年的甲午海战中，北洋水师中有一个"二管轮"死里逃生，到日俄战争时，他已经是武汉新军的统领。1911年10月10日，他被革命党人拥立而成为湖北都督，他就是"床下都督"黎元洪。

1911年10月17日，海军提督萨镇冰奉命率长江舰队到达汉口镇压起义。黎元洪以师生礼致信萨镇冰："华盛顿兴美，八年血战，吾师若出，将见不八月而亚洲地图之上必有中华民国国旗飘扬也。……师一出，不但名正言顺，而实较胜于汤武。……满汉存亡，系于师台一身。"

萨镇冰邀请各舰舰长到"海容"号旗舰："今老矣，不忍

1- 出自著名教育家、复旦大学创始人马相伯先生的演讲（1906年）。转引自刘建强：《谭延闿大传》，九州出版社2011年版，第19页。

见无辜人民肝脑涂地，若长此迁延又无以对朝廷。君等皆青年，对于国家抱急进热诚，我受清廷厚恩，不能附和。今以舰队付君等，附南附北皆非所问，但求还我残躯以了余生。"然后以灯语通知各舰艇："我去矣，以后军事，尔等各船艇好自为之。"

萨镇冰的出走和海军的起义，钉上了清朝棺材的最后一颗钉子。

袁世凯正式向隆裕太后摊牌："海军尽叛，天险已无，何能悉以六镇诸军，防卫京津？"清廷遂于 1912 年 2 月 12 日逊位。

清朝的结束并没有像其他王朝那样流血千里，而是不失体面地放弃了统治权力。

在当年甲午海战中，水师管带程璧光受命向日本联合舰队递交降书。

1911 年 4 月 11 日，程璧光率巡洋舰"海圻"号远赴英国，代表清朝参加英王乔治五世的加冕典礼。8 月 10 日，在自由女神的注视下，"海圻"号抵达美国纽约港，成为第一艘完成横跨太平洋和大西洋航行的中国军舰。

在美期间，程璧光拜会了美国总统。"海圻"号的到来，也使席卷美洲的"排华"浪潮逐渐平息，清廷终于体会到"炮舰外交"的好处。

整整一年后，历经 30850 海里航程的"海圻"舰终于回

"海圻"号

到熟悉的上海，但那个神圣的大清帝国已经不在了。去的时候
还是大清，回来时却已经是中华民国。

这就是历史的黑色幽默。

在清政府的架构中，海军并不特别重要，从管理上隶属于
陆军。

1910年，清政府陆军部海军处以86万银圆的价格，向日
本三菱订购了一艘军舰，该舰以日本海军最新的航海炮舰"嵯
峨"号为母型。

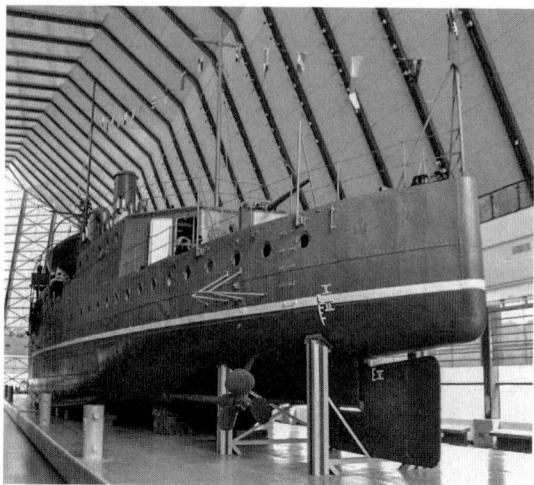
打捞修复后的"中山舰"

两年后，军舰竣工下水，但清政府已不复存在。北洋政府
也没钱支付尾款，只好以打折国库券的方式和日本船厂达成延
期付款协议。1913 年 1 月 15 日，日方驾驶军舰到上海交付，
被编入海军，名为"永丰"号。

1917 年，孙中山联合南方势力，发起维护临时约法的护
法运动。海军总司令程璧光指挥"永丰"号组成护法舰队。两
年后南北和议，"永丰"号搭载广东军政府代表前往上海和北
京政府代表谈判。

1921 年，孙中山在广州就任中华民国非常大总统，准备
北伐。主张"联省自治"的广东实力人物陈炯明与孙中山产生

分歧，1922年炮轰"总统府"。孙中山只身逃出，躲到"永丰"号避难。

蒋介石得知后，费尽周折，终于登上"永丰"舰。

蒋在孙中山危难之际的出现，成为其政治生涯的重要转折点，蒋介石在国民党中的地位迅速提升。孙中山乘坐"永丰"号逃离广州，来到上海，在这里接受了中国共产党和苏俄的帮助，提出"联俄、联共、扶助农工"。

1924年底，孙中山搭乘"永丰"舰赴京，不久便在北京去世。作为一种纪念，"永丰"号被改名为"中山"号。

1926年3月20日，海军局代局长兼"中山"舰舰长李之龙遭到罢职和逮捕，李是一名共产党员。这就是著名的中山舰事件。

作为中山舰事件的直接结果，粤海军遭到清洗，国共合作走向分裂。"中山"舰在经过大修改装后，被编入南京政府海军第一舰队。1938年，"中山"舰奉命参加武汉保卫战，遭到日军战机的轰炸，最后沉没于长江。

1997年，沉睡在江底已经60年的"中山"舰被打捞出水，接下来的日子，它将作为文物成为"中山舰博物馆"的主题。

一部军舰，就这样传奇般地浓缩了一部中国近现代史。

历史的旗帜

正像近代史大师霍布斯鲍姆所言，19世纪是一个帝国主义狂飙的时代。在社会达尔文主义的旗帜下，人类重归野蛮的丛林世界。

对于刚刚睁眼看世界的中国人来说，不得不接受这种弱肉强食、优胜劣汰的暴力法则，以为强权就是公理。日益弥漫的暴力主义和实用主义摧毁了中国数千年的传统秩序和道德谱系，最终酿成民国初期的政治乱局与精神危机。

在战争的废墟中，一批学贯中西的现代知识分子担负起中国良心的重担，发起了一场引领中国走向现代文明和思想启蒙的五四运动。科学与民主第一次在中国这块古老的土地上播下种子。

历史的进程有时让人觉得颇不可思议。大船未沉没之前，人们仿佛觉得它永远不会沉没。

当"海圻"号回到传统帝制彻底覆灭的中国时，世界最大最豪华的钢铁邮轮在2小时40分钟内沉入海底。

到那天为止，西方世界的人们已经享受了100年的安稳和太平。梦醒时分，世界开始了又一次战争的轮回，海洋成为人类的战场和坟场，第一次世界大战爆发了……

正像蒸汽机一样，内燃机的发明是动力机械的一次新革命。内燃机不仅推动了交通运输业革命，也完全改变了战争的速度和范围。

石油为现代战争的惊人机动性开启了大门，燃油战舰比烧煤战舰更具战斗力。以石油作为燃料，使得英国人的舰船比对手的更快、更好，但是最重要的优势是它们能够长时间停留在海上。

用石油作动力的战舰没有黑烟，不会暴露目标，而烧煤的战船拖着长长的黑烟，10公里外都可以看见。烧煤的蒸汽机要达到最大马力，需要好几个小时，而烧油的话只需要几分钟。在给引擎添加燃料方面，烧煤战舰需要多几倍的人手，而在同样功率下，消耗的煤炭是石油的4倍。也就是说，燃油战舰的活动半径是烧煤战舰的4倍，不用中途补充燃料。此外，燃油战舰在速度和灵活性上也大大优于烧煤战舰。

第一次世界大战，与其说英、美、法战胜德国，不如说是内燃机战胜了蒸汽机——"协约国是乘着石油的波浪驶向胜利的"。德国对钢铁和煤炭过分关注，但是对石油的重视却不够。

在某种程度上，第二次世界大战基本变成石油争夺战：德国为了巴库石油实施了"巴巴罗萨计划"，陷入了苏联的泥潭；日本为了印尼石油，偷袭了美国珍珠港。德国和日本最后之所以失败，也与缺少石油有一定关系。因为缺乏燃料，它们很快就失去了制海权和制空权，也失去了攻击能力和机动能力，只能被动挨打，在无休止的狂轰滥炸中走向末日。

当时，美国当仁不让，是世界石油第一大国，这让它的军舰得以独步天下，所向披靡。

两次世界大战中，基于内燃机强大的动力，飞机、导弹、潜艇相继出现，使战争越来越接近于武器之间的比拼，从天空到水下，地球任何一个角落都无法幸免于战火的劫难。

自哥伦布以来，人类的空间观念一直在扩展。人类进行的第一次空间革命是由陆地到海洋，葡萄牙、西班牙、荷兰和英国在这场革命中先后登场，争相建立世界霸权。科学革命和工业革命催生了第二次空间革命，人类从征服海洋转向征服天空。

当海洋成为人类的内湖时，天空成为新的蓝海，而飞机则成为工业时代的舰船。美国联合飞机公司因为生产最早横渡大西洋的飞机而著名，这种大型客机的名字就叫"快速帆船"（Clipper）。

飞机与舰船相融合，创造出了一个前所未有的战争机器——航空母舰。

航空母舰的出现，改写了传统的海军理论，它宣告了"大舰巨炮"主义的破灭。海战成为一场视野以外的远距离战斗，这彻底终结了战列舰时代的鱼雷炮击模式。

　　第二次世界大战前期，日本帝国海军横扫太平洋，一度支配了太平洋的大海和天空。直到中途岛海战爆发，由航空母舰编队担任主力攻击部队、舰载机担任攻击力量的新型作战模式彻底改变了太平洋战争的局势，日本帝国海军最终折戟太平洋。

　　作为巨大的人造战争系统，航空母舰不仅主宰了海洋，同时也成为陆地和国土的延伸。或者说，海战与陆战越来越趋于统一和一致。

直升机航母

在某种意义上，航空母舰的出现，代表了人类造船史的终点。

人类从独木舟到航空母舰，经过几千年时间，不仅是制造出了一条大船，而且是创造了一台有史以来最为复杂的机器。航空母舰无疑是身处机器时代的现代人对海洋所能做出的最疯狂想象。

一艘航母的排水量动辄就几万吨甚至十万吨，论甲板面积，有 3 个足球场之大。与其说它像一座巨型建筑，不如说像一座城市。

著名的库兹涅佐夫级航母仅甲板就有 27 层，其中飞行甲板下有 14 层，飞行甲板上有 13 层。总共 3565 个舱室，分为居住舱、公用舱、食品存放舱、生活卫生舱、医疗用舱、服务用舱（办公室、资料库等）、帆缆舱、杂物室，等等。仅洗浴室就有 50 个，还有 6 个食堂。舰内走廊的通道总长达 16 公里。据说，在航空母舰里迷路是很正常的，因为它实在是太大了。

作为工业时代的后起之秀，新兴的日本迅速成为航母时代的领先者。

日本浅野造船厂建造的世界第一艘现代意义上的航空母舰"凤翔"号，全长 168 米，排水量 7470 吨，搭载 21 架战机，最大航速 25 节，1922 年服役于日本海军。

从黑船来航到造出"凤翔"号航母，日本仅仅用了不到 70 年时光。从"凤翔"号开始，短短 20 年时间，日本的航空母舰数量就发展到可怕的 25 艘。

从明治维新以来，日本如饥似渴地学习和吸收了西方的科学技术，尤其是军事技术，但政治上仍有极大的保留，对传统的等级社会、天皇神权和寡头政治引以为荣。在现代化和西方化的表面之下，日本人其实还是日本人。

对长期以来独善其身、坐收渔利的美国来说，珍珠港遇袭是灾难性的。但对日本来说，则是毁灭性的。

作为现代世界第一超级大国，美国一旦被激怒，后果就极其严重。在半年内，偷袭珍珠港的 6 艘航母中有 4 艘——"赤城"号、"加贺"号、"苍龙"号和"飞龙"号就葬身太平洋底。

日本再一次遭遇"黑船"。

依靠坚实的工业基础，美国的各型航母数量突飞猛进，在很短的时间就达到 150 艘。仅 1943 年一年时间，美国便造出了 50 艘"卡萨布兰卡级"护航航空母舰。太平洋成为日本海军的太平间。

第二次世界大战从欧洲开始，在亚洲结束。美国用两颗在日本上空爆炸的原子弹宣告了战争的终结。

第二次世界大战与第一次世界大战有所不同，第一次世界大战是在欧洲进行的，而第二次世界大战真的将战火蔓延到全世界。

一个非欧洲国家与另一个非欧洲国家之间的战争结束了，欧洲只扮演了作壁上观的配角，这标志着欧洲主宰世界的时代已经结束。

相隔百年之后，美国军舰又一次来到东京湾。

在"密苏里"号战列舰上，日方与新一代的"佩里"麦克阿瑟将军及其他同盟国代表签订投降协议。"自投降之日起，日本天皇及政府的国家统治权，应归于联军最高统帅。"

1945 年 9 月 2 日，"密苏里"号上空飘扬着两面美国国旗，一面是日本偷袭珍珠港时白宫前的国旗，另一面正是当年佩里将军的旗舰"波瓦坦"号上悬挂过的国旗，它上面只有 31 颗星星[1]。

"以佩里旧日的旗帜炫耀着对日本的惩戒，这是当年的佩里哪怕是在最疯狂的梦境中也想象不出的。"[2]美国国旗这个历史细节，让人们看到历史的承接与延续，任何人都无法否定过去，也不应当忘记过去，否则，历史还会再来一遍，以加强人们的记忆。

1- 美国国旗（星条旗）诞生于 1777 年，1818 年美国国会通过法案，国旗上的红白宽条固定为 13 道，五角星数目应与合众国州数一致。每增加一个州，国旗上就增加一颗星。两个世纪以来，已经从最早的 13 颗星增加到如今的 50 颗星。佩里时期（1853年）的美国只有 31 个州，因此国旗上只有 31 颗星。

2- ［美］约翰·道尔：《拥抱战败：第二次世界大战后的日本》，胡博译，三联书店 2008年版，第 10 页。

在"密苏里"号战列舰上，新一代的"佩里"——麦克阿瑟将军
及其他同盟国代表与日方签订投降协议